독자의 1초를
아껴주는 정성을
만나보세요!

세상이 아무리 바쁘게 돌아가더라도 책까지 아무렇게나 빨리 만들 수는 없습니다.

인스턴트 식품 같은 책보다 오래 익힌 술이나 장맛이 밴 책을 만들고 싶습니다.

땀 흘리며 일하는 당신을 위해 한 권 한 권 마음을 다해 만들겠습니다.

마지막 페이지에서 만날 새로운 당신을 위해 더 나은 길을 준비하겠습니다.

쉽게 시작하는 타입스크립트
GETTING STARTED TYPESCRIPT

초판 발행 · 2023년 6월 16일

지은이 · 장기효
발행인 · 이종원
발행처 · (주)도서출판 길벗
출판사 등록일 · 1990년 12월 24일
주소 · 서울시 마포구 월드컵로10길 56(서교동)
대표 전화 · 02)332-0931 | **팩스** · 02)323-0586
홈페이지 · www.gilbut.co.kr | **이메일** · gilbut@gilbut.co.kr

기획 및 책임편집 · 이슬(leeseul@gilbut.co.kr) | **디자인** · 장기준 | **제작** · 이준호, 손일순, 이진혁, 김우식
영업마케팅 · 임태호, 전선하, 차명환, 박민영, 지운집, 박성용 | **영업관리** · 김명자 | **독자지원** · 윤정아, 최희창

교정교열 · 김윤지 | **전산편집** · 박진희 | **출력 및 인쇄** · 북토리 | **제본** · 신정제본

ISBN 979-11-407-0475-0 93000
(길벗 도서번호 080316)

정가 36,000원

독자의 1초를 아껴주는 정성 길벗출판사

(주)도서출판 길벗 | IT교육서, IT단행본, 경제경영서, 어학&실용서, 인문교양서, 자녀교육서 www.gilbut.co.kr
길벗스쿨 | 국어학습, 수학학습, 어린이교양, 주니어 어학학습, 학습단행본 www.gilbutschool.co.kr

페이스북 · www.facebook.com/gbitbook
예제 소스 · https://github.com/gilbutITbook/080316

믿고 보는 캡틴판교의 타입스크립트 입문서!

GETTING STARTED TYPESCRIPT

TS

쉽게 시작하는
타입스크립트

장기효 지음

길벗

타입스크립트 기본 문법부터 고급 기술까지 잘 설명되어 있습니다. 단순히 문법만 설명하지 않고 실전 프로젝트로 어떻게 사용하는지 보여 주고 있어 실무에 쉽게 응용할 수 있습니다. 타입스크립트를 처음 접하는 사람도 쉽게 이해할 수 있는 설명과 코드, 그림 덕분에 책 제목처럼 정말 쉽게 타입스크립트를 배울 수 있을 것 같습니다.

김동우 | 백엔드 개발자

'이보다 더 친절할 수 없는 타입스크립트 참고서', 이 책을 읽고 책 속 퀴즈를 풀며 머릿속에 흩어져 있던 타입스크립트 개념이 퍼즐 조각 맞춰지듯 정리되었습니다. 글이 쉽게 잘 읽히고, 실습 위주의 구성이라서 지루할 틈이 없는 캡틴판교의 강의 핵심 모음을 보는 듯했습니다. 개인적으로 기술 도서는 용어가 어려워서 그 뜻을 이해하는 데 더 많은 노력을 쏟게 되어 구입을 망설이는 편이지만, 이 책은 프로그래밍 용어 개념 정리부터 차근차근 도와줍니다. 무엇보다 타입스크립트의 기본/심화 문법 설명은 물론, 실무에서 다양하게 활용할 수 있는 예제, 발생할 수 있는 오류까지 보여 주기에 저처럼 타입스크립트를 실무에 도입해 쓰고는 있지만 기본기가 부족하다고 느끼는 사람이라면 꼭 읽어 보길 추천합니다.

노은지 | 신입 개발자

타입스크립트를 처음 접하는 개발자가 다음 단계로 나아갈 발판이 되어 주는 책입니다. 필수 개념을 단계적으로 친절하게 설명하여 타입스크립트/자바스크립트가 익숙하지 않아도 이해하는 데 어려움이 없었습니다. 또 예제와 실습 프로젝트를 반복적으로 학습하여 학습한 내용을 체득할 수 있도록 구성되어 있습니다. 특히 학습한 개념을 직접 타이핑해 보고 실제 동작하는 과정으로 내용을 이해할 수 있었습니다. 이 과정을 반복하여 빠르게 타입스크립트를 학습하다 보면 실무에 적용할 수 있을 것이라고 매우 기대하고 있습니다.

문주영 | 웹 프런트엔드 개발자

그간 자바스크립트에 익숙한 사람이라면 타입(type)을 다루는 타입스크립트가 생소할 것입니다. 타입스크립트는 배워야 할 것이 많지만 코드를 읽기 쉽게 하고 컴파일 단계에서 에러를 확인할 수 있어 한 단계 높은 코드를 작성할 수 있다는 장점이 있습니다. 이 책은 타입스크립트를 처음 다루는 사람을 위해 친절히 가이드해 주고, 다양한 예제로 포기하지 않고 완독할 수 있도록 도와줍니다. 특히 타입스크립트를 깊이 있게 다루기에 스크립트 역량을 한 단계 높여 주는 좋은 책이라고 생각합니다.

배윤성 | 지에이랩 대표

자바스크립트로 개발하는 사람에게는 필수인 타입스크립트를 가장 쉽게 시작할 수 있는 책입니다. 자바스크립트 기초 내용만 알고 있어도 타입스크립트를 배울 수 있도록 초심자를 배려한 설명과 개발 실력을 다질 수 있는 프로젝트로 구성되어 있습니다. 특히 단순히 코드를 작성하고 기능을 구현하는 것에 그치지 않고 프로젝트 전체를 이해할 수 있게 구조와 로직을 설명하고 있습니다. 무엇보다 학습자 자신도 모르는 사이에 가독성과 리팩터링 등을 고려한 좋은 코드의 기준을 습득할 수 있도록 예제 코드를 다루는 점이 좋았습니다. 이것으로 학습자는 타입스크립트 지식은 물론, 실제 애플리케이션 개발에 필요한 실무 역량 경험과 자신감을 가질 수 있을 것으로 생각합니다.

이용택 | 백엔드 분야 취업준비생

이제는 선택이 아닌 필수가 되어 버린 타입스크립트를 기초부터 다져 볼 수 있는 좋은 경험이었습니다. 설치와 설정을 포함한 타입스크립트 기초를 시작으로 코드를 효과적으로 줄여 주는 난이도 있는 문법까지 다루고, 실습과 퀴즈를 활용하여 개념을 어떻게 적용할 수 있을지 생각해 봄으로써 책 제목처럼 차근차근 단계별로 쉽게 따라갈 수 있었습니다. 타입스크립트를 처음 접하거나 기본 타입만 사용하면서 에러를 만났을 때 any만 떠올리는 사람에게 추천합니다.

이호섭 | 프런트엔드 개발자

이제 자바스크립트에서 타입스크립트로 바꾸어 보자고 마음먹은 사람에게 좋은 책입니다. 타입스크립트 기초부터 타입과 인터페이스의 장단점은 무엇이고, 언제 써야 하는지 설명되어 있어 많은 도움이 되었습니다. 또 제목 그대로 쉽게 시작할 수 있도록 간단한 예제로 하나하나 설명해 주기 때문에 입문자도 이해하기 쉽습니다. SPA 개발에서도 타입스크립트를 많이 사용하고 있기에 아직 시작하지 않았다면 이 책으로 기본기를 다지면 좋을 것 같습니다.

이호철 | 신세계아이앤씨

타입스크립트가 세상에 나온 지 벌써 10년이 넘었습니다. 10년이 넘는 긴 시간 동안 누군가에게는 숙련된 개발자로 보일 수 있는 도구로, 취업 가산점의 수단으로, 코드 유지 보수를 쉽게 도와주는 언어로 사용되어 왔습니다. 저에게 타입스크립트 언어는 코드를 편하게 작성할 수 있게 도와 주고 개발 시간을 즐겁게 만들어 주는 수단처럼 느껴집니다.

첫 번째 저서 이후로 '다시 책을 쓸 수 있을까?'라는 고민을 많이 했습니다. 여러 출판사에서 제 온라인 강의와 온라인 타입스크립트 핸드북을 보고 출간을 제의해 주셨습니다. 올바른 지식과 책에 실리는 정보의 무게를 잘 알고 있기에 집필의 고통을 선뜻 다시 받아들이기가 쉽지 않았습니다. 집 근처 서점에 들러 당시 출간된 타입스크립트 서적 몇 권을 살펴보았습니다. 대다수가 번역서였고, 입문자에게 친숙한 방식으로 쉽게 설명된 책은 없었습니다. '아, 한국어로 잘 다듬고 쉽게 정리한 타입스크립트 책이 한 권 필요하겠구나'라는 생각을 했습니다.

그 후 2년이란 시간이 흘러 지금의 책이 완성되었습니다. 이 책에서는 '타입스크립트가 자바스크립트의 슈퍼셋'이라는 표현을 사용하지 않습니다. 기술적으로는 정확한 표현일지 몰라도 슈퍼셋이라는 단어에 움찔할 입문자가 많기 때문이죠. 이 책은 슈퍼셋이라는 표현 대신 '자바스크립트에 타입이 추가된 언어'라는 표현을 더 선호합니다. 그만큼 처음 타입스크립트를 배우는 사람 혹은 이미 사용하고 있지만 제대로 원리나 개념을 공부한 적이 없는 사람을 위해 쉽게 썼습니다.

이 책에는 단순한 토이 프로젝트부터 UI 복잡도가 매우 높은 실무 프로젝트까지 타입스크립트로 수많은 코드를 작성하면서 느낀 장점과 특징을 담았습니다. 개인적인 견해에 치우친 지식을 나열하지 않도록 타입스크립트 공식 문서의 정확한 정보, 커뮤니티의 많은 글과 코드를 검증해서 내린 결론을 담으려고 노력했습니다. 이 책에는 단순히 저 한 사람의 지식이 아니라 수년간 타입스크립트 코드를 함께 작성한 제 동료와 친구, 지인, 커뮤니티 기여자들의 생각과 지식이 담겨 있습니다. 그 지식을 제 관점으로 재해석하고 타입스크립트라는 언어가 재미있게 느껴졌으면 하는 바람에서 정리한 결과가 바로 이 책입니다.

이 책이 나오기까지 오랜 시간 인내하고 기다려 주신 길벗출판사 안윤경 팀장님과 이슬 과장님께 감사드립니다. 특히 입문자 관점에서 철저하게 책을 편집하고 일관되게 다듬어 주신 이슬 과장님께 감사드립니다. 신선한 재료를 일류 요리로 만들어 주는 편집의 힘을 다시금 느낍니다. 그리고 이 책의 기술 검토를 도와 주신 아끼는 친구 정재명 님께도 감사드립니다. 두 번째 저서를 쓰기까지 좋은 유전자를 물려주시고 물심양면으로 늘 지지해 주시는 사랑하는 부모님께도 감사 인사를 전합니다. 끝으로 지난 2년의 집필 기간 동안 매주 주말, 카페에서 옆자리를 굳건히 지켜 준 사랑하는 아내 유림이에게 이 책을 바칩니다.

2023년 5월

장기효

✔ 예제 파일 내려받기

책에서 사용하는 예제 코드는 길벗출판사 웹 사이트에서 도서 이름으로 검색하여 내려받거나 다음 깃허브에서도 내려받을 수 있습니다.

- **길벗출판사 웹 사이트**: http://www.gilbut.co.kr
- **길벗출판사 깃허브**: https://github.com/gilbutITbook/080316
- **지은이 깃허브**: https://github.com/joshua1988/learn-typescript

자세한 내용은 '2장 타입스크립트 시작하기'와 '4.1절 프로젝트 내려받기 및 라이브러리 설치'를 참고하세요.

✔ 참고 자료

이 책으로 학습하다 더 자세한 내용이 궁금할 때는 지은이 블로그를 참고하세요. 이 책 노트에 소개된 참고 자료 역시 대부분 이 블로그를 가리키고 있습니다.

`URL` https://joshua1988.github.io/ts/

블로그에서 원하는 내용을 찾기 어려울 때는 구글에서 '캡틴판교 타입스크립트', '캡틴판교 타입 추론'처럼 검색해도 됩니다.

5장   인터페이스   **105**

12장 타입 추론 283

타입스크립트
소개와 배경

1.1
SECTION

타입스크립트란?

타입스크립트는 자바스크립트에 타입을 부여한 언어입니다. 타입스크립트를 처음 접하면
'자바스크립트와는 별개로 또 다른 언어를 하나 배워야 하는구나'라고 많이들 생각합니다.
실상은 타입스크립트가 자바스크립트와는 그렇게 다르지 않고 오히려 자바스크립트를 확
장한 언어인데 말이죠.

▼ **그림 1-1** 타입스크립트 공식 사이트(https://www.typescriptlang.org/)

요즘 실무자뿐만 아니라 구직자 사이에서도 타입스크립트 이야기를 많이 합니다. 웹 서
비스를 제공하는 기업의 채용 공고를 보면 자격 요건에 심심치 않게 타입스크립트가 있는
것을 발견할 수 있습니다.

▼ **그림 1-2** 국내 핀테크 기업 채용 공고

> **toss** careers
>
> **이런 경험이 있다면 더 좋습니다**
>
> - TypeScript, Flow를 이용한 JavaScript 정적 타입 분석 경험이 있는 분이면 좋습니다.
> - 서버 사이드 렌더링(SSR) 및 모바일 앱 내 웹앱 개발 경험이 있는 분이면 좋습니다.
> - 반응형 디자인, 웹 접근성, 웹 표준을 고려한 UI 개발 경험이 있는 분이면 좋습니다.
> - 테스트 및 배포 자동화 경험이 있는 분이면 좋습니다.
> - Webpack 등 모듈 번들러를 능숙하게 사용하시는 분이면 좋습니다.

왜 그럴까요? 이미 배워야 할 것이 많은 프런트엔드 생태계에서 이토록 많은 사람이 타입스크립트를 찾는 이유는 아마도 코드를 더 읽기 쉽게 만들어 주는 타입스크립트의 본질 때문이지 않을까 싶습니다. 다음 코드를 보겠습니다.

```
var user = fetchUser();
```

이 코드는 사용자 정보를 받아 오는 함수를 호출한 후 함수의 호출 결과를 user 변수에 담았습니다. 과연 user 변수에는 어떤 데이터가 들어 있을까요? 아마 많은 사람이 user 값을 확인하려고 다음과 같이 코드를 작성할 것입니다.

```
console.log(user);
```

브라우저 콘솔 API인 console.log()를 사용하여 user의 결과를 콘솔에 찍는 것이죠. 콘솔에 찍히는 user 값은 fetchUser()라고 하는 함수가 어떤 값을 반환해 주느냐에 따라 달라집니다. 그럼 fetchUser() 함수는 어떻게 생겼을까요? 다음과 같이 3줄짜리 코드라면 어렵지 않게 user 값을 예측할 수 있을 것 같습니다.

```
function fetchUser() {
  return { name: '캡틴판교', age: 100 }
}
```

fetchUser() 함수는 name과 age를 가진 객체를 반환하기 때문에 user 변수에는 위에서 반환한 객체가 들어 있겠죠. 이것은 어렵지 않습니다. 그런데 다음과 같은 코드라면 어떻게 파악해야 할까요?

```
function fetchUser() {
  const person = {
    // ...
  }
  const developer = {
    // ...
  }

  // ...
  // ...

  const result = { ...person, ...developer }
  result.nickname = '캡팡'

  // ...

  return result;
}
```

이 함수는 person과 result 변수를 선언할 때 const라고 하는 최신 자바스크립트 문법을 사용했을 뿐만 아니라 ...으로 표기되는 스프레드 오퍼레이터(spread operator) 문법도 포함하고 있습니다. 최신 자바스크립트 문법이 낯설다면 이런 새로운 문법마저도 코드를 읽는 데 방해됩니다. 이렇게 함수 안의 로직을 단번에 파악하기 어려울 때는 함수 로직들을 일일이 쫓아 결과가 어떻게 나올지 예측해야 합니다. 코드가 길어지면 길어질수록 함수 결과를 예측하기가 더 어렵고 복잡하겠죠.

다시 돌아가 보겠습니다. fetchUser() 함수의 내부 로직을 몰라도 user 변수의 값을 알 수 있다면 어떨까요? 다음과 같이 말이죠.

▼ **그림 1-3** user 변수의 예상 결과 값

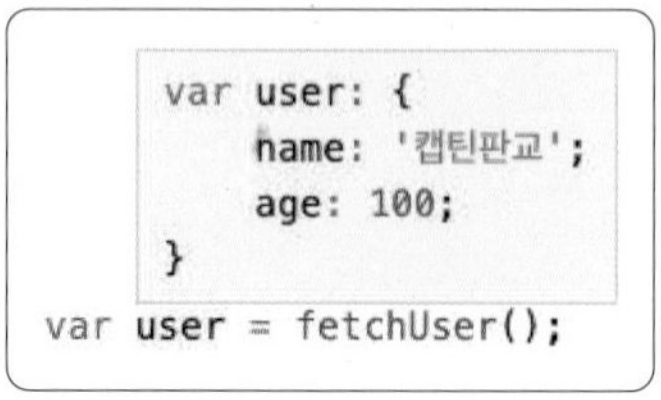

```
      var user: {
          name: '캡틴판교';
          age: 100;
      }
var user = fetchUser();
```

이제는 fetchUser()라는 함수 내용이 무엇이든 user 변수에 name과 age 속성을 가진 객체가 담긴다는 것을 알 수 있습니다. 코드의 역할을 더 풍부하게 하는 힘, 그것이 바로 타입스크립트의 장점 중 하나입니다.

1.2 / 왜 타입스크립트를 배워야 할까요?

SECTION

타입스크립트는 미국 마이크로소프트에서 개발한 오픈소스 언어입니다. C#, 델파이, 터보 파스칼을 만든 개발자가 만들었죠. 널리 알려진 유명한 프로그래밍 언어들을 만든 개발자가 만들었다고 해서 써야 할까요? 아닙니다.

타입스크립트는 앞서 이야기했듯이 코드 의미를 더 파악하기 쉽게 만들어 주는 본질뿐만 아니라 다음 두 가지 장점 때문에 실무 개발자에게 매력적인 언어입니다.

- 에러의 사전 방지
- 코드 가이드 및 자동 완성

각 장점별로 자세히 알아보겠습니다.

1.2.1 에러의 사전 방지

자바스크립트 개발자가 타입스크립트를 사용했을 때 얻는 첫 번째 장점은 코드를 실제로 실행하기 전에 미리 에러를 어느 정도 검출할 수 있다는 것입니다. 다음 코드를 보겠습니다.

```
function sum(a, b) {
  return a + b;
}
```

인자 2개를 넘겨 받아 합을 구하는 sum( ) 함수입니다. 다음과 같이 숫자 10과 20을 넘겨 호출하는 경우 숫자 30을 반환하겠죠.

```
sum(10, 20);
```

이때 이 함수에 숫자 10과 20이 아니라 숫자 10과 문자열 20을 넘기면 결과가 어떻게 될 까요?

```
sum(10, '20');
```

자바스크립트 개발에 익숙하다면 이 결과는 문자열 1020이라는 것을 알 수 있습니다. 자 바나 C++ 등 변수에 타입을 정하는 언어를 사용한 사람이 보기에는 이상한 결과일 수밖 에 없습니다. 이것이 타입이 없어 유연하기 때문에 쉽게 개발할 수 있는 자바스크립트의 장점이자 단점입니다.

이 코드에 다음과 같이 함수에 넘길 수 있는 인자의 타입이 정해져 있었다면 문제되지 않 았을 것입니다.

```
function sum(a: number, b: number) {
  return a + b;
}
```

이 코드는 앞서 살펴본 sum( ) 함수를 타입스크립트로 작성한 것입니다. 인자 2개를 받아 더하는 동작은 같습니다. 다만 인자의 타입이 숫자(number)로 정의되어 있기에 이 함수의 인자로는 숫자를 넘겨야 한다는 것을 알 수 있습니다. 그뿐만 아니라 다음과 같은 부가 정 보도 제공합니다.

▼ **그림 1-4** 인자의 타입이 잘못되었을 때 표시되는 부가 정보

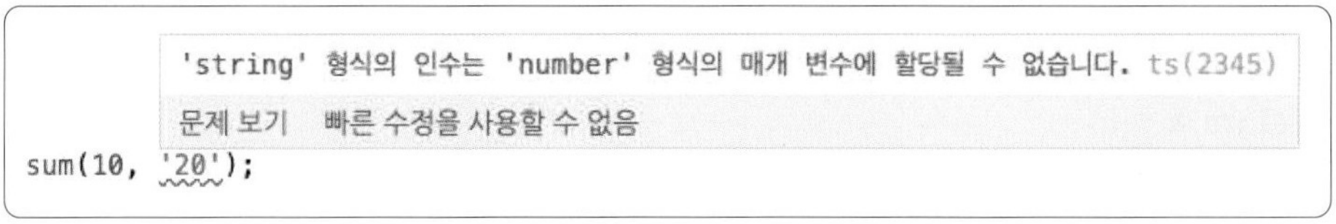

```
          'string' 형식의 인수는 'number' 형식의 매개 변수에 할당될 수 없습니다. ts(2345)
          문제 보기   빠른 수정을 사용할 수 없음
sum(10, '20');
```

sum( ) 함수의 내용을 모르더라도 sum( ) 함수를 호출할 때 인자의 타입이 맞지 않으면 개발 툴에서 미리 경고해 줍니다. 작성자에게 의도치 않은 결과가 나올 수 있다는 것을 알려 주기 때문에 사소한 실수를 미연에 방지할 수 있습니다. 실제로 웹 서비스를 개발하다 보면 사소한 실수가 모여 애플리케이션 동작을 멈추게 하는 치명적인 버그가 되곤 하는데, 이를 미리 막을 수 있다는 것은 정말 큰 장점입니다.

1.2.2 코드 가이드 및 자동 완성

타입스크립트의 두 번째 장점은 코드를 빠르고 정확하게 작성할 수 있도록 도와준다는 것입니다. 오늘을 기준으로 현재 프런트엔드 개발자들이 가장 많이 사용하는 개발 도구는 비주얼 스튜디오 코드(Visual Studio Code)입니다. 비주얼 스튜디오 코드도 타입스크립트와 마찬가지로 마이크로소프트에서 개발했습니다. 비주얼 스튜디오 코드는 일렉트론(Electron)[1]이라는 프레임워크로 제작되었는데, 내부적으로는 화면을 구성하기 위해 HTML, CSS, 타입스크립트로 작성되어 있습니다. 이런 이유 때문인지 현존하는 통합 개발 환경(Integrated Development Environment, IDE) 중에서 타입스크립트를 가장 잘 지원합니다.

비주얼 스튜디오 코드가 타입스크립트를 잘 지원한다는 사실은 다음 두 코드를 비교하면 알 수 있습니다. 먼저 자바스크립트로 두 수의 합을 구하는 함수와 함수 결과로 간단한 연산을 하는 코드를 작성해 보겠습니다.

---

1 모든 운영체제에서 돌아가는 데스크톱 애플리케이션을 제작하는 프레임워크입니다. 지금은 마이크로소프트에서 인수한 깃헙(GitHub)이라는 회사에서 유지 보수하고 있습니다.

```
// index.js
function sum(a, b) {
  return a + b;
}


var total = sum(10, 20);
total.toFixed(2)
```
_{JS 파일}

이 코드를 보면 sum() 함수의 결과를 total 변수에 담고 total 변수에서 toFixed()라는
API를 호출했습니다. 여기에서 toFixed()는 변수의 타입이 숫자일 때 사용할 수 있는 자
바스크립트 내장 API입니다. toFixed(2)를 호출하면 숫자를 소수점 둘째 자리까지 표시
해 주죠. total 값이 30이라면 30.00을 반환해 줍니다. 이제 이 코드를 다음과 같이 타입
스크립트로 작성하면 어떻게 될까요?

```
// index.ts
function sum(a: number, b: number) {
  return a + b;
}


var total = sum(10, 20);
total.toFixed(2)
```
_{TS 파일}

아마 코드를 직접 따라 작성한 독자라면 다음과 같이 재미있는 점을 발견할 수 있을 것
입니다.

▼ 그림 1-5 total 변수에 제공되는 API 미리보기

```
var total = sum(10, 20);
total.
        ✦ ★ toFixed        (method) Number.toFixed(fractionDigits?: num…
        ✦ toExponential
        ✦ toLocaleString
        ✦ toPrecision
        ✦ toString
        ✦ valueOf
```

sum( ) 함수의 결과를 total 변수에 담은 후 total.toF까지 입력하면 비주얼 스튜디오 코드에서 toFixed( ) API 정보를 제공해 줌과 동시에 [tab]으로 키워드를 자동 완성하도록 도와 줍니다. 앞서 동일한 내용의 자바스크립트 코드를 작성했을 때는 전혀 지원받지 못했던 기능이죠. 어떻게 이것이 가능할까요?

바로 타입스크립트를 사용했기 때문에 그렇습니다. 숫자를 2개 받아 더한 후 반환해 주는 sum( ) 함수의 반환 타입은 number로 추론됩니다(타입이 추론되는 과정은 12장에서 자세히 살펴보겠습니다).

▼ **그림 1-6** 자바스크립트로 작성한 sum( ) 함수와 타입스크립트로 작성한 sum( ) 함수의 결과 비교

따라서 total 변수의 타입은 number라고 비주얼 스튜디오 코드에서 인식하면서 total 변수에 .을 찍었을 때 자바스크립트 Number 타입에서 사용할 수 있는 내장 API를 모두 보여 줍니다. 다음과 같이 말이죠.

▼ **그림 1-7** total 변수가 number로 인식되었을 때 보이는 자동 완성 API 목록

이렇게 total 변수의 타입이 정의되어 있기 때문에 자바스크립트 Number 타입에 사용할 수 있는 API를 쉽게 확인할 수 있습니다. 또 [tab]을 눌러서 해당 API를 빠르고 정확하게 자동 완성할 수 있습니다. 이런 비주얼 스튜디오 코드의 기능을 인텔리센스(IntelliSense)라고 합니다. 이처럼 타입스크립트로 코드를 작성하면 인텔리센스 기능을 지원받아 빠르고 정확하게 코드를 작성해 나갈 수 있어 개발 생산성을 향상시킬 수 있습니다.

1.3 / 타입스크립트를 시작하기 어려운 두 가지 이유

이렇게 많은 장점이 있는 타입스크립트를 꼭 써야 할까요? 아니 다시 말해서 타입스크립트가 장점만 있는 것 같은데 안 쓸 이유가 있을까요? 다음과 같은 이유로 프런트엔드 개발 입문자뿐만 아니라 개발 경험이 있는 실무자도 선뜻 타입스크립트를 사용하기 어려워합니다.

- 적지 않은 학습 비용
- 운영 중인 서비스 적용에 대한 부담감

1.3.1 적지 않은 학습 비용

적지 않은 학습 비용이란 단순히 새로운 언어를 배우는 데 들어가는 비용을 의미하는 것이 아닙니다. 자바스크립트에서는 깊게 생각할 수 없었던 타입 시스템(type system)이라는 개념과 새로운 언어 이해, 그리고 타입스크립트를 실행하는 기반 환경을 이해하는 데 필요한 모든 비용을 의미합니다. 특히 여기에서 기반 환경은 Node.js나 NPM(Node Package Manager) 등 타입스크립트를 사용하려면 필수로 알아야 하는 도구들을 의미합니다. 이런 도구들은 처음 웹 개발을 시작하는 입문자는 물론 실제 현업에서 일하는 실무자라도 아직 경험해 보지 않았다면 진입 장벽을 꽤 느낄 수 있습니다.

> **노트**
>
> Node.js는 브라우저 밖에서 자바스크립트를 실행할 수 있는 환경입니다. NPM은 Node Package Manager로 노드 기반으로 설치한 패키지(자바스크립트 라이브러리) 관리 도구를 의미합니다.

1.3.2 운영 중인 서비스 적용에 대한 부담감

운영 중인 서비스 적용에 대한 부담감은 말 그대로 기존에 이미 개발되어 있는 웹 서비스나 레거시 시스템에서 타입스크립트를 적용하는 데 어려움을 느낀다는 의미입니다. 앞서 언급한 NPM 기반으로 구축되어 있지 않은 프로젝트를 예로 들어 보겠습니다.

먼저 왜 NPM으로 웹 서비스를 구축해야 하는지 이해하고 사용 방법을 학습해야 할 것입니다. 그리고 나서 타입스크립트에서 제공하는 모듈 시스템을 효과적으로 사용하려면 웹팩(webpack) 등 모듈 번들러도 이해해야 합니다.

> **노트**
>
> 웹팩(webpack)은 현대 프런트엔드 빌드 도구 중 가장 많이 사용하는 도구로, 여러 개의 파일을 병합하고 빌드할 때 필요한 작업들을 자동화해 주는 도구를 의미합니다. 웹팩은 19장에서 설명합니다.

이렇듯 타입스크립트를 적용하려는 프로젝트가 타입스크립트를 수용하기 어려운 구조로 되어 있다면 전체 애플리케이션 구조를 변환해야 하는 거대한 작업이 선행되어야 하기 때문에 부담감이 클 수밖에 없습니다. NPM과 웹팩을 기반으로 프로젝트가 구성되어 있다 하더라도 여전히 타입스크립트를 점진적으로 적용한 경험이 없다면 타입스크립트를 도입하는 것이 쉽지 않습니다.

1.4 타입스크립트의 현실적인 대안 JSDoc

SECTION

그렇다면 이 두 가지 단점을 무릅쓰고라도 타입스크립트를 배우는 것이 맞을까요? 큰 비용을 들여서 타입스크립트를 배워 적용하는 것보다 더 현실적인 대안이 있습니다. 바로 JSDoc을 사용하는 방법입니다.

JSDoc은 자바스크립트 코드에 주석을 다는 표준 방식입니다. Java 소스 코드에서 HTML 형식의 API 문서를 생성하고자 썬 마이크로시스템즈(Sun Microsystems)에서 제작한 주석화 도구인 JavaDoc과 유사한 형태이며, 고유한 문법이 있습니다. 한번 볼까요?

```
/**
 * @description 두 수의 합을 구하는 함수
 * @param {number} a 첫 번째 숫자
 * @param {number} b 두 번째 숫자
 */
function sum(a, b) {
  return a + b;
}
```

앞서 살펴보았던 두 수의 합을 구하는 sum() 함수에 JSDoc으로 주석을 단 코드입니다. @description은 해당 함수의 역할을 설명하고 있고, @param은 함수의 각 파라미터 역할과 타입을 정의하고 있습니다. 이 함수는 간단해서 주석이 필요하지는 않지만, 자바스크립트 코드가 하는 역할을 JSDoc으로 표기하면 코드 의미를 더 빠르게 파악할 수 있습니다.

타입스크립트의 대안으로 JSDoc을 이야기하는 이유는 사실 코드 역할을 부가적으로 설명해 주기보다는 다음과 같이 에러를 사전에 방지해 주기 때문입니다.

▼ **그림 1-8** 파라미터의 타입이 맞지 않을 때 표시되는 빨간색 줄

```
// @ts-check

/**
 * @description 두 수의 합을 구하는 함수
 * @param {number} a 첫 번째 숫자
 * @param {number} b 두 번째 숫자
 */
function sum(a, b) {
  return a + b;
}
sum(10, '20')
```

sum( ) 함수를 작성한 자바스크립트 파일의 맨 윗 줄에 `// @ts-check`라는 코드를 추가하면 이처럼 JSDoc으로 정의한 타입과 맞지 않는 경우 미리 에러를 표시해 줍니다. 그림 1-8은 비주얼 스튜디오 코드를 갈무리한 화면으로 IntelliJ 등 다른 개발 툴에서는 다르게 표시될 수 있습니다. 이 효과는 앞서 설명한 타입스크립트의 첫 번째 장점인 '에러의 사전 방지'와 효과가 동일합니다.

이번에는 JSDoc의 또 다른 효과를 살펴보겠습니다.

▼ **그림 1-9** JSDoc으로 작성한 함수의 결과 값이 API 자동 완성 지원을 받는 모습

```
/**
 * @description 두 수의 합을 구하는 함수
 * @param {number} a 첫 번째 숫자
 * @param {number} b 두 번째 숫자
 */
function sum(a, b) {
  return a + b;
}
var total = sum(200, 300)
total.toFi
         ⬡ ★ toFixed          (method) Number.toFixed(fractionDigits?: num…
```

앞서 작성한 sum( ) 함수에 숫자 200과 300을 넘겨 합을 구한 후 반환한 결과를 total 변수에 대입합니다. 그리고 total 변수에 들어 있는 숫자를 소수점 둘째 자리까지 표시하려고 `.toFixed(2)`를 호출할 때 `.toFi`까지만 작성해도 그림 1-9와 같이 자동 완성되는 것을 볼 수 있습니다. 또 total 변수에서 `.`을 찍고 ctrl + space를 누르면 다음과 같이 total 변수에서 사용할 수 있는 API와 속성을 볼 수 있습니다.

▼ **그림 1-10** 타입이 정의된 변수에서 ctrl + space로 사용 가능한 API 목록 표시

```
total.
     ⬡ ★ toFixed          (method) Number.toFixed(fractionDigits?: num…
     ⬡ ★ toPrecision
     ⬡ toExponential
     ⬡ toLocaleString
     ⬡ toString
     ⬡ valueOf
```

이 동작은 타입스크립트의 두 번째 장점인 '코드 가이드 및 자동 완성'과 같습니다. 이런 효과가 나타나는 이유는 파일의 첫 번째 줄에 작성했던 // @ts-check 코드와 함수에 정의한 JSDoc 코드 때문입니다. JSDoc에 정의한 타입대로 코드를 작성하지 않으면 해당 코드에 관련 에러가 표시됩니다.

지금까지 JSDoc의 효과를 살펴보았습니다. JSDoc과 // @ts-check를 사용하면 타입스크립트를 쓰지 않고도 타입스크립트 장점을 모두 커버할 수 있다는 것을 확인했습니다. 그럼 어렵게 타입스크립트를 시작하는 것보다 JSDoc으로 자바스크립트 코드에 주석을 다는 것이 더 낫지 않을까요?

프로젝트 상황마다 다르겠지만 JSDoc으로도 충분히 타입스크립트 효과를 낼 수 있다고 생각합니다. 특히 거대한 레거시 시스템에 타입스크립트를 적용해야 한다면 애플리케이션 구조를 전환하는 비용과 팀을 설득하는 비용, 더 나아가 타입이 생겼을 때 생기는 기본적인 타입 에러들을 해결하는 비용이 만만치 않기 때문입니다. 그래서 그런 상황에서 현실적인 대안은 JSDoc이 될 것입니다.

하지만 다음과 같은 코드들을 지속적으로 작성하게 된다면 반복적인 코드를 작성해야 하는 문제가 발생합니다.

```
/**
 * @typedef {object} ProductFilters
 * @property {string} name
 * @property {number} stock
 */

/**
 * @description 입력한 필터 결과에 해당하는 상품 정보를 받아 오는 함수
 * @param {ProductFilters} filters
 */
function fetchProductByFilters(filters) {
  // ...
}
```

이 코드는 사용자가 입력한 상품 필터 결과에 따라서 상품 정보를 받아 오는 함수에 JSDoc으로 주석을 추가한 것입니다. 여기에서 fetchProductByFilters() 함수의 파라미터는 filters인데 아마 JSDoc을 처음 보았다면 어떤 타입인지 이해하기 어려울 것입니다.

하나하나 살펴보면 먼저 @param {ProductFilters} filters에서 앞의 sum() 함수 예제로 {ProductFilters}가 타입이 된다는 것을 알 수 있습니다. 그리고 그 타입은 위에 @typedef 주석으로 다음과 같이 정의되어 있습니다. 'ProductFilters는 문자열 name과 숫자 stock을 속성으로 갖는 객체 타입'이라고 말이죠.

이렇게 앞서 살펴본 string, number, boolean 등 간단한 타입이 아니라 객체와 배열 더 나아가 복잡한 타입을 다룰 때는 타입 정의를 위해 작성해야 하는 코드가 많아집니다. 그리고 뒤에서 학습할 타입스크립트의 모듈 시스템을 사용하지 않는다면 파일마다 동일한 코드를 중복으로 작성해야 하는 단점이 생깁니다.

따라서 현재 JSDoc으로 작성해야 할 코드양이 많고 앞으로 더 많아진다면 타입스크립트를 배우는 것이 중·장기적으로는 더 좋은 선택이 될 것입니다.

1.5 정리

이 장에서는 타입스크립트를 소개하고 사용했을 때 얻는 장점들과 적용할 때 생기는 어려운 점들을 살펴보았습니다. 현실적으로 타입스크립트를 바로 적용하기 어려운 상황이라면 JSDoc이 충분한 대안이 될 수 있다는 점도 알아보았습니다. JSDoc으로 타입스크립트 효과는 누리면서 중·장기적으로는 타입스크립트 도입을 고민하는 것이 좋다고 이야기했는데요. 다음 장부터는 내가 만든 서비스에 타입스크립트를 점진적으로 적용할 수 있도록 타입스크립트를 쉽고 재미있게 배워 보겠습니다.

타입스크립트
시작하기

타입스크립트 학습을 위한 개발 환경 설정

앞 장에서 타입스크립트가 무엇인지 배웠으니 이제 간단한 타입스크립트 프로젝트를 생성하면서 본격적으로 학습해 보겠습니다. 프로젝트를 생성하기 위해 타입스크립트 개발 환경을 다음과 같이 구성합니다.

- 크롬 브라우저
- Node.js와 NPM
- 비주얼 스튜디오 코드

이 책에서는 맥 OS를 기준으로 실습을 진행하지만 윈도우나 리눅스에서도 문제없이 따라 할 수 있습니다.

2.1.1 크롬 브라우저 설치

크롬(Chrome) 브라우저는 구글이 개발한 웹 브라우저입니다. 책에서 안내하는 실습을 진행한 후에는 크롬 브라우저나 Node.js 환경에서 결과를 확인해야 하므로 구글(https://www.google.com)에서 크롬 브라우저를 검색하여 내려받습니다.

▼ **그림 2-1** 크롬 브라우저 내려받기 페이지

2.1.2 Node.js와 NPM 설치

Node.js는 자바스크립트를 실행할 수 있는 실행 환경입니다. Node.js를 설치하고 나면 NPM(Node Package Manager)이 함께 설치되는데, NPM이 있어야 타입스크립트를 명령 어로 설치할 수 있습니다. Node.js 공식 사이트(https://nodejs.org/ko/)에서 Node.js 설치 파일을 내려받습니다.

▼ **그림 2-2** Node.js 공식 사이트

여기에서는 18.15.0 LTS 버전을 내려받았습니다. LTS(Long Term Support)는 안정화 버 전으로, 사용할 수 있는 Node.js의 기능들이 안정화되어 있다는 의미입니다. 현재 버전은 신규 기능들이 추가된 최신 버전을 의미하지만 호환성과 안정성 측면에서 LTS를 선택하 여 설치하는 것이 좋습니다. 사용하는 운영체제에 따라 LTS 버전의 설치 파일을 내려받은 후 설치 파일을 실행합니다. 설치가 정상적으로 완료되면 터미널(명령어 실행 프롬프트) 에서 다음 명령어를 실행했을 때 설치된 버전이 출력되어야 합니다.

```
node -v
npm -v
```

▼ 그림 2-3 터미널에서 node -v와 npm -v 명령어를 실행한 결과

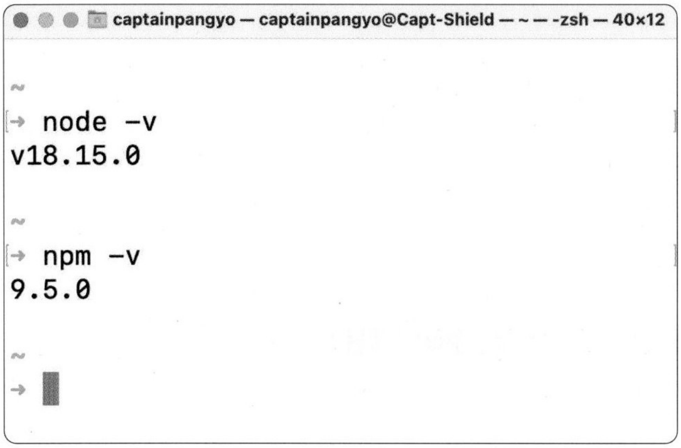

```
● ● ● 🖥 captainpangyo — captainpangyo@Capt-Shield — ~ — -zsh — 40×12

~
↪ node -v
v18.15.0

~
↪ npm -v
9.5.0

~
↪ ▮
```

책에서 다루는 Node.js 버전은 18.15.0입니다. 이후 따라 할 때 Node.js 버전이 다르더라
도 LTS 버전을 사용하면 문제없이 실습할 수 있습니다.

2.1.3 비주얼 스튜디오 코드 설치

비주얼 스튜디오 코드는 1장에서 안내했듯이 마이크로소프트에서 제작한 무료 텍스트 에
디터입니다. 집필하는 현재 시점을 기준으로 프런트엔드 개발자들에게 가장 인기 있는 개
발 도구이며 타입스크립트로 개발되었습니다. 타입스크립트 언어를 제작한 회사이기도
해서 타입스크립트와 호환성이 좋아 개발 도구로 추천합니다.

공식 사이트(https://code.visualstudio.com/)에서 비주얼 스튜디오 코드를 내려받습니다.
사용하는 운영체제에 맞는 실행 파일을 내려받아 실행합니다. 비주얼 스튜디오 코드를 실
행하면 다음 화면이 나옵니다.

2.1.4 비주얼 스튜디오 코드 테마와 플러그인 설치

비주얼 스튜디오 코드를 사용할 때 알아 두면 좋은 테마와 플러그인을 소개하겠습니다. 여기에서 테마란 비주얼 스튜디오 코드의 외관을 꾸밀 수 있는 기능이고, 플러그인은 개발할 때 유용한 기능을 제공하는 확장 프로그램입니다. 다음과 같이 비주얼 스튜디오 코드 왼쪽에 있는 **확장**(extension) 아이콘을 선택합니다.

▼ **그림 2-5** 비주얼 스튜디오 코드의 확장 메뉴

위쪽 입력창에 'github plus theme'를 입력하고 검색해서 설치합니다.

▼ 그림 2-6 확장 메뉴의 GitHub Plus Theme

이 플러그인은 비주얼 스튜디오 코드의 다양한 테마 플러그인 중 하나로, 책에서 사용하는 코드 색상과 가장 비슷합니다. 설치가 끝나면 cmd + shift + p (윈도우는 ctrl + shift + p)를 눌러 명령어 팔레트창을 실행합니다.

▼ 그림 2-7 명령어 팔레트창 실행

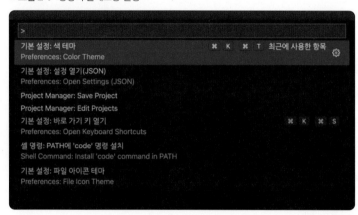

조금 전에 설치한 테마 플러그인을 비주얼 스튜디오 코드에 적용하기 위해 입력창에 'color theme'을 검색합니다. 다음과 같이 조금 전에 설치한 GitHub Plus 테마 플러그인이 테마 목록에 표시됩니다.

▼ **그림 2-8** 사용 가능한 색 테마 목록

GitHub Plus를 선택하면 비주얼 스튜디오의 전체적인 색감이 바뀌는 것을 볼 수 있습니다.

다음으로 이 책의 실습 프로젝트를 진행할 때 꼭 필요한 ESLint 플러그인을 설치해 보겠습니다. ESLint는 자바스크립트 문법 검사 도구로, 첫 번째 실습 프로젝트에서 자세히 소개합니다. 플러그인 검색창에서 'eslint'를 검색하고 **설치**를 눌러 설치합니다.

▼ **그림 2-9** eslint 플러그인을 검색한 결과

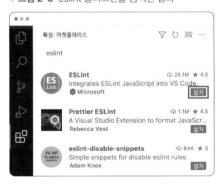

다음으로 Code(윈도우는 '파일') > **기본 설정** > **설정** 메뉴로 진입합니다.

▼ **그림 2-10** 화면 위쪽의 [기본 설정] 메뉴에 포함된 [설정] 메뉴

설정 화면 위쪽에 보이는 '설정 검색'에서 'eslint dire'라고 검색하고, 'settings.json에서 편집'이라는 텍스트 링크를 클릭하면 JSON 파일이 열립니다.

▼ **그림 2-11** 설정에서 eslint dire를 검색한 결과

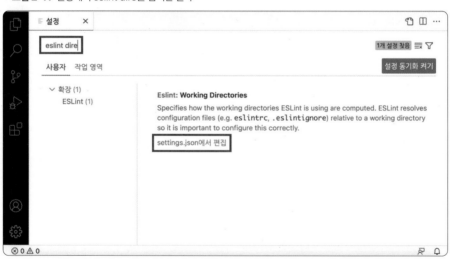

그리고 eslint.workingDirectories 속성을 다음과 같이 수정합니다.

```
"eslint.workingDirectories": [{ "mode": "auto" }],
```

▼ **그림 2-12** settings.json 파일 수정

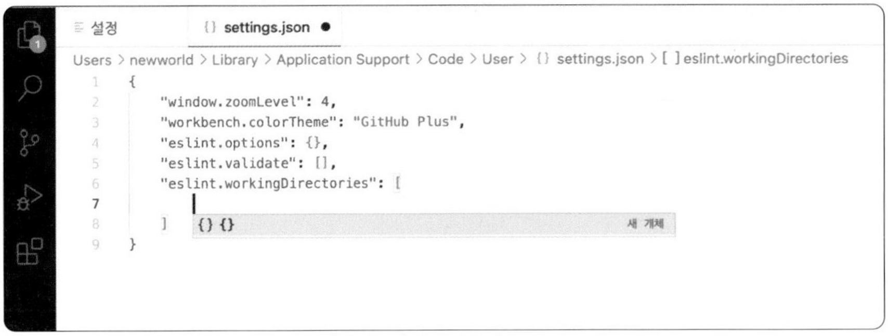

이렇게 하면 이 책에서 다루는 실습 프로젝트의 ESLint 설정이 정상적으로 인식됩니다.

이런 식으로 책에서 필요한 플러그인들을 설치합니다. 다음 목록을 참고하여 설치하면 됩니다. 굵은 글씨의 플러그인 목록은 꼭 설치하길 추천합니다.

- **Korean Language Pack For Visual Code**: 비주얼 스튜디오 코드 한국어 확장 팩
- JavaScript (ES6) code snippets: 최신 자바스크립트 문법 작성 보조 도구
- Live Server: 로컬 서버 실행 도구
- Night Owl: 밤 올빼미 테마
- **Material Icon Theme**: 파일 확장자에 따라 폴더 이미지를 예쁘게 표시하는 아이콘 테마
- Path Intellisense: 파일 경로 자동 완성 보조 도구
- TODO Highlight: TODO, FIXME 등 문구를 강조해 주는 플러그인

2.2 SECTION 타입스크립트 프로젝트 시작

개발 환경을 구성했으니 이제 간단한 타입스크립트 프로젝트를 생성해 보겠습니다. 이번 프로젝트의 작업 순서는 다음과 같습니다.

▼ **그림 2-13** 타입스크립트 프로젝트 시작 진행 순서

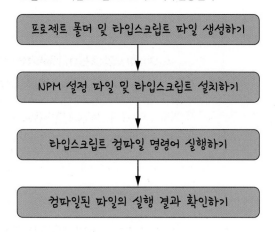

2.2.1 프로젝트 폴더 및 타입스크립트 파일 생성하기

먼저 프로젝트를 생성하기 위해 원하는 위치에 폴더를 하나 만들고 비주얼 스튜디오 코드로 열어 보겠습니다. 여기에서는 getting-started라는 폴더를 생성했습니다. **파일 > 폴더 열기** 메뉴를 선택하고 생성한 폴더를 클릭하면 비주얼 스튜디오 코드로 열립니다.

▼ **그림 2-14** 비주얼 스튜디오 코드에서 폴더 열기

그다음 비주얼 스튜디오 코드 왼쪽에서 **탐색기**(explorer) 패널을 열고 타입스크립트 파일을 하나 생성합니다. 이름은 index.ts로 하겠습니다.

▼ **그림 2-15** getting-started 폴더에 index.ts 파일 생성

생성한 파일에 다음과 같이 코드를 작성합니다.

```
function sum(a: number, b: number): number {
  return a + b;
}
console.log(sum(10, 20));
```

이 코드는 두 수의 합을 받아 더한 후 반환하는 sum() 함수를 타입스크립트로 작성한 것입니다. 함수를 선언한 후 sum(10, 20)을 호출한 결과를 콘솔 로그로 출력합니다.

2.2.2 NPM 설정 파일 및 타입스크립트 설치하기

앞서 작성한 타입스크립트 파일을 실행하려면 자바스크립트 파일로 변환해 주어야 합니다. 현재 브라우저에서 타입스크립트 파일을 바로 인식할 수가 없기 때문입니다. 그래서 타입스크립트 프로젝트는 대부분 타입스크립트를 자바스크립트로 변환하는 라이브러리와 빌드 도구를 갖고 있습니다. 다음 장부터 타입스크립트를 자바스크립트로 변환하는 작업을 **컴파일**(compile)이라고 하겠습니다.

타입스크립트를 자바스크립트로 변환하기 위해 프로젝트 폴더에 타입스크립트 NPM 패키지를 설치하겠습니다. **NPM 패키지**란 npm 명령어로 내려받을 수 있는 자바스크립트 라이브러리를 의미합니다. 다음과 같이 비주얼 스튜디오 코드에는 **터미널 > 새 터미널** 메뉴가 있습니다.

▼ 그림 2-16 비주얼 스튜디오 코드의 [터미널] 메뉴

이 메뉴를 선택하여 현재 프로젝트 위치에서 시스템 명령어를 입력할 수 있게 새 터미널을 엽니다. 그럼 다음과 같이 터미널이 실행됩니다.

▼ 그림 2-17 비주얼 스튜디오 코드의 내장 터미널이 열린 모습

터미널에서 다음 명령어를 입력하여 현재 프로젝트가 NPM으로 관리되도록 NPM 설정 파일을 생성합니다.

```
npm init -y
```

이 명령어를 입력하고 나면 다음과 같이 package.json 파일이 생성됩니다.

▼ **그림 2-18** npm init -y 명령어 실행 결과

npm init -y는 NPM 설정 파일을 기본값으로 생성하는 명령어입니다. 최신 프런트엔드 프레임워크를 사용하는 프로젝트는 대부분 NPM 기반으로 관리되고, 타입스크립트 역시 NPM 기반 프로젝트여야 하기 때문에 NPM 설정 파일을 생성했습니다.

이제 npm install 명령어로 원하는 NPM 패키지를 설치할 수 있습니다. 다음 명령어를 입력하여 현재 프로젝트에 타입스크립트 NPM 패키지를 설치합니다.

```
npm install typescript -D
```

▼ **그림 2-19** npm install typescript -D 명령어 실행 결과

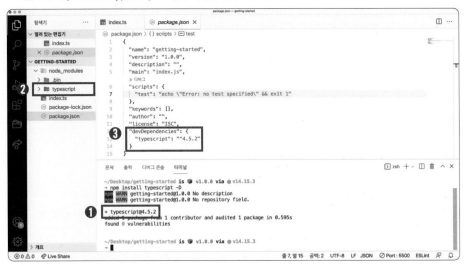

❶ 명령어를 실행하고 나면 그림과 같이 터미널에 + typescript@4.5.2가 출력되면서 타입스크립트 4.5.2 버전이 잘 설치되었다고 표시됩니다(윈도우에서는 다르게 출력될 수 있습니다).

❷ 프로젝트 탐색기에 node_modules 폴더가 생성되면서 하위에 typescript 폴더가 생성된 것을 확인할 수 있습니다.

❸ package.json 파일에 devDependencies 속성이 추가되면서 설치된 패키지 이름과 버전이 명시됩니다.

여기까지 프로젝트에 NPM 설정 파일을 추가하고 타입스크립트 NPM 패키지를 설치해 보았습니다.

> **노트**
>
> NPM을 더 자세히 알아보고 싶다면 다음 링크를 참고하세요.
>
> URL https://joshua1988.github.io/webpack-guide/build/node-npm.html#npm

2.2.3 타입스크립트 컴파일 명령어 실행하기

타입스크립트 파일을 자바스크립트 파일로 변환할 수 있는 준비를 모두 마쳤습니다. 이 변환 작업(컴파일)을 위해 터미널에 다음 명령어를 입력합니다.

```
node ./node_modules/typescript/bin/tsc index.ts
```

이 명령어에서 tsc는 **타입스크립트 컴파일러**(TypeScript Compiler)를 의미합니다. 보통 'tsc 대상 타입스크립트 파일' 형식으로 명령어를 실행하면 타입스크립트 파일을 자바스크립트 파일로 변환하는 컴파일 작업을 진행할 수 있습니다.

이제 이 명령어를 입력하면 다음과 같이 index.ts 파일의 타입스크립트 코드가 자바스크립트 코드로 변환되어 index.js 파일이 생성되는 것을 볼 수 있습니다.

▼ **그림 2-20** 타입스크립트 컴파일 명령어 실행 결과(왼쪽 index.ts, 오른쪽 index.js)

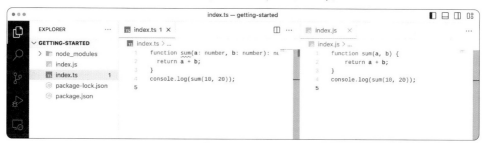

여기에서 index.js 파일의 내용은 index.ts와 크게 다르지 않습니다. 숫자를 2개 받아 더한 후 돌려 주는 sum( ) 함수의 기본적인 동작은 같고 함수의 파라미터와 반환 타입이 number 로 지정된 부분만 자바스크립트 코드에서 제거되었습니다. 함수의 파라미터 타입과 반환 타입은 다음 장에서 더 자세히 살펴보겠습니다.

2.2.4 컴파일된 파일의 실행 결과 확인하기

프로젝트 폴더에 index.html 파일을 생성하고 다음 코드를 작성하여 변환된(컴파일된) 파일의 실행 결과를 확인해 보겠습니다.

```
<!DOCTYPE html>
<html lang="en">
<head>
  <meta charset="UTF-8">
  <meta http-equiv="X-UA-Compatible" content="IE=edge">
  <meta name="viewport" content="width=device-width, initial-scale=1.0">
  <title>타입스크립트 시작하기</title>
</head>
<body>
  <script src="./index.js"></script>
</body>
</html>
```

크롬 브라우저를 열고 이 파일을 실행하면 크롬 개발자 도구의 콘솔창에 다음과 같이 결과가 출력됩니다.

▼ **그림 2-21** 타입스크립트 컴파일 명령어 실행 결과

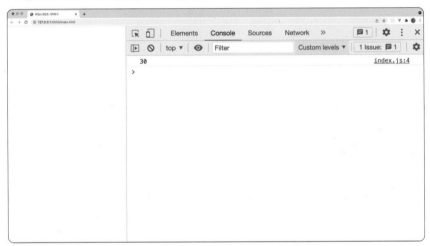

> **노트**
>
> 크롬 개발자 도구는 윈도우에서 F12를 누르거나 맥 OS에서 cmd + option + i를 눌러 열 수 있습니다.

2.3 SECTION / 정리

이 장에서는 타입스크립트를 학습하는 데 필요한 개발 환경을 구성하고 간단한 타입스크립트 프로젝트를 하나 생성해 보았습니다. 폴더를 생성하고 npm 명령어로 NPM 설정 파일을 만든 후 타입스크립트 패키지를 설치하여 타입스크립트 컴파일 작업(tsc)을 진행해 보았습니다. 직접 해 보니 생각보다 타입스크립트를 시작하기가 어렵지 않았을 것입니다. 다음 장부터는 좀 더 세부적으로 타입스크립트의 기본 개념을 잡아 보겠습니다.

타입스크립트 기초:
변수와 함수의 타입 정의

타입스크립트는 변수와 함수의 타입을 정의하면서 쉽게 배울 수 있습니다. 이 장에서는 변수와 함수에 사용되는 주요 데이터 타입을 알아보고, 변수와 함수의 타입을 정의하는 방법을 알아보겠습니다.

3.1 / 변수에 타입을 정의하는 방법

자바스크립트를 처음 배울 때 가장 먼저 변수를 배우듯이 타입스크립트도 변수에 타입을 정의하는 방법을 배우면서 타입스크립트의 감을 익힐 수 있습니다. 먼저 간단한 자바스크립트 코드에 타입을 선언해 보겠습니다.

```
var name = 'captain';
```

이 코드는 name 변수에 captain이라는 문자열을 할당한 자바스크립트 코드입니다. 여기에서 이 name 변수에 타입을 선언하고 싶다면 다음과 같이 변수 뒤에 ': 타입이름'을 추가합니다.

```
var name: string = 'captain';
```

이렇게 되면 이것은 타입스크립트 코드가 됩니다. name 변수의 타입은 문자열이고 값으로 captain이라는 문자열을 갖는다는 의미입니다. 이런 식으로 변수 이름 뒤에 콜론(:)을 붙여서 해당 변수의 타입을 정의할 수 있습니다. 이 콜론(:)을 **타입 표기**(type annotation)라고 합니다. 이 타입 표기는 변수뿐만 아니라 함수에도 사용할 수 있습니다. 이 장에서 변수와 함수에 타입 표기를 어떻게 사용하는지 알아보겠습니다.

3.2 기본 타입

변수나 함수의 타입을 정의할 때 사용할 수 있는 타입 종류는 여러 가지가 있습니다. 그중 주요 데이터 타입인 다음 아홉 가지 타입을 알아보겠습니다.

- string
- number
- boolean
- object
- Array
- tuple
- any
- null
- undefined

3.2.1 문자열 타입: string

string은 문자열을 의미하는 타입입니다. 3.1절에서 살펴보았듯이 특정 데이터 타입이 문자열이면 string 타입으로 선언합니다.

```
var name: string = 'captain';
```

name 변수의 타입이 string으로 지정되어 있기 때문에 이제 이 변수는 문자열만 취급하는 변수가 되었습니다. 문자열이 아닌 다른 값을 할당하면 다음과 같이 타입 에러가 표시될 것입니다.

▼ 그림 3-1 문자열 타입 변수에 숫자를 대입했을 때 타입 에러

```
var name: string = 10;
    var name: string
    'number' 형식은 'string' 형식에 할당할 수 없습니다. ts(2322)
```

3.2.2 숫자 타입: number

특정 변수가 숫자만 취급한다면 number 타입을 사용합니다.

```
var age: number = 100;
```

이 코드에서 age 변수는 number로 타입이 정의되어 있기 때문에 숫자만 취급할 수 있습니다. 초깃값으로 100을 넣었다면 이후에 값을 변경할 때도 숫자만 할당할 수 있습니다.

3.2.3 진위 타입: boolean

진위 값만 취급하는 변수에는 boolean이라는 타입을 사용합니다.

```
var isLogin: boolean = false;
```

이 코드에서 isLogin은 사용자의 로그인 여부를 파악하는 데 사용하는 변수입니다. 로그인되었으면 true를, 로그인되지 않았으면 false를 할당합니다. 이렇게 참과 거짓을 구분하는 진위 값을 다루는 경우 boolean으로 타입을 선언합니다.

3.2.4 객체 타입: object

객체 유형의 데이터를 취급할 때는 object라는 타입을 사용합니다.

```
var hero: object = { name: 'captain', age: 100 };
```

hero 변수는 name과 age라는 속성을 갖는 객체입니다. 따라서 해당 변수가 객체 타입으로 취급된다는 것을 명시하려고 object로 타입을 선언했습니다.

> **노트**
>
> 타입스크립트의 장점을 극대화하려면 가급적 타입을 최대한 구체적으로 선언해야 합니다. 이 관점에서 볼 때 예시의 object 타입은 어떤 속성이 있고 해당 속성이 무슨 타입을 갖는지 명시되어 있지 않으므로 자바스크립트를 사용하는 것과 크게 차이가 없습니다. object를 구체적으로 명시하는 방법은 5장 인터페이스에서 알아보겠습니다.

3.2.5 배열 타입: Array

앞서 배운 타입들과 다르게 배열 타입은 다음 두 가지 방법으로 선언할 수 있습니다.

```
// 문자열 배열
var companies: Array<string> = ['네이버', '삼성', '인프런'];
var companies: string[] = ['네이버', '삼성', '인프런'];
// 숫자 배열
var cards: Array<number> = [13, 7, 2, 4];
var cards: number[] = [13, 7, 2, 4];
```

이 코드에서 companies 변수는 네이버, 삼성, 인프런이라는 회사 이름을 배열로 선언합니다. 각각의 회사 이름이 문자열로 선언되었기 때문에 문자열 배열이라는 의미의 Array<string>과 string[] 타입 표기 방식을 사용했습니다. 이처럼 배열의 타입을 정의할 때는 다음 문법으로 타입을 정의할 수 있습니다.

```
Array<배열의 데이터 타입>
배열의 데이터 타입[]
```

여기에서 '배열의 데이터 타입'은 배열을 구성할 요소의 타입을 의미합니다. 앞의 코드 예시에서 companies는 문자열로 구성된 배열이기에 string을 사용했고, 카드 숫자를 배열로 갖는 cards는 number를 사용했습니다.

앞으로 배열 타입을 선언할 때는 Array<string>보다 string[] 형태의 문법을 사용하길 추천합니다. 이 2개는 문법적으로만 다를 뿐 역할은 같습니다. string[] 형태로 선언하면 키보드 입력도 더 적고 직관적이기 때문입니다. Array<T> 형태는 제네릭을 의미하는데 이 개념은 아직 배우지 않아서 오히려 어렵게 느껴질 수 있습니다. 제네릭은 10장에서 살펴보겠습니다.

3.2.6 튜플 타입: tuple

튜플은 특정 형태를 갖는 배열을 의미합니다. 배열 길이가 고정되고 각 요소 타입이 정의된 배열을 튜플이라고 합니다.

```
var items: [string, number] = ['hi', 11];
```

이 코드의 items 변수는 배열 길이가 2고 첫 번째 요소는 문자열, 두 번째 요소는 숫자인 타입으로 정의되어 있습니다. 즉, 첫 번째 배열 요소에는 문자열 hi가 선언되어 있고, 두 번째 배열 요소에는 11이라는 숫자가 지정되어 있습니다. 다음과 같이 정해진 순서와 타입에 맞지 않게 값이 취급된다면 에러가 발생할 것입니다.

▼ **그림 3-2** 튜플 규칙에 맞지 않게 값이 선언된 경우 발생하는 타입 에러

```
                                    'string' 형식은 'number' 형식에 할당할 수 없습니다. ts(2322)
                                    문제 보기 (⌥F8)   빠른 수정을 사용할 수 없음
var items: [string, number] = ['hi', 'tuple'];
```

3.2.7 any

any 타입은 아무 데이터나 취급하겠다는 의미입니다. 타입스크립트에서 자바스크립트의 유연함을 취하려고 할 때 사용하는 타입입니다.

```
var myName: any = '캡틴';
myName = 100;
var age: any = 21;
```

이 코드에서 myName 변수에 any 타입을 지정하고 캡틴이라는 문자열을 선언했습니다. 이 변수는 any 타입으로 지정되었기 때문에 초기에는 캡틴이라는 문자열을 갖고 있지만 이후에 다른 데이터 타입의 값으로 변경할 수 있습니다. 여기에서는 캡틴이라는 문자열을 초깃값으로 할당한 후 다시 숫자 100을 할당했습니다. 마찬가지로 age라는 변수를 선언할 때도 any 타입을 지정했기 때문에 아무 값이나 할당할 수 있습니다. 여기에서는 숫자 21을 할당했습니다.

any 타입은 타입스크립트를 처음 시작하는 사람들에게 유용한 타입입니다. 타입스크립트 사용 경험이 많아지면 자연스럽게 any보다 더 적절한 데이터 타입을 정의하게 됩니다. 더 적절한 데이터 타입은 1장에서 언급한 타입스크립트의 장점을 누리게 해 주죠. 또 any는 이미 작성된 자바스크립트 코드를 타입스크립트로 변환할 때 유용하게 사용할 수 있는 타입입니다. 이와 관련된 내용은 다음 실습 프로젝트에서 알아보겠습니다.

3.2.8 null과 undefined

자바스크립트에서 null은 의도적인 빈 값을 의미합니다. 개발자가 의도적으로 값을 비어두고 싶을 때 사용하는 값이죠. 반면 undefined는 변수를 선언할 때 값을 할당하지 않으면 기본적으로 할당되는 초깃값입니다. 타입스크립트에서는 이 두 값을 타입으로 정의할 수 있습니다. 다음 코드를 보겠습니다.

```
var empty: null = null;
var nothingAssigned: undefined;
```

empty 변수에는 null 값을 할당했기 때문에 null 타입을 지정했습니다. nothingAssigned 변수는 선언만 하고 아무 값도 할당하지 않아서 undefined가 초깃값으로 지정될 것입니다. 그래서 nothingAssigned 변수를 undefined라는 타입으로 지정해 주었습니다.

> **노트**
>
> null과 undefined 타입은 타입스크립트 설정 파일의 strict 옵션에 따라서 사용 여부가 결정됩니다. strict 옵션이 꺼져 있을 때는 신경 쓰지 않아도 되는 타입입니다. 더 자세한 내용은 19장에서 알아보겠습니다.

3.3 SECTION / 함수에 타입을 정의하는 방법

함수는 변수 못지않게 자주 사용하는 문법입니다. 반복되는 코드를 줄이는 방법이자 데이터를 전달 및 가공하는 데 사용합니다. 그래서 프로그래밍 로직을 작성할 때 함수를 많이 사용합니다. 지금부터 함수란 무엇이고 어떻게 타입을 정의할 수 있는지 알아보겠습니다.

3.3.1 함수란?

자바스크립트에서 함수는 다음과 같이 선언합니다.

```
function sayHi() {
  return 'hi';
}
```

이 코드는 sayHi라는 함수를 선언하고 함수가 실행되면 문자열 hi를 반환합니다. 이처럼 함수는 function이라는 **예약어**와 함수 이름으로 함수를 선언할 수 있고, 함수 본문에 return을 추가해서 값을 반환하거나 함수 실행을 종료할 수 있습니다.

> **노트**
>
> 예약어란 프로그래밍 언어에 미리 정의된 단어를 의미합니다. '키워드'라고도 합니다.

함수의 또 다른 특징은 입력 값에 따라 출력 값이 달라진다는 점입니다. 앞서 작성한 함수를 입력 값에 따라 다른 단어를 반환하도록 변경해 보겠습니다.

```
function sayWord(word) {
  return word;
}
```

이 코드에서 word는 함수의 **파라미터**(매개변수)라고 합니다. sayWord 함수를 호출할 때 넘겨준 입력 값을 받는 역할을 합니다. 파라미터가 있으면 함수를 호출할 때 값을 넘길 수 있습니다. 다음과 같이 말이죠.

```
sayWord('hello'); // hello 반환
sayWord('bye');   // bye 반환
```

이 코드의 첫 번째 줄은 hello를 반환하고 두 번째 줄은 bye를 반환합니다. 여기에서 함수를 호출할 때 넘긴 문자열 hello, bye를 **인자**라고 합니다. 이처럼 함수는 입력 값에 따라서 출력 값이 바뀌는 특성이 있습니다.

3.3.2 함수의 타입 정의: 파라미터와 반환값

함수의 타입을 정의할 때는 먼저 입력 값과 출력 값에 대한 타입을 정의합니다. 앞서 살펴본 sayWord 함수를 다시 보겠습니다.

```
function sayWord(word) {
  return word;
}
```

여기에서 sayWord 함수는 입력받은 단어를 그대로 반환하라는 의미이므로 word 파라미터는 문자열을 취급하고 반환값도 문자열이 된다는 것을 알 수 있습니다. 그럼 먼저 반환값의 타입을 문자열로 지정해 보겠습니다.

```
function sayWord(word): string {
  return word;
}
```

함수의 반환값 타입은 위와 같이 함수 이름 오른쪽에 ': 타입이름'으로 지정할 수 있습니다. 이 함수의 반환값은 문자열이라는 것을 명시하고 있죠. 여기에서 함수의 입력 값인 파라미터 타입도 문자열로 지정해 보겠습니다.

```
function sayWord(word: string): string {
  return word;
}
```

이번에는 word 파라미터의 타입이 문자열이라고 명시했습니다. 파라미터 오른쪽에 ': 타입이름'을 넣으면 파라미터의 타입이 정의됩니다.

타입스크립트 함수의 인자 특징

자바스크립트 함수에서는 파라미터와 인자의 개수가 일치하지 않아도 프로그래밍상 문제 없었습니다.

```
function sayWord(word) {
  return word;
}
sayWord('hi'); // hi
```

sayWord 함수는 파라미터가 1개이기 때문에 인자를 1개만 넘길 수 있습니다. 앞서 살펴보았듯이 넘긴 문자열 1개를 그대로 반환해 주고 있죠. 그런데 다음과 같이 문자열을 2개 넘긴다면 어떻게 될까요?

```
function sayWord(word) {
  return word;
}
sayWord('hi', 'capt'); // hi
```

파라미터의 숫자보다 인자의 개수가 많더라도 에러가 발생하지 않고 다음과 같이 정상적으로 실행됩니다.

▼ **그림 3-3** 크롬 개발자 도구에서 확인한 sayWord 함수 실행 결과

```
> function sayWord(word) {
    return word;
  }
  sayWord('hi', 'capt');
< 'hi'
```

초과된 인자는 실행에 영향을 미치지 않고 무시됩니다. 그러나 타입스크립트에서는 파라미터와 인자의 개수가 다르면 에러가 발생합니다. 다음과 같이 말이죠.

▼ 그림 3-4 인자 개수가 파라미터 개수보다 많을 때 타입 에러

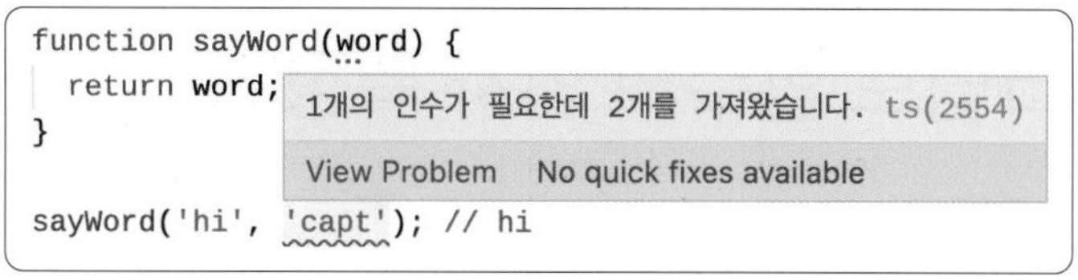

```
function sayWord(word) {
  return word;           1개의 인수가 필요한데 2개를 가져왔습니다. ts(2554)
}
                         View Problem    No quick fixes available
sayWord('hi', 'capt'); // hi
```

sayWord 함수는 파라미터가 1개이므로 첫 번째 인자인 'hi'만 유효하고, 두 번째 인자인 'capt'는 필요 없는 값이라고 안내합니다. 이런 식으로 부가적인 함수 정보가 표시되기 때문에 함수를 정의된 스펙에 맞게 올바르게 사용할 수 있습니다.

> **노트**
>
> 이처럼 부가적인 타입스크립트 정보를 표시하는 것은 비주얼 스튜디오 코드의 인텔리센스 기능 덕분입니다. 비주얼 스튜디오 코드의 내부에 타입스크립트 서버가 돌고 있어서 코드를 해석하여 이와 같은 정보를 표시해 줄 수 있죠. 더 자세한 내용이 궁금하다면 다음 문서를 참고하세요.
>
> URL https://code.visualstudio.com/docs/editor/intellisense

3.5
SECTION
옵셔널 파라미터

이번에는 반대로 파라미터의 개수만큼 인자를 넘기지 않고 싶을 때는 어떻게 해야 할까요? 다음과 같이 성과 이름을 입력받아 내 이름을 반환해 주는 함수가 있다고 합시다.

```
function sayMyName(firstName: string, lastName: string): string {
  return 'my name : ' + firstName + ' ' + lastName;
}
```

이 함수를 호출할 때 성(firstName)과 이름(lastName)을 모두 입력하면 다음과 같이 결과가 나올 것입니다.

```
sayMyName('Captain', 'Pangyo'); // my name : Captain Pangyo
```

그런데 이름 없이 성만 입력해서 결과를 출력하고 싶다면 어떻게 될까요?

▼ **그림 3-5** 인자를 파라미터 개수만큼 넘기지 않았을 때 타입 에러

```
2개의 인수가 필요한데 1개를 가져왔습니다. ts(2554)
4.ts(1, 39): 'lastName'의 인수가 제공되지 않았습니다.
View Problem    No quick fixes available
sayMyName('Captain'); // my name : Captain
```

앞 절에서 설명했듯이 함수에 파라미터를 2개 지정했기 때문에 인자를 2개 넣어야 한다며 타입 에러가 발생합니다. sayMyName 함수를 호출할 때 인자를 2개 기대하고 있는데 첫 번째 인자만 넘겨주고 있어 에러가 발생하는 것이죠. 때로는 이렇게 함수의 파라미터를 선택적으로 사용하고 싶을 때가 생깁니다. 웹 서비스 로직을 작성할 때 흔히 마주할 수 있는 상황이죠. 이때 사용할 수 있는 것이 **옵셔널 파라미터**(optional parameter)입니다.

옵셔널 파라미터는 ?로 표기합니다. 선택적으로 사용하고 싶은 파라미터의 오른쪽에 다음과 같이 ?를 붙이면 됩니다.

```
function sayMyName(firstName: string, lastName?: string): string {
  return 'my name : ' + firstName + ' ' + lastName;
}
```

이 함수는 두 번째 파라미터에 ?를 붙여서 옵셔널 파라미터로 정의했습니다. 따라서 두 번째 파라미터인 lastName은 호출할 때 넘겨도 되고 넘기지 않아도 됩니다. 다음과 같이 말이죠.

▼ **그림 3-6** 두 번째 인자가 생략되었지만 나타나지 않는 타입 에러

```
sayMyName('Captain'); // my name : Captain
```

이제는 sayMyName 함수를 호출할 때 두 번째 인자를 넘기지 않아도 타입 에러가 발생하지 않습니다. 이처럼 옵셔널 파라미터를 이용하면 함수에 인자를 선택적으로 넘길 수 있습니다.

3.6 정리

이 장에서는 변수와 함수에 타입을 정의하는 방법과 기본 타입 아홉 가지를 알아보았습니다. 타입 표기 방식인 콜론(:)을 이용하여 변수의 타입을 지정하고 함수의 입력 값과 반환 값에 타입을 지정해 보았는데요. 자바스크립트 코드에 타입을 지정하는 방식이 그렇게 어렵지 않았을 것입니다. 함수의 파라미터 타입을 정의하고 선택적으로 쓰고 싶을 때는 옵셔널 파라미터 ?를 사용하여 선언한다는 것도 잊지 마시고요. 그럼 지금까지 배운 내용을 바탕으로 다음 장에서는 간단한 프로젝트를 하나 진행해 보겠습니다.

첫 번째 프로젝트:
할 일 관리 앱

이 장에서는 지금까지 배운 내용들을 복습하고 체화하고자 간단하게 프로젝트를 진행해 보겠습니다. 변수와 함수에 타입을 정의하는 것만으로도 자바스크립트 코드의 꽤 많은 부분에 타입을 정의할 수 있다는 것을 알았습니다. 이번 프로젝트는 자바스크립트로 작성된 할 일 관리 애플리케이션 코드에 적절한 타입을 추가하는 것입니다. 그럼 같이 시작해 볼까요? ☺

4.1 _{SECTION} 프로젝트 내려받기 및 라이브러리 설치

먼저 프로젝트 예제 코드를 내려받기 위해 다음 깃허브 URL에 접속합니다. 깃허브는 전세계 개발자가 자신의 소스 코드를 올려놓을 수 있는 코드 저장소입니다. 요즘 기업에서는 모두 깃허브로 협업을 하고 소스 버전을 관리합니다. 깃허브에 익숙하다면 다음 리포지터리를 클론해도 되고, 아니면 깃허브에서 Code > Download ZIP을 클릭해서 소스 코드를 내려받습니다.

URL https://github.com/joshua1988/learn-typescript

또는

URL https://github.com/gilbutITbook/080316

내려받은 ZIP 파일의 압축을 풀고 비주얼 스튜디오 코드로 learn-typescript-master 폴더 (또는 080316 폴더)를 실행하면 다음과 같이 나옵니다.

▼ **그림 4-1** 비주얼 스튜디오 코드로 learn-typescript-master 폴더를 실행한 화면

왼쪽에 프로젝트 탐색기 패널이 열려 있습니다. 여기에서 quiz 폴더를 열고 1_todo 폴더에서 마우스 오른쪽 버튼을 눌러 **Open in Integrated Terminal**을 선택합니다.

▼ **그림 4-2** 1_todo 폴더에서 마우스 오른쪽 버튼을 눌러 [Open in Integrated Terminal] 메뉴 선택

그러면 비주얼 스튜디오 코드 아래쪽에 터미널(명령어 실행창)이 열립니다. 이 터미널에 다음 명령어를 입력하면 프로젝트 진행에 필요한 라이브러리가 설치됩니다.

```
npm i
```

▼ **그림 4-3** 터미널에 라이브러리 설치 명령어 npm i를 입력한 모습

라이브러리가 모두 정상적으로 설치되면 1_todo 폴더 아래에 node_modules 폴더가 생깁니다. 그리고 src 폴더를 열어 index.ts 파일을 확인하면 다음과 같이 function 쪽 코드에 노란색 줄이 표시되는 것을 볼 수 있습니다.

▼ **그림 4-4** index.ts 파일에 표시되는 노란색 줄

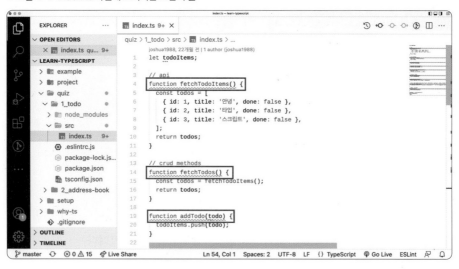

노란색 줄이 표시되지 않는다면 '2.1.4절 비주얼 스튜디오 코드 테마와 플러그인 설치'를 참고하세요. 아마 ESLint 설정이 제대로 되어 있지 않아서 그럴 거예요.

> **노트**
>
> 환경 설정에 도움이 필요하다면 다음 무료 영상을 참고하세요.
> URL http://bit.ly/41gaYFC

4.2 SECTION 프로젝트 폴더 구조

실습할 프로젝트의 폴더와 파일을 살펴보겠습니다. NPM과 ESLint 등 최신 프런트엔드 개발 환경에 익숙하다면 어렵지 않게 프로젝트의 구성 요소들을 파악할 수 있을 텐데요. 지금부터 하나씩 차근하게 살펴보겠습니다.

현재 quiz 폴더 아래에 있는 1_todo 폴더에 첫 번째 실습 코드가 들어 있습니다. 1_todo 폴더 아래에는 다음과 같이 폴더 2개와 파일 4개가 있습니다.

▼ **그림 4-5** 프로젝트 탐색기에서 1_todo 폴더를 펼쳤을 때 표시되는 폴더 구조

우선 각 폴더와 파일이 어떤 역할을 하는지 알아보겠습니다.

4.2.1 node_modules 폴더

node_modules 폴더에는 실습에 필요한 라이브러리가 설치되어 있습니다. 앞서 npm i 명령어를 입력해서 필요한 라이브러리를 설치했는데요. 설치 과정이 정상적으로 끝나면 node_modules 폴더가 생성됩니다. NPM 기반의 웹 애플리케이션을 실행하는 데 꼭 필요한 폴더입니다.

4.2.2 src 폴더

소스 폴더에는 실습 코드인 index.ts 파일이 있습니다. index.ts 파일에 작성된 코드는 바로 이어서 설명하겠습니다.

4.2.3 .eslintrc.js 파일

.eslintrc.js 파일은 ESLint 설정 파일입니다. 설정 파일에 .js 확장자가 붙어 있으므로 자바스크립트 파일입니다. 여기에서 ESLint란 자바스크립트의 문법 검사 도구를 의미합니다. 자바스크립트 코드를 일관된 형식으로 작성할 수 있게 도와주고 잠재적인 에러가 발생할 수 있는 코드를 경고해 줍니다. 그리고 ESLint는 자바스크립트뿐만 아니라 추가적인 구성으로 타입스크립트 코드까지 검사할 수 있습니다. 이 프로젝트를 실습하려고 ESLint에 타입스크립트 검사 규칙을 추가해 두었습니다.

4.2.4 package.json 파일

package.json 파일은 NPM 설정 파일입니다. NPM 설정 파일은 프로젝트 이름, 버전, 라이선스 등 프로젝트와 관련된 기본 정보가 들어갑니다. 그리고 프로젝트를 실행하거나 로컬에서 개발할 때 필요한 라이브러리 목록을 저장할 수 있습니다.

```
{
  "name": "1_todo",
  "version": "1.0.0",
  "description": "",
  "main": "index.js",
  "scripts": {
    "test": "echo \"Error: no test specified\" && exit 1"
  },
  "keywords": [],
  "author": "",
  "license": "ISC",
  "devDependencies": {
    "@babel/core": "^7.9.0",
    "@babel/preset-env": "^7.9.5",
    "@babel/preset-typescript": "^7.9.0",
    "@typescript-eslint/eslint-plugin": "^2.27.0",
    "@typescript-eslint/parser": "^2.27.0",
    "eslint": "^6.8.0",
    "eslint-plugin-prettier": "^3.1.2",
    "prettier": "^2.0.4",
    "typescript": "^3.8.3"
  }
}
```

package.json 파일의 속성을 하나씩 살펴보겠습니다.

- name: 프로젝트 이름
- version: 프로젝트 버전
- description: 프로젝트 설명
- main: 프로젝트 메인 파일
- scripts: 프로젝트 명령어. 임의로 명령어를 생성해서 'npm run 명령어이름' 형태로 해당 명령어 실행 가능
- keywords: NPM 사이트에서 검색할 때 연관될 검색어
- author: 프로젝트 작성자
- license: 프로젝트 라이선스 종류 표기

- devDependencies: 프로젝트를 로컬에서 개발할 때 도움을 주는 라이브러리 목록. 예를 들어 로컬에서 사용할 개발 서버나 코드 문법 검사 도구 등이 해당

4.2.5 package-lock.json 파일

package-lock.json 파일은 dependencies나 devDependencies에 명시된 라이브러리를 설치할 때 필요한 부수 라이브러리의 버전을 관리합니다. package.json 파일에 명시된 라이브러리를 설치하고 나면 자동으로 생성됩니다. package.json 파일과 다르게 개발자가 직접 package-lock.json 파일의 내용을 수정하지 않습니다.

4.2.6 tsconfig.json 파일

tsconfig.json 파일은 타입스크립트 설정 파일입니다. 타입스크립트 프로젝트는 기본적으로 최상위 폴더 아래에 타입스크립트 설정 파일이 있습니다. 이 설정 파일에는 타입스크립트 컴파일을 돌릴 파일 목록과 배제할 목록, 그리고 컴파일러를 구체적으로 어떻게 동작시킬지 등 다양한 옵션을 지정할 수 있습니다.

첫 번째 실습 프로젝트의 타입스크립트 옵션 속성은 다음과 같이 지정되어 있습니다.

```
{
  "compilerOptions": {
    "allowJs": true,
    "checkJs": true,
    "noImplicitAny": false
  },
  "include": ["./src/**/*"]
}
```

이 파일의 옵션 속성을 하나씩 살펴보겠습니다.

- compilerOptions: 타입스크립트로 컴파일할 때 세부적인 동작을 지정할 수 있는 옵션입니다.
  - allowJs: 타입스크립트로 프로젝트를 컴파일할 때 자바스크립트 파일도 컴파일 대상에 포함시킬지 선택하는 옵션입니다.
  - checkJs: 주로 allowJs 옵션과 같이 사용되며 프로젝트 내 자바스크립트 파일에서 타입스크립트 컴파일 규칙을 적용할지 선택하는 옵션입니다. 1장에서 살펴본 자바스크립트 파일의 맨 위에 // @ts-check를 넣은 것과 효과가 같습니다. true를 선택하면 자바스크립트 파일 내부의 에러도 타입스크립트 컴파일 규칙에 따라 검증한 후 에러를 표시합니다.
  - noImplicitAny: 타입스크립트는 타입스크립트 코드의 타입을 따로 지정하지 않으면 암묵적으로 모든 타입을 any로 추론합니다. 이런 성질을 끄고 켤 수 있는 옵션입니다. true 값을 넣으면 암묵적인 any 타입 추론이 되지 않아 타입을 any로라도 꼭 정의해 주어야 합니다. 따라서 타입이 지정되어 있지 않은 자바스크립트 코드 경고를 표시해 줍니다.
- include: 타입스크립트 컴파일 대상 경로를 지정할 수 있습니다. ./src/**/*는 src 폴더 아래의 모든 파일에서 타입스크립트 컴파일을 돌리겠다는 의미입니다.

이외에도 다양한 타입스크립트 옵션이 있는데 자주 활용되는 타입스크립트 설정 파일 옵션은 19장에서 알아보겠습니다.

4.3 _{SECTION} 프로젝트 로직

프로젝트 폴더 구조까지 살펴보았으니 다음으로 소스 코드를 살펴보겠습니다. src 폴더 아래에 있는 index.ts 파일을 열면 다음 코드가 나옵니다.

```
let todoItems;

// api
function fetchTodoItems() {
  const todos = [
    { id: 1, title: '안녕', done: false },
    { id: 2, title: '타입', done: false },
```

```
    { id: 3, title: '스크립트', done: false },
  ];
  return todos;
}

// crud methods
function fetchTodos() {
  const todos = fetchTodoItems();
  return todos;
}

function addTodo(todo) {
  todoItems.push(todo);
}

function deleteTodo(index) {
  todoItems.splice(index, 1);
}

function completeTodo(index, todo) {
  todo.done = true;
  todoItems.splice(index, 1, todo);
}

// business logic
function logFirstTodo() {
  return todoItems[0];
}

function showCompleted() {
  return todoItems.filter(item => item.done);
}

// TODO: 아래 함수의 내용을 채워보세요.
// 아래 함수는 `addTodo()` 함수를 이용하여 2개의 새 할 일을 추가하는 함수입니다.
function addTwoTodoItems() {
```

```
    // addTodo() 함수를 두 번 호출하여 todoItems에 새 할 일이 2개 추가되어야 합니다.
}

// NOTE: 유틸 함수
function log() {
  console.log(todoItems);
}

todoItems = fetchTodoItems();
addTwoTodoItems();
log();
```

index.ts 파일의 코드는 할 일 관리 앱을 가정하여 제작했습니다. 언어나 프레임워크를 배울 때 많이 제작하게 되는 할 일 관리 앱의 축소판입니다. 일반적으로 할 일 관리 앱은 조회, 등록, 삭제, 수정 기능을 각각의 함수로 분리해서 관리합니다. 이 실습 코드에서는 사용자 입력을 받아 화면을 제어하는 부분을 제외하고 할 일 목록이라는 데이터 관점에서 조작하는 부분만 간단하게 작성했습니다.

할 일 목록은 보통 서버에서 저장된 데이터를 HTTP 요청을 통해 가져오는데, 이 부분은 HTTP 요청이나 서버에 이해가 없는 사람들을 배려하여 fetchTodoItems() 함수를 호출하면 할 일 목록 데이터를 바로 반환할 수 있게 구현해 놓았습니다.

fetchTodos() 함수는 fetchTodoItems() 함수의 호출 결과를 todoItems 변수에 담아 주는 역할을 합니다. 마치 일반적인 화면을 제작하려고 API 함수와 로직 함수의 호출 결과를 설정하는 함수를 분리해 놓은 구조입니다. let으로 선언된 todoItems는 할 일 목록의 데이터가 담길 변수입니다.

addTodo() 함수는 배열로 정의된 할 일 목록에 자바스크립트 배열 push API로 하나의 할 일을 추가합니다. deleteTodo() 함수는 할 일을 삭제합니다. 자바스크립트 배열 splice API를 사용하여 배열의 특정 인덱스에 있는 할 일 데이터를 삭제합니다. completeTodo() 함수는 특정 할 일을 완료/미완료 처리합니다. 삭제와 마찬가지로 splice API를 사용하여 특정 인덱스에 있는 할 일의 완료 처리 여부를 완료로 표시한 후 데이터를 갱신해 줍니다.

logFirstTodo() 함수는 첫 번째 할 일을 출력하고 showCompleted() 함수는 완료된 할 일의 목록을 표시해 줍니다. addTwoTodoItems() 함수는 아직 완성되지 않았으므로 실습을 통해 직접 구현해야 합니다. 조금 뒤에서 자세히 안내하겠습니다. 마지막으로 log()는 console.log()를 매번 일일이 작성하지 않게 함수로 감싸 준 유틸리티 성격의 함수입니다.

각각의 코드가 무슨 역할을 하고 있는지 살펴보았으니 이제 직접해 볼까요?

실습에 사용한 배열 API 알아보기
- push(): 배열에 값을 추가할 때 사용하는 API. 배열의 맨 끝에 값을 추가
- splice(): 배열 값을 삭제하거나 특정 값을 변경할 때 사용하는 API
- filter(): 배열에서 특정 조건에 해당하는 값들만 추려 내고 싶을 때 사용하는 API

4.4 / 프로젝트 실습
SECTION

이번 프로젝트의 실습 목표는 여태까지 배운 타입스크립트의 역할과 기본 타입, 변수, 함수의 타입 정의 방식을 떠올리며 타입을 정의할 수 있는 데까지 '스스로' 정의하는 것입니다. 실습할 때 알아야 하는 개념은 다음과 같습니다.

1. 타입 표기: 방식을 이용한 타입 정의 방법
2. 변수의 타입 정의 방법
3. 함수의 파라미터 타입과 반환값 타입 정의 방법

실습 순서는 다음과 같습니다.

1. ESLint의 에러(노란색 줄)가 표시되는 부분의 타입 정의 **예** 함수 반환값 타입
2. todoItems 변수의 타입 선언
3. todoItems 변수의 타입 선언에 따라 발생하는 에러 코드 정리 및 타입 정의
4. 함수 파라미터나 내부 로직의 타입 정의
5. addTwoTodoItems( ) 함수 구현
6. 정의한 타입 중에서 좀 더 적절한 타입을 정의할 수 있는 곳이 있는지 확인 및 정의

그럼 이 순서에 따라서 실습을 진행해 볼까요? 천천히 배운 내용을 복습하면서 스스로 할 수 있는 곳까지 진행해 보세요. 실습이 모두 끝난 후 다음 절에서 답안을 확인해 보겠습니다. ☺

4.5 프로젝트 실습 풀이

SECTION

직접 실습해 보니 어땠나요? 쉽게 풀린 부분도 있을 테고 접근하기 어려운 부분도 있었겠지만 크게 걱정하지 않아도 됩니다. 우리는 이제 막 타입스크립트에서 걸음마를 뗀 수준이니까요. 같이 풀이를 확인해 보면서 몰랐던 부분을 하나씩 알아보고 지금까지 배운 내용을 내 것으로 만들어 봅시다.

4.5.1 함수의 반환 타입 정의

실습 코드를 살펴보면 다음과 같이 노란색 줄이 표시되어 있는 부분들이 주로 함수 이름이라는 것을 알 수 있습니다.

▼ **그림 4-6** 함수 이름에 주로 표시된 ESLint 경고

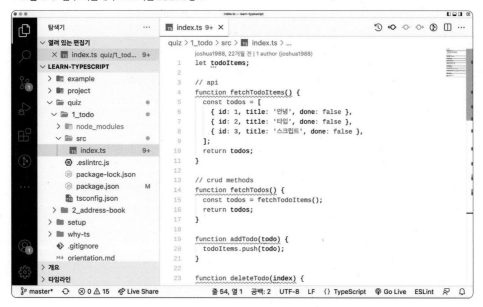

여기에서 네 번째 줄의 `fetchTodoItems()` 함수에 마우스 커서를 올리면 다음과 같은 에러 메시지를 확인할 수 있습니다.

▼ **그림 4-7** fetchTodoItems() 함수에 표시된 에러 메시지

```
// api
function fetchTodoItems() {

    function fetchTodoItems(): {
        id: number;
        title: string;
        done: boolean;
    }[]

    Missing return type on function. eslint(@typescript-
    eslint/explicit-function-return-type)

    문제 보기    빠른 수정... (⌘.)
```

이것은 ESLint 에러 메시지로, 타입스크립트 문법 검사 규칙에 어긋났을 때 표시됩니다. 'Missing return type on function'은 '함수의 반환 타입이 설정되어 있지 않다'는 것을 의미합니다. ESLint 설정 파일에 있는 @typescript-eslint/explicit-function-return-type 설정 값이 해당 규칙을 검사하는 값입니다. 함수의 반환 타입이 설정되어 있지 않을 때 이런 메시지가 표시됩니다.

그러면 이 에러를 해결하기 위해 반환 타입을 설정해 주어야 하는데, 이미 그림 4-7에 반환 타입에 대한 힌트가 모두 나와 있습니다. { id: number; title: string; done: boolean; }[]이라는 값이 보이죠? 이것이 바로 비주얼 스튜디오 코드에서 내부적으로 타입스크립트를 해석해서 사용자에게 표시해 준 반환 타입입니다. 따라서 해당 타입을 다음과 같이 지정할 수 있습니다.

```typescript
function fetchTodoItems(): { id: number; title: string; done: boolean }[] {
  const todos = [
    { id: 1, title: '안녕', done: false },
    { id: 2, title: '타입', done: false },
    { id: 3, title: '스크립트', done: false },
  ];
  return todos;
}
```

fetchTodoItems() 함수가 todos라는 배열이 담긴 변수를 반환하고 있기 때문에 함수의 반환 타입은 todos 변수의 데이터 타입이어야 합니다. 여기에서 아마 이렇게 구체적으로 타입을 정의하지 않고 any[]로 작성한 사람들도 있을 텐데요. 첫 번째 실습에서 중요한 것은 지금까지 배운 내용을 이용하여 직접 코드를 작성하는 것이므로 타입이 더 적절하다 적절하지 않다는 중요하지 않습니다. 경고 표시만 사라지도록 타입을 정의하면 됩니다.

그럼 이런 식으로 다음 함수를 계속해서 작성해 보겠습니다. 14번째 줄의 fetchTodos() 함수는 조금 전에 작성한 fetchTodoItems() 함수의 반환값을 변수에 담아 다시 반환합니다. 따라서 fetchTodoItems() 함수와 동일한 반환 타입을 갖게 될 것입니다. 다음과 같이 말이죠.

▼ **그림 4-8** fetchTodos( ) 함수의 반환 타입 정보

```
// crud methods
function fetchTodos() {

  function fetchTodos(): {
      id: number;
      title: string;
      done: boolean;
  }[]

  Missing return type on function. eslint(@typescript-eslint/explicit-
  function-return-type)

  'fetchTodos' is defined but never used. eslint(@typescript-eslint/no-
  unused-vars)

  문제 보기    빠른 수정... (⌘.)
```

여기에서 'Missing return type on function'은 아까 살펴보았던 에러 메시지입니다. 그리고 "fetchTodos' is defined but never used'라는 메시지도 함께 등장하는데, 이것은 함수가 선언되었지만 한 번도 사용되지 않아 발생하는 ESLint 에러입니다. 이 에러 메시지는 현재 실습과 관계없으므로 신경 쓰지 않아도 됩니다. 그러면 이 함수의 반환 타입은 다음과 같이 작성할 수 있습니다.

```
function fetchTodos(): { id: number; title: string; done: boolean }[] {
  const todos = fetchTodoItems();
  return todos;
}
```

계속해서 addTodo( ), deleteTodo( ), completeTodo( ) 함수를 살펴보겠습니다.

```
function addTodo(todo) {
  todoItems.push(todo);
}

function deleteTodo(index) {
  todoItems.splice(index, 1);
}
```

```
function completeTodo(index, todo) {
  todo.done = true;
  todoItems.splice(index, 1, todo);
}
```

세 함수 모두 함수의 반환값이 없는데 반환 타입은 어떻게 작성해야 할까요? 정답은 이미 비주얼 스튜디오 코드가 알려 주고 있습니다. 다음과 같이 말이죠.

▼ **그림 4-9** addTodo( ) 함수에 마우스 커서를 올렸을 때 표시되는 타입 정보

```
function addTodo(todo) {
  function addTodo(todo: any): void

  Missing return type on function. eslint(@typescript-eslint/explicit-
  function-return-type)

  'addTodo' is defined but never used. eslint(@typescript-eslint/no-
  unused-vars)

  문제 보기    빠른 수정... (⌘.)
```

그림을 보면 addTodo( ) 함수의 파라미터 타입과 반환 타입이 각각 any와 void로 지정된 것을 확인할 수 있습니다. 앞서 언급했듯이 비주얼 스튜디오 코드는 내부적으로 타입스크립트 코드를 분석하여 알맞은 타입을 사용자에게 제시합니다. 현재 함수 파라미터에 아무 값이나 올 수 있기 때문에 any가 지정되었고 함수의 반환값이 없기 때문에 void가 지정되었습니다. any는 앞서 배운 것처럼 아무 타입이나 모두 사용할 수 있는 타입이고, void는 함수의 반환값이 없을 때 지정하는 타입입니다.

마찬가지로 deleteTodo( )와 completeTodo( ) 함수에 마우스 커서를 올려 보면 다음과 같이 타입이 표시되는 것을 볼 수 있습니다.

▼ **그림 4-10** deleteTodo( )와 completeTodo( ) 함수의 타입 정보

```
function deleteTodo(index) {
  function deleteTodo(index: any): void

  Missing return type on function. eslint(@typescript-eslint/explicit-
  function-return-type)

  'deleteTodo' is defined but never used. eslint(@typescript-eslint/no-
  unused-vars)

  문제 보기   빠른 수정... (⌘.)
```

```
function completeTodo(index, todo) {
  function completeTodo(index: any, todo: any): void

  Missing return type on function. eslint(@typescript-eslint/explicit-
  function-return-type)

  'completeTodo' is defined but never used. eslint(@typescript-eslint/no-
  unused-vars)

  문제 보기   빠른 수정... (⌘.)
```

이 정보를 참고해서 세 함수의 타입을 다음과 같이 지정할 수 있습니다.

```typescript
function addTodo(todo: any): void {
  todoItems.push(todo);
}

function deleteTodo(index: any): void {
  todoItems.splice(index, 1);
}

function completeTodo(index: any, todo: any): void {
  todo.done = true;
  todoItems.splice(index, 1, todo);
}
```

타입을 지정하더라도 여전히 ESLint 에러가 표시되는데, 이는 타입 에러가 아니라 함수
를 선언만 하고 현재 파일에서는 사용하지 않아 발생하는 에러이므로 신경 쓰지 않아도
됩니다.

▼ 그림 4-11 함수 타입을 정의하더라도 남아 있는 ESLint 에러

```
function addTodo(todo: any): void {
  todoItef
}           function addTodo(todo: any): void
function    'addTodo' is defined but never used. eslint(@typescript-eslint/no-
  todoItef   unused-vars)
}           문제 보기    빠른 수정... (⌘.)
```

다음으로 logFirstTodo( ) 함수를 살펴보겠습니다. 이 함수는 todoItems[0]이라는 값을
반환하고 있어 todoItems의 변수 타입에 따라 함수의 반환 타입이 결정될 것이라고 추론
해 볼 수 있습니다.

▼ 그림 4-12 logFirstTodo( ) 함수에 타입을 정의하지 않았을 때 자동으로 표시되는 타입 정보

```
function logFirstTodo() {
  function logFirstTodo(): any

  Missing return type on function. eslint(@typescript-eslint/explicit-
  function-return-type)

  'logFirstTodo' is defined but never used. eslint(@typescript-eslint/no-
  unused-vars)

  문제 보기    빠른 수정... (⌘.)
```

일단은 함수에 마우스 커서를 올렸을 때 any로 표시되어 있으니 any로 지정해 봅시다.

```
function logFirstTodo(): any {
  return todoItems[0];
}
```

다음으로 showCompleted( ) 함수는 할 일 목록에서 완료 처리가 된 목록을 표시해 줍니다.
filter라는 자바스크립트 배열 API를 사용하여 할 일 목록에서 완료 처리된(done이 true
로 표시된 할 일들) 할 일들만 추려 새로운 배열을 반환합니다. 마우스 커서를 올려 보면
마찬가지로 any로 추론되기 때문에 일단은 any로 지정합니다.

```
function showCompleted(): any {
  return todoItems.filter(item => item.done);
}
```

남은 함수는 addTwoTodoItems()와 log()입니다. 이 함수들은 다음 실습 순서에서 살펴보겠습니다.

여기까지 함수의 반환 타입들을 모두 정의해 보았습니다. 어떤가요? 함수의 반환 타입은 함수 이름 옆에 타입 표기 방식(:)을 이용하여 작성한다고 복습했고, any 타입을 쓰면 어렵지 않게 타입을 모두 정의할 수 있다는 것도 알게 되었습니다. 아마 타입스크립트가 크게 어렵지 않다고 느꼈을 텐데요. 그럼 이제 다음 실습 순서로 넘어가 봅시다.

4.5.2 할 일 목록 변수인 todoItems 타입 정의

이번에는 전체 코드에서 중점적으로 다루고 있는 할 일 목록 변수의 타입을 정의해 보겠습니다. 첫 번째 줄의 코드를 보면 다음과 같이 todoItems 변수가 선언되어 있습니다.

```
let todoItems;
```

todoItems 변수는 할 일 목록 데이터를 담고 있습니다. 앞서 함수의 반환 타입을 정의하면서 대략적으로 할 일 목록을 조회, 추가, 삭제, 수정하는 코드들을 살펴보았습니다. 이 함수들이 모두 todoItems라는 변수로 데이터를 조작하고 있었는데요. 51번째 줄을 보면 todoItems 변수는 다음과 같이 fetchTodoItems() 함수의 호출 결과 값을 할당합니다.

```
todoItems = fetchTodoItems();
addTwoTodoItems();
log();
```

여기에서 fetchTodoItems() 함수의 반환 타입은 { id: number; title: string; done: boolean }[]인 것을 알 수 있는데요. 그렇다면 이 할 일 목록의 데이터 타입은 배열이고, 각 요소에 id, title, done 속성이 들어가는 객체라는 것을 추론해 볼 수 있습니다. 따라서 todoItems 변수의 타입을 다음과 같이 지정합니다.

```
let todoItems: { id: number; title: string; done: boolean }[];
```

변수에 타입을 지정하기 위해서는 타입 표기 방식(:)을 이용하여 이름 옆에 타입을 지정함을 알고 있을 것입니다. todoItems는 id, title, done 속성을 갖는 객체의 배열 타입이라고 지정했습니다.

todoItems 변수 타입이 정의되고 나서 다른 코드에 따로 에러가 발생하는 부분은 없기 때문에 타입 정의가 잘되었다고 볼 수 있습니다. 타입이 다음과 같이 어울리지 않는 타입으로 잘못 지정되었다면 코드에 빨간색 줄이 생깁니다.

▼ **그림 4-13** todoItems 변수의 타입을 string 타입으로 정의했을 때 발생하는 타입 에러

```
let todoItems: string;

// api
function fetchTodoItems(): { id: number; title: string; done: boolean }[] {
  const todos = [
    { id: 1, title: '안녕', done: false },
    { id: 2, title: '타입', done: false },
    { id: 3, title: '스크립트', done: false },
  ];
  return todos;
}

// crud methods
function fetchTodos(): { id: number; title: string; done: boolean }[] {
  const todos = fetchTodoItems();
  return tod  any
}          'string' 형식에 'push' 속성이 없습니다. ts(2339)

function add  문제 보기   빠른 수정을 사용할 수 없음
  todoItems.push(todo);
}

function deleteTodo(index: any): void {
  todoItems.splice(index, 1);
}
```

이 그림은 todoItems 변수의 타입을 string으로 지정하면 addTodo()와 deleteTodo() 함수의 코드에 빨간색 타입 에러가 표시되는 것을 보여 줍니다. todoItems.push(todo) 코드에 표시된 빨간색 줄에 마우스 커서를 올려 보면 string 형식에 push 속성이 없다는 타입 에러 메시지가 표시됩니다. push() API는 배열 데이터 타입에서만 지원되는 API인데 문자열 데이터 타입에서 push()를 사용하려고 하니 에러가 발생할 것입니다.

이처럼 타입을 지정하면 코드를 실행하지 않고도 코드 편집기 레벨에서 에러를 미리 확인할 수 있어 의도치 않은 에러를 조기에 방지하는 효과가 있습니다. 그럼 다음 실습 순서로 넘어가 보겠습니다.

4.5.3 함수 파라미터 타입 구체화

앞에서 변수 타입을 정의했기 때문에 이제는 함수의 파라미터 타입을 좀 더 구체적으로 정의해 볼 수 있습니다. 여기에서 구체적이라는 의미는 타입을 목적에 맞게 정확한 타입으로 지정한다는 것입니다. 예를 들어 다음 코드 중에서 구체적인 타입은 두 번째 타입입니다.

```
var str: any = 'hi';
var str: string = 'hi';
```

이 코드의 any와 string 타입은 모두 에러 없이 잘 지정된 타입들입니다. 타입스크립트 관점에서 잘못된 타입일 때만 앞서 본 것처럼 빨간색 줄로 타입 에러를 표시할 텐데요. str 변수에 hi라는 문자열을 취급하고 있기 때문에 문자열 타입을 의미하는 string이나 모든 데이터 타입을 의미하는 any를 모두 사용할 수 있습니다.

다만 문자열이기 때문에 데이터 성격에 가장 적합한 string으로 타입 범위를 좁혀 주는 것은 바로 타입을 구체화한다는 의미입니다. 타입을 구체적으로 정의할수록 타입스크립트의 장점을 극대화할 수 있고, 타입을 느슨하게 정의할수록 타입을 잘못 정의하여 실행 시점의 에러로 이어질 확률이 높아집니다. 좀 더 자세한 내용은 '12장 타입 추론'에서 알아보고 다음 실습을 진행해 보겠습니다.

이번 실습의 목적은 any로 지정된 타입 중 역할에 맞게 좀 더 구체적으로 정의할 수 있는 타입을 찾아 바꾸는 것입니다. any로 지정된 타입들을 하나씩 살펴보겠습니다. 먼저 addTodo() 함수 코드입니다.

```
function addTodo(todo: any): void {
  todoItems.push(todo);
}
```

addTodo() 함수는 할 일 목록 배열에 데이터를 추가합니다. 할 일 목록 변수에 배열의 값 추가 api인 push API를 호출하고 있습니다. 여기에서 함수의 파라미터인 todo가 any로 지정되어 있는데요. todo는 다른 할 일 데이터와 동일한 데이터 구조로 저장되어야 합니다. 다른 유형의 데이터로 저장되면 이후 할 일 완료나 완료된 할 일 목록 표시 등 다른 기능을 동작시킬 때 의도치 않은 에러가 발생할 수 있기 때문입니다. 따라서 다음과 같이 todo의 파라미터 타입을 id, title, done 속성을 갖는 객체 타입으로 정의해 볼 수 있습니다.

```
function addTodo(todo: { id: number; title: string; done: boolean }): void {
  todoItems.push(todo);
}
```

그다음으로 deleteTodo() 함수를 보겠습니다.

```
function deleteTodo(index: any): void {
  todoItems.splice(index, 1);
}
```

deleteTodo() 함수는 할 일 목록에서 특정 할 일을 삭제합니다. 배열의 splice() API를 이용하여 배열의 특정 인덱스에서 하나를 삭제합니다. 여기에서 index는 배열의 인덱스를 의미하기 때문에 any보다는 숫자인 number 타입이 더 적합하다는 것을 알 수 있습니다. 따라서 다음과 같이 타입을 변경해 줍니다.

```
function deleteTodo(index: number): void {
  todoItems.splice(index, 1);
}
```

다음으로 completeTodo() 함수를 보겠습니다.

```
function completeTodo(index: any, todo: any): void {
  todo.done = true;
  todoItems.splice(index, 1, todo);
}
```

이 함수는 할 일 목록에서 특정 할 일을 완료 처리합니다. 배열의 splice() API를 동일하게 사용하고 있으며 특정 할 일 데이터의 done 속성을 true 값으로 변경해 주고 있습니다. splice() 배열 API가 이처럼 특정 인덱스의 값을 삭제할 수도 있지만 호출할 때 세 번째 인자를 넘겨서 수정하는 용도로 사용할 수도 있습니다.

index 파라미터는 배열 순서를 의미하니 number 타입으로 지정하고, todo는 할 일 데이터를 의미하므로 할 일을 의미하는 객체 타입으로 변경해 줍니다.

```
function completeTodo(
  index: number,
  todo: { id: number; title: string; done: boolean }
): void {
  todo.done = true;
  todoItems.splice(index, 1, todo);
}
```

다음으로 logFirstTodo( ) 함수를 보겠습니다.

```
function logFirstTodo(): any {
  return todoItems[0];
}
```

이 함수는 할 일 목록의 첫 번째 할 일 데이터를 반환해 줍니다. 따라서 할 일 목록의 첫 번째 할 일 데이터 타입을 반환 타입으로 지정하면 됩니다. 할 일 목록의 데이터는 모두 할 일 데이터 타입을 갖고 있으므로 다음과 같이 타입을 변경합니다.

```
function logFirstTodo(): { id: number; title: string; done: boolean } {
  return todoItems[0];
}
```

여기에서 타입을 정의할 때 한 가지 팁은 기존 코드에서 any 타입을 제거하고 함수의 반환 타입이 어떤 타입으로 추론되는지 지켜보는 것입니다.

▼ **그림 4-14** logFirstTodo( ) 함수에서 any 타입을 제거했을 때 표시되는 함수 타입의 정보

```
function logFirstTodo() {
  function logFirstTodo(): {
      id: number;
      title: string;
      done: boolean;
  }
  Missing return type on function. eslint(@typescript-eslint/explicit-
  function-return-type)

  'logFirstTodo' is defined but never used. eslint(@typescript-eslint/no-
  unused-vars)
  문제 보기   빠른 수정... (⌘.)
```

첫 번째 실습 순서에서 함수의 반환 타입을 지정할 때만 해도 any라는 타입이 표시되었습니다. 하지만 현재 시점에서는 todoItems의 변수 타입이 { id: number; title: string; done: boolean }으로 지정되어 있기에 비주얼 스튜디오 코드 내부적으로 해당 변수의 타

입을 함수의 반환 타입과 연결하여 그림과 같이 함수의 반환 타입이 추론되는 것을 볼 수 있습니다. 이런 식으로 타입을 지정한다면 어렵지 않게 타입스크립트 코드를 작성할 수 있습니다.

현재 프로젝트의 규칙상 함수의 반환 타입을 명시적으로 작성하지 않으면 ESLint 에러가 표시되므로 다시 타입을 명시해 줍니다.

```
function logFirstTodo(): { id: number; title: string; done: boolean } {
  return todoItems[0];
}
```

마지막으로 showCompleted() 함수를 보겠습니다.

```
function showCompleted(): any {
  return todoItems.filter(item => item.done);
}
```

이 함수는 앞서 설명했듯이 완료된 할 일 목록을 표시해 줍니다. 마찬가지로 반환 타입으로 지정된 any 타입을 제거하면 다음과 같이 반환 타입이 추론되는 것을 볼 수 있습니다.

▼ 그림 4-15 showCompleted() 함수의 반환 타입 any를 제거했을 때 표시되는 타입 정보

```
function showCompleted() { ■
  function showCompleted(): {
      id: number;
      title: string;
      done: boolean;
  }[]

  Missing return type on function. eslint(@typescript-eslint/explicit-
  function-return-type)

  'showCompleted' is defined but never used. eslint(@typescript-eslint/no-
  unused-vars)

  문제 보기    빠른 수정... (⌘.)
```

배열의 filter API는 특정 배열에서 조건을 만족하는 요소만 추려 새로운 배열을 만들어 줍니다. 조건을 만족하는 요소만 추렸더라도 모든 요소가 할 일 데이터라는 데이터 타입으로 지정되어 있으므로 다음과 같이 반환 타입을 명시합니다.

```
function showCompleted(): { id: number; title: string; done: boolean }[] {
  return todoItems.filter(item => item.done);
}
```

여기까지 any로 지정된 타입을 모두 구체적인 타입으로 변경해 보았습니다. 지금까지 작성된 코드는 다음과 같습니다.

```
let todoItems: { id: number; title: string; done: boolean }[];

// api
function fetchTodoItems() {
  const todos = [
    { id: 1, title: '안녕', done: false },
    { id: 2, title: '타입', done: false },
    { id: 3, title: '스크립트', done: false },
  ];
  return todos;
}

// crud methods
function fetchTodos(): { id: number; title: string; done: boolean }[] {
  const todos = fetchTodoItems();
  return todos;
}

function addTodo(todo: { id: number; title: string; done: boolean }): void {
  todoItems.push(todo);
}

function deleteTodo(index: number): void {
```

```typescript
    todoItems.splice(index, 1);
}

function completeTodo(
  index: number,
  todo: { id: number; title: string; done: boolean }
): void {
  todo.done = true;
  todoItems.splice(index, 1, todo);
}

// business logic
function logFirstTodo(): { id: number; title: string; done: boolean } {
  return todoItems[0];
}

function showCompleted(): { id: number; title: string; done: boolean }[] {
  return todoItems.filter(item => item.done);
}

// TODO: 아래 함수의 내용을 채워보세요.
// 아래 함수는 addTodo() 함수를 이용하여 2개의 새 할 일을 추가하는 함수입니다.
function addTwoTodoItems() {
  // addTodo() 함수를 두 번 호출하여 todoItems에 새 할 일이 2개 추가되어야 합니다.
}

// NOTE: 유틸 함수
function log() {
  console.log(todoItems);
}

todoItems = fetchTodoItems();
addTwoTodoItems();
log();
```

자, 이제 다음 실습으로 넘어가 보겠습니다.

4.5.4 addTwoTodoItems( ) 함수 구현

이번 순서에서는 함수의 선언부가 작성되어 있지 않은 addTwoTodoItems( ) 함수의 코드를 작성해 보겠습니다. 현재 코드는 다음과 같습니다.

```
// TODO: 아래 함수의 내용을 채워보세요.
// 아래 함수는 addTodo( ) 함수를 이용하여 2개의 새 할 일을 추가하는 함수입니다.
function addTwoTodoItems() {
  // addTodo( ) 함수를 두 번 호출하여 todoItems에 새 할 일이 2개 추가되어야 합니다.
}
```

이 함수는 앞에서 타입을 정의한 addTodo( ) 함수를 사용하여 할 일 목록에 새 할 일을 2개 추가합니다. addTodo( ) 함수의 파라미터 타입을 정의했기 때문에 addTodo( ) 함수를 호출할 때 넘기는 인자의 데이터 타입을 확인할 수 있습니다. 다음과 같이 말이죠.

▼ **그림 4-16** addTodo( ) 코드를 작성했을 때 비주얼 스튜디오 코드에서 표시해 주는 함수 정보

```
// TODO: 아래 함수이 내용을 채워보세요. 아래 함수는 `addTodo()` 함수를 이용하여 2개이 새 할 일을 추가하는 함수입니다.
function a   addTodo(todo: { id: number; title: string; done: boolean;
  // addTo   }): void
  addTodo(|)        You, 1초 전 · Uncommitted changes
}
```

addTodo( )에 넘길 인자는 숫자 값을 가지는 id, 문자열 값을 가지는 title, 진위 값을 가지는 done 속성이 있는 객체여야 한다는 것을 알 수 있습니다. 이 데이터 타입에 맞지 않는 값을 인자로 넘기면 다음과 같이 에러가 발생합니다.

▼ **그림 4-17** addTodo( ) 함수의 인자 타입에 맞지 않는 객체를 넘겼을 때 발생하는 타입 에러

```
// TODO: 아래 함수의 내용을 채워보세요. 아래 함수는 `addTodo()` 함수를 이용하여 2개의 새 할 일을 추가하는 함
function addTwoTodoItems() {
  // addTodo() 함수를 두 번 호출하여 todoItems에 새 할 일이 2개 추가되어야 합니다.
  addTodo({ todoName: '새 할 일', todoId: 10 });        You, 1초 전 · Uncommitted changes
}
                    (property) todoName: string

// NOTE: 유틸   '{ todoName: string; todoId: number; }' 형식의 인수는 '{ id: number; title:
function log   string; done: boolean; }' 형식의 매개 변수에 할당될 수 없습니다.
  console.lo     개체 리터럴은 알려진 속성만 지정할 수 있으며 '{ id: number; title: string; done:
}              boolean; }' 형식에 'todoName'이(가) 없습니다. ts(2345)

               문제 보기   빠른 수정을 사용할 수 없음
todoItems = fetchTodoItems();
```

이 그림에서 todoName과 todoId를 속성으로 갖는 객체를 인자로 넘겼을 때 에러가 발생하는 것을 볼 수 있습니다. 이처럼 파라미터 타입을 구체적으로 정의하면 함수에 원하는 데이터를 알맞게 넘겨줄 수 있습니다. 이번 실습은 함수의 파라미터 타입을 정의함으로써 생기는 이점을 확인하는 것이기 때문에 addTodo() 함수에 넘기는 값은 임의의 할 일 데이터로 지정합니다.

```
// TODO: 아래 함수의 내용을 채워보세요.
// 아래 함수는 `addTodo()` 함수를 이용하여 2개의 새 할 일을 추가하는 함수입니다.
function addTwoTodoItems(): void {
  // addTodo() 함수를 두 번 호출하여 todoItems에 새 할 일이 2개 추가되어야 합니다.
  addTodo({ id: 4, title: '타입 정의', done: false });
  addTodo({ id: 5, title: '복습', done: false });
}
```

그리고 함수의 반환값이 없기 때문에 반환 타입은 void로 지정해 줍니다. 여기까지 addTodo() 함수를 사용해서 addTwoTodoItems() 함수의 내용을 작성해 보았습니다.

4.5.5 반복되는 타입 코드 줄이기

지금까지 이번 실습에서 목표했던 변수와 함수의 타입 정의를 모두 진행해 보았습니다. any로 타입을 정의하기보다 데이터 유형에 맞게 좀 더 구체적으로 타입을 정의해 보았는데요. 그러다 보니 코드가 반복되는 부분이 많았습니다. 이번 시간에는 이 반복되는 코드를 줄일 수 있는 타입스크립트 문법을 하나 소개하겠습니다.

지금까지 작성한 타입 코드 중에서 가장 길게 반복되는 부분은 { id: number; title: string; done: boolean } 코드입니다.

```
let todoItems: { id: number; title: string; done: boolean }[];

function fetchTodos(): { id: number; title: string; done: boolean }[] {
  const todos = fetchTodoItems();
```

```
    return todos;
}

function addTodo(todo: { id: number; title: string; done: boolean }): void {
  todoItems.push(todo);
}

function completeTodo(
  index: number,
  todo: { id: number; title: string; done: boolean }
): void {
  todo.done = true;
  todoItems.splice(index, 1, todo);
}
// ...
```

할 일 데이터의 타입을 정의한 코드들이 변수와 함수의 파라미터에 계속 반복해서 들어가고 있는데요. 실제 서비스 개발에 쓰이는 데이터 유형이라고 한다면 아마 더 복잡한 타입 코드가 반복해서 추가되었을 것입니다. 그렇게 되면 아무래도 서비스를 동작시키는 코드보다 타입 코드가 많아 전체적인 코드 가독성이 떨어질 것입니다.

이렇게 반복되는 타입을 줄일 수 있는 한 가지 방법은 바로 인터페이스입니다. 다음과 같이 interface라는 키워드를 사용하여 할 일 데이터의 타입을 별도의 이름으로 선언할 수 있습니다.

```
interface Todo {
  id: number;
  title: string;
  done: boolean;
}
```

이 인터페이스는 id, title, done 속성을 갖는 객체 타입을 의미합니다. 따라서 앞서 반복되던 코드를 다음과 같이 Todo라는 인터페이스로 줄일 수 있습니다.

```
let todoItems: Todo[];

function fetchTodos(): Todo[] {
  const todos = fetchTodoItems();
  return todos;
}

function addTodo(todo: Todo): void {
  todoItems.push(todo);
}

function completeTodo(index: number, todo: Todo): void {
  todo.done = true;
  todoItems.splice(index, 1, todo);
}
// ...
```

인터페이스를 활용하니 이제 { id: number; title: string; done: boolean } 코드를 반복해서 입력하지 않고 Todo라는 타입으로 정의할 수 있게 되었습니다. 이렇게 되니 함수를 동작시키는 코드에 더 집중할 수 있게 되었고 코드 가독성도 한결 나아진 것 같습니다. 인터페이스는 다음 장에서 좀 더 자세히 알아볼 예정입니다.

 정리

간단한 자바스크립트 할 일 애플리케이션 코드에 지금까지 배운 타입스크립트 내용을 적용해 보았습니다. 타입 표기 방식을 이용하여 변수, 함수의 파라미터, 함수의 반환 타입 등을 정의해 보았는데요. 자바스크립트 코드에 타입스크립트를 적용할 때 그렇게 많은 개념이 필요하지 않다고 느꼈을 것입니다. 하지만 마지막 실습에서도 볼 수 있듯이 타입스크립트를 잘 사용할 수 있는 개념들을 익히면 코드를 더 간결하게 작성할 수 있습니다. 그럼 타입스크립트를 좀 더 깊게 살펴볼 수 있는 개념들을 다음 장부터 배우겠습니다.

인터페이스

이 장에서는 첫 번째 실습 프로젝트에서 맛보았던 인터페이스를 알아보겠습니다. 인터페이스는 타입스크립트 코드를 작성할 때 자주 쓰는 문법인데요. 왜 자주 사용되는지 개념과 활용 사례를 보며 배워 보겠습니다.

5.1 / 인터페이스란?

타입스크립트에서 **인터페이스**(interface)는 객체 타입을 정의할 때 사용하는 문법입니다. 인터페이스라는 용어는 업계에서 자주 쓰는 용어이기도 한데요. 아마 Java나 C++ 같은 객체 지향 언어를 사용해 보았다면 인터페이스 개념을 알고 있을 것입니다. 혹은 프런트엔드 개발과 백엔드 개발로 나누어 웹 애플리케이션을 제작할 때 서버에서 어떻게 데이터를 줄지 정하는 작업을 '인터페이스를 맞춘다'고 표현하기도 합니다. 이처럼 맥락에 따라 인터페이스라는 용어는 다른 의미로 해석될 수 있지만, 타입스크립트에서 인터페이스는 객체 타입을 정의할 때 사용하는 문법으로 이해하면 됩니다. 앞으로 언급하는 인터페이스는 별도의 설명이 없으면 모두 타입스크립트의 인터페이스를 의미한다는 것을 기억해 주세요.

인터페이스로 타입을 정의할 수 있는 부분은 다음과 같습니다.

- 객체의 속성과 속성 타입
- 함수의 파라미터와 반환 타입
- 함수의 스펙(파라미터 개수와 반환값 여부 등)
- 배열과 객체를 접근하는 방식
- 클래스

계속해서 인터페이스로 각각 타입을 어떻게 정의할 수 있는지 알아보겠습니다.

인터페이스를 이용한 객체 타입 정의

인터페이스로 객체 타입을 정의해 보겠습니다. 다음과 같은 객체가 있다고 합시다.

```
var seho = { name: '세호', age: 36 };
```

세호라는 문자열을 갖는 name 속성과 숫자 36을 갖는 age 속성으로 구성된 객체입니다. 이 객체의 타입을 인터페이스로 정의하면 다음과 같습니다.

```
interface User {
  name: string;
  age: number;
}
```

interface라는 예약어를 이용하여 User라는 인터페이스를 선언한 코드입니다. 인터페이스의 속성으로 name과 age를 각각 문자열과 숫자 타입으로 정의했습니다. 앞서 정의한 객체에 이 인터페이스를 지정해 보겠습니다.

```
interface User {
  name: string;
  age: number;
}

var seho: User = { name: '세호', age: 36 };
```

seho라는 객체에 User라는 인터페이스를 지정했습니다. 이 객체는 인터페이스의 타입에 맞게 세호라는 이름과 36이라는 나이가 정의되어 있기 때문에 인터페이스를 지정하더라도 에러가 발생하지 않습니다. 하지만 다음과 같이 인터페이스의 타입과 맞지 않는 객체에 인터페이스를 지정한다면 에러가 발생할 것입니다.

```
var seho1: User = { name: '세호', age: '36' };
var seho2: User = { name: '세호', age: 36, hobby: '와인' };
```

▼ **그림 5-1** age 속성이 숫자가 아니라 문자열일 때 발생하는 타입 에러

```
var seho1: User = {
  name: '세호',
  age: '36'
};  (property) User.age: number

    'string' 형식은 'number' 형식에 할당할 수 없습니다. ts(2322)

    4_interfaces.ts(4, 3): 필요한 형식은 여기에서 'User' 형식에 선언된 'age' 속성에서 가져옵니다.

    문제 보기    빠른 수정을 사용할 수 없음
```

이 그림에서 age 속성에 에러가 발생하는 이유는 User 인터페이스에서 age 속성의 타입이 숫자로 정의되어 있는데, 문자열 데이터 타입인 '36'이 할당되었기 때문입니다.

▼ **그림 5-2** 인터페이스에 정의하지 않은 속성이 추가로 정의되었을 때 발생하는 타입 에러

```
var seho2: User = {
  name: '세호',
  age: 36,
  hobby: '와인'
};  (property) hobby: string

    '{ name: string; age: number; hobby: string; }' 형식은 'User' 형식에 할당할 수 없습니다.
      개체 리터럴은 알려진 속성만 지정할 수 있으며 'User' 형식에 'hobby'이(가) 없습니다. ts(2322)

    문제 보기    빠른 수정을 사용할 수 없음
```

이 그림은 hobby라는 속성이 User 인터페이스에 정의되어 있지 않은데 객체의 속성으로 정의되어 에러가 발생한 것입니다. 이처럼 인터페이스를 이용하여 객체의 속성과 들어갈 데이터 타입을 정확하게 정의할 수 있습니다.

5.3 인터페이스를 이용한 함수 타입 정의

앞에서 인터페이스는 객체의 타입을 정의할 때 사용한다고 배웠습니다. 그렇다면 객체가 활용되는 모든 곳에 인터페이스를 쓸 수 있다는 이야기인데요. 객체는 함수의 파라미터로도 사용되고 반환값으로도 사용될 수 있습니다. 먼저 함수의 파라미터에 인터페이스로 타입을 정의해 보겠습니다.

5.3.1 함수 파라미터 타입 정의

다음과 같은 함수가 있다고 합시다.

```
function logAge(someone) {
  console.log(someone.age);
}
```

logAge()는 someone이라는 인자를 받아 인자 안의 age 속성을 출력하는 간단한 함수입니다. 자바스크립트에 익숙하다면 someone이 객체라는 것을 이미 눈치챘을 것입니다. 특정 데이터에 속성이 존재하려면 해당 데이터가 객체여야 하기 때문입니다. 이 함수의 파라미터를 좀 더 명시적으로 선언하려면 다음과 같이 인터페이스를 이용하여 타입을 선언합니다.

```
interface Person {
  name: string;
  age: number;
}

function logAge(someone: Person) {
  console.log(someone.age);
}
```

이 코드는 Person이라는 인터페이스를 선언한 후 logAge() 함수의 파라미터인 someone에 Person 타입을 정의합니다. 함수의 파라미터 타입은 콜론(:)이라는 타입 표기 방식을 이용해서 정의(파라미터 이름 오른쪽에 타입 정의)한다고 알고 있을 것입니다. someone 파라미터는 Person이라는 인터페이스로 정의되어 있기 때문에 someone에 할당될 수 있는 데이터는 name과 age 속성을 갖는 객체라는 것을 알 수 있습니다. 그럼 이제 이 함수를 실행하는 코드를 살펴보겠습니다.

```typescript
interface Person {
  name: string;
  age: number;
}

function logAge(someone: Person) {
  console.log(someone.age);
}

var captain = { name: 'Capt', age: 100 };
logAge(captain); // 100
```

이름이 Capt고 나이는 100인 객체를 captain이라는 변수에 할당하고 logAge() 함수의 인자로 넘긴 코드입니다. logAge()에 넘긴 인자가 logAge() 함수의 파라미터 타입을 만족하기 때문에 에러 없이 실행됩니다. 다음과 같이 누락된 속성이 있다면 에러가 발생했을 것입니다.

▼ 그림 5-3 captain 변수가 파라미터 타입을 만족하지 않아 발생하는 에러

```typescript
function logAge(someone: Person) {
  console.log(someone.age);
}

var captain = { name: 'Capt' };
logAge(captain); // 100
```

var captain: {
    name: string;
}

'{ name: string; }' 형식의 인수는 'Person' 형식의 매개 변수에 할당될 수 없습니다.
  'age' 속성이 '{ name: string; }' 형식에 없지만 'Person' 형식에서 필수입니다. ts(2345)

5_interface.ts(44, 3): 여기서는 'age'이(가) 선언됩니다.

문제 보기 빠른 수정을 사용할 수 없음

이 그림에서 captain 변수에는 name 속성만 있기 때문에 logAge()의 파라미터 타입과 일치하지 않아 에러가 발생합니다. 비주얼 스튜디오 코드에서 빨간색 줄에 마우스 커서를 올려 보면 그림과 같이 에러 정보를 확인할 수 있습니다. 이처럼 함수의 파라미터에 정의한 타입 조건을 만족하는 데이터만 인자로 넘길 수 있습니다.

5.3.2 함수 반환 타입 정의

이번에는 함수의 반환 타입을 인터페이스로 정의해 보겠습니다. 다음 코드를 봅시다.

```
interface Person {
  name: string;
  age: number;
}


function getPerson(someone: Person) {
  return someone;
}
```

이 코드는 앞서 사용한 Person 인터페이스를 똑같이 정의하고 getPerson()이라는 함수를 추가로 정의했습니다. getPerson() 함수는 Person 인터페이스 타입의 데이터를 받아 그대로 반환해 주고 있습니다. 따라서 함수 이름에 마우스 커서를 올려 보면 다음과 같이 함수의 반환 타입이 추론되는 것을 확인할 수 있습니다.

▼ **그림 5-4** 반환 타입이 Person으로 추론되는 getPerson() 함수

```
          function getPerson(someone: Person): Person
function getPerson(someone: Person) {
  return someone;
}
```

이 함수의 반환 타입을 명시적으로 표시하기 위해 다음과 같이 인터페이스로 함수의 반환 타입을 정의할 수 있습니다.

```
function getPerson(someone: Person): Person {
  return someone;
}
```

이제 getPerson() 함수의 호출 결과를 변수에 할당하면 다음과 같이 해당 변수가 Person
인터페이스 타입으로 추론되는 것을 확인할 수 있습니다.

▼ **그림 5-5** hulk 변수 타입이 getPerson() 함수의 반환 타입인 Person으로 표시되는 모습

```
        var hulk: Person
var hulk = getPerson({ name: 'Hulk', age: 99 });
```

SECTION

인터페이스의 옵션 속성

인터페이스로 정의된 객체의 속성을 선택적으로 사용하고 싶을 때 옵션 속성을 사용합니
다. 예를 들어 다음과 같이 속성을 2개 가진 객체에서 속성 1개만 필요할 때가 있다고 합
시다.

```
interface Person {
  name: string;
  age: number;
}

function logAge(someone: Person) {
  console.log(someone.age);
}

var captain = { age: 100 };
logAge(captain);
```

이 코드를 보면 logAge()라는 함수는 name과 age 속성을 가진 객체를 받아 age 속성의 값을 출력합니다. 현재 로직상으로는 변수에 age 속성만 있으면 되기 때문에 captain 변수에 age 속성만 정의하여 인자로 넘깁니다. 이때 logAge() 함수에 다음과 같이 에러가 발생합니다.

▼ **그림 5-6** logAge() 함수의 인자로 age 속성만 갖는 객체를 넘겼을 때 발생하는 타입 에러

```
var captain = { age: 100 };
logAge(captain);
        var captain: {
            age: number;
        }

        '{ age: number; }' 형식의 인수는 'Person' 형식의 매개 변수에 할당될 수 없습니다.
         'name' 속성이 '{ age: number; }' 형식에 없지만 'Person' 형식에서 필수입니
        다. ts(2345)

        5_interface.ts(74, 3): 여기서는 'name'이(가) 선언됩니다.

        문제 보기    빠른 수정을 사용할 수 없음
```

이 에러는 logAge()의 인자가 name과 age 속성을 가진 객체여야 하는데 age 속성만 정의된 객체를 받아서 발생합니다. 자바스크립트로 코드를 작성할 때는 이렇게 객체의 일부 속성만 작성한 후 추후에 객체의 속성을 추가해도 되었는데 타입스크립트로 작성하니 이런 제약 사항이 생기기 시작합니다. 이때 사용할 수 있는 것이 **옵션 속성**(optional property)입니다. 앞 코드에서 Person 인터페이스의 name 속성에 ?를 붙여 보겠습니다.

```
interface Person {
  name?: string;
  age: number;
}
```

name 속성에 ?를 추가했더니 에러가 사라졌습니다.

▼ 그림 5-7 Person 인터페이스의 name 속성을 옵션 속성으로 변경했을 때 사라지는 타입 에러

```
interface Person {
  name?: string;
  age: number;
}

function logAge(someone: Person) {
  console.log(someone.age);
}

var captain = { age: 100 };
logAge(captain);
```

이렇게 되면 logAge() 함수의 인자에 Person 인터페이스를 만족하는 객체를 넘겨야 하지만 name 속성은 있어도 되고 없어도 됩니다. 따라서 현재 코드에서 필요하지 않은 name 속성은 생략하고 age 속성만 정의한 채 함수의 인자로 넘길 수 있습니다.

이때 '옵션 속성을 쓰지 않고 그냥 Person 인터페이스의 타입만 변경해도 되지 않을까?'라고 생각할 수도 있습니다. 다음과 같이 말이죠.

```
interface Person {
  age: number;
}

function logAge(someone: Person) {
  console.log(someone.age);
}

var captain = { age: 100 };
logAge(captain);
```

이렇게 해도 문제는 해결됩니다. 다만 다음과 같이 logPersonInfo()라는 함수가 추가되면 여전히 logAge() 함수에서 에러가 발생할 것입니다.

```
interface Person {
  name: string;
  age: number;
}

function logAge(someone: Person) {
  console.log(someone.age);
}

function logPersonInfo(you: Person) {
  console.log(you.name);
  console.log(you.age);
}

var captain = { age: 100 };
logAge(captain);
```

▼ **그림 5-8** logAge( ) 함수의 파라미터 타입과 인자 타입이 맞지 않아 발생하는 타입 에러

```
var captain = { age: 100 };
logAge(captain);
        var captain: {
            age: number;
        }
        '{ age: number; }' 형식의 인수는 'Person' 형식의 매개 변수에 할당될 수 없습니다.
          'name' 속성이 '{ age: number; }' 형식에 없지만 'Person' 형식에서 필수입니
        다. ts(2345)
        5_interface.ts(87, 3): 여기서는 'name'이(가) 선언됩니다.
        문제 보기    빠른 수정을 사용할 수 없음
```

logPersonInfo( ) 함수에서 name과 age 속성이 모두 필요하기 때문에 Person 인터페이스 타입을 원래대로 돌리면 logAge( )에서 에러가 발생합니다. 여기에서 다시 Person 인터페이스의 name 속성에 ?를 추가하여 옵션 속성으로 지정하면 에러가 해결됩니다. 이렇게 상황에 따라서 유연하게 인터페이스 속성의 사용 여부를 결정할 수 있는 것이 옵션 속성입니다.

5.5 / 인터페이스 상속

인터페이스의 상속으로 타입 정의를 확장하는 방법을 알아보겠습니다. 인터페이스의 상속을 살펴보기 전에 먼저 일반적인 프로그래밍에서 상속이란 개념을 알아야 합니다. 상속은 객체 간 관계를 형성하는 방법이며, 상위(부모) 클래스의 내용을 하위(자식) 클래스가 물려받아 사용하거나 확장하는 기법을 의미합니다. 자바스크립트에서도 클래스로 상속을 구현할 수 있습니다. 다음과 같이 말이죠.

```
class Person {
  constructor(name, age) {
    this.name = name;
    this.age = age;
  }

  logAge() {
    console.log(this.age);
  }
}

class Developer extends Person {
  constructor(name, age, skill) {
    super(name, age);
    this.skill = skill;
  }

  logDeveloperInfo() {
    this.logAge();
    console.log(this.name);
    console.log(this.skill);
  }
}
```

이 코드는 Person 클래스를 정의하고 Developer 클래스에서 상속받아 클래스 내부를 구현한 것입니다. Person 클래스에 name과 age 속성이 정의되어 있고 logAge() 메서드가 구현되어 있기 때문에 Developer에서 extends로 상속받으면 이 속성과 메서드를 모두 사용할수 있습니다. 그래서 Developer 클래스의 logDeveloperInfo() 메서드에서 this.logAge()로 Person 클래스의 logAge() 메서드에 접근할 수 있습니다. 마찬가지로 this.name 역시 Person 클래스에 정의된 속성이지만 Developer 클래스에서 접근할 수 있습니다.

다음과 같이 Developer 클래스로 인스턴스를 생성하면 logDeveloperInfo() 메서드를 호출했을 때 나이, 이름, 다루는 기술이 찍힙니다.

```
var capt = new Developer('캡틴', 100, 'js');
capt.logDeveloperInfo(); // 100, 캡틴, js
```

이처럼 상위 클래스에서 정의한 내용을 하위 클래스에서 접근하여 사용할 수 있는 것이 상속입니다. 클래스는 9장에서 살펴보겠습니다.

5.5.1 인터페이스의 상속이란?

앞서 클래스를 상속받을 때 extends란 예약어를 사용했습니다. 인터페이스를 상속받을 때도 동일하게 extends 예약어를 사용합니다. 예시 코드를 보겠습니다.

```
interface Person {
  name: string;
  age: number;
}

interface Developer extends Person {
  skill: string;
}

var ironman: Developer = {
```

```
    name: '아이언맨',
    age: 21,
    skill: '만들기'
  }
```

이 코드는 Person 인터페이스를 선언하고 Developer 인터페이스에 extends로 상속한 것입니다. Person 인터페이스에 정의된 name과 age 속성 타입이 Developer 인터페이스에 상속되었기 때문에 마치 Developer 인터페이스는 다음과 같이 정의한 효과가 나타납니다.

```
interface Developer {
  name: string;
  age: number;
  skill: string;
}
```

이렇게 extends 키워드를 사용해서 인터페이스의 타입을 상속받아 확장하여 사용할 수 있습니다.

5.5.2 인터페이스를 상속할 때 참고 사항

인터페이스를 상속할 때 주의해야 할 점이 있습니다. 상위 인터페이스의 타입을 하위 인터페이스에서 상속받아 타입을 정의할 때 상위 인터페이스의 타입과 호환이 되어야 합니다. 여기에서 호환이 된다는 것은 상위 클래스에서 정의된 타입을 사용해야 한다는 의미입니다. 이해를 위해 간단한 코드를 보겠습니다.

```
interface Person {
  name: string;
  age: number;
}
```

```
interface Developer extends Person {
  name: number;
}
```

▼ **그림 5-9** 부모 인터페이스에서 상속받은 속성의 타입을 자식 인터페이스에서 다르게 정의할 때 발생하는 타입 에러

```
interface Developer extends Person {
  name: nu   interface Developer
}
           'Developer' 인터페이스가 'Person' 인터페이스를 잘못 확장합니다.
              'name' 속성의 형식이 호환되지 않습니다.
                'number' 형식은 'string' 형식에 할당할 수 없습니다. ts(2430)
           문제 보기   빠른 수정을 사용할 수 없음
```

Developer 인터페이스에서 Person 인터페이스를 상속받았는데 Person 인터페이스에서 선언된 name 속성 타입을 자식 인터페이스인 Developer 인터페이스에서 다른 타입으로 정의하자 에러가 발생했습니다. 타입스크립트 에러 메시지를 보면 'Developer 인터페이스에서 정의한 name 속성의 number 타입이 Person 인터페이스에서 정의한 name 속성의 string 타입과 호환되지 않는다'고 나옵니다. 이처럼 인터페이스를 상속하여 사용할 때는 부모 인터페이스에 정의된 타입을 자식 인터페이스에서 모두 보장해 주어야 합니다.

상속할 때 또 알아 두어야 할 점은 상속을 여러 번 할 수 있다는 것입니다. 다음과 같이 말이죠.

```
interface Hero {
  power: boolean;
}

interface Person extends Hero {
  name: string;
  age: number;
}

interface Developer extends Person {
  skill: string;
```

```
  }

var ironman: Developer = {
  name: '아이언맨',
  age: 21,
  skill: '만들기',
  power: true
}
```

이 코드는 Hero 인터페이스를 Person 인터페이스가 상속받고, Person 인터페이스를
Developer 인터페이스가 상속받습니다. 그래서 ironman 변수에 Developer 인터페이스를
정의하면 인터페이스 3개에 제공하는 속성을 모두 타입에 맞게 선언해 주어야 합니다. 이
처럼 상속을 여러 번 받아서 정의할 수도 있습니다.

5.6 / 인터페이스를 이용한 인덱싱 타입 정의
SECTION

인터페이스로 객체와 배열의 인덱싱 타입을 정의하는 방법을 알아보겠습니다. 인덱싱이
란 다음과 같이 객체의 특정 속성을 접근하거나 배열의 인덱스로 특정 요소에 접근하는
동작을 의미합니다.

```
var user = {
  name: '캡틴',
  admin: true
};
console.log(user['name']); // 캡틴

var companies = ['삼성', '네이버', '구글'];
console.log(companies[0]); // 삼성
```

이 코드에서 user 객체의 name 속성에 접근하기 위해 user['name'] 코드를 사용했습니다. name 속성 값이 '캡틴'이라는 문자열이기 때문에 첫 번째 콘솔 로그의 값은 '캡틴'입니다. 문자열 배열로 선언된 companies 변수도 첫 번째 요소에 접근하려고 인덱스 0을 사용했습니다. companies[0]의 출력 결과는 '삼성'이라는 문자열입니다.

이렇게 user['name'] 형태로 객체의 특정 속성에 접근하거나 companies[0] 형태로 배열의 특정 요소에 접근하는 것을 **인덱싱**이라고 합니다.

5.6.1 배열 인덱싱 타입 정의

배열을 인덱싱할 때 인터페이스로 인덱스와 요소의 타입을 정의할 수 있습니다. 다음 코드를 보겠습니다.

```
interface StringArray {
  [index: number]: string;
}

var companies: StringArray = ['삼성', '네이버', '구글']
```

StringArray 인터페이스의 속성에 [index: number]라는 코드가 등장했습니다. 이 코드는 어떤 숫자든 모두 속성의 이름이 될 수 있다는 의미입니다. 그리고 [index: number]: string;에서 속성 이름은 숫자고 그 속성 값으로 문자열 타입이 와야 한다는 의미입니다. 예를 들어 다음과 같이 말이죠.

```
companies[0]; // 삼성
companies[1]; // 네이버
```

이 코드는 타입스크립트를 떠나서 자바스크립트만 알아도 이해할 수 있습니다. 배열의 첫 번째 요소를 숫자인 인덱스 0을 이용하여 접근했을 때 '삼성'이라는 문자열이 나온다는 것을 알 수 있습니다. 이것을 다시 StringArray 인터페이스에 대입해 보면 배열의 인덱스 타입이 [index: number]가 되고, 인덱스로 접근한 요소의 타입이 string이 됩니다. 여기에서 배열의 인덱스가 0이 될 수도 있고 3, 99, 20000 등 어떤 숫자든 될 수 있기 때문에 [index: number]로 정의했습니다.

여기에서 StringArray 인터페이스의 인덱스 타입을 다음과 같이 문자열로 변경하면 타입 에러가 발생합니다.

```
interface StringArray {
  [index: string]: string;
}

var companies: StringArray = ['삼성', '네이버', '구글']
```

▼ **그림 5-10** StringArray 인터페이스의 인덱스 타입이 숫자가 아닌 문자열이라 발생하는 타입 에러

이 에러를 곰곰이 생각해 보면 원래 배열의 인덱스는 숫자여야 하는데 문자열로 인덱스 타입을 강제하여 배열 정의에 위배되었다는 것을 알 수 있습니다. 이 말을 코드로 풀어 보면 다음과 같습니다.

```
companies['첫번째인덱스']; // undefined
companies[0];             // 삼성
```

배열은 숫자 인덱스를 이용해서 특정 요소에 접근할 수 있습니다. 그런데 StringArray 인터페이스의 인덱스 타입을 string으로 변경해 버렸기 때문에 배열인 companies 변수에서 에러가 발생한 것입니다. 인덱스 타입이 number가 아닌 string 타입으로 선언된 StringArray 인터페이스는 더 이상 배열의 타입으로 사용할 수 없습니다.

3장에서 배열 타입을 정의하는 방법과 문자열 배열은 string[] 타입으로 정의한다는 것을 배웠습니다. 이 companies 변수는 생각해 보면 문자열 배열이기 때문에 string[]으로 선언하는 것이 더 간편하고 타입을 파악하기 편합니다. 하지만 방금 인터페이스를 이용해서 배열 인덱싱의 타입도 정의할 수 있다는 것을 알았으므로 [index: number] 속성 선언 방식을 기억하면서 다음 인덱싱 방식을 알아보겠습니다.

5.6.2 객체 인덱싱 타입 정의

앞서 배운 배열 인덱싱과 마찬가지로 객체 인덱싱의 타입도 인터페이스로 정의할 수 있습니다. 다음 코드를 보겠습니다.

```
interface SalaryMap {
  [level: string]: number;
}

var salary: SalaryMap = {
  junior: 100
};
```

이 SalaryMap 인터페이스는 속성 이름이 문자열 타입이고 속성 값이 숫자 타입인 모든 속성 이름/속성 값 쌍을 허용하겠다는 의미입니다. salary 객체에 SalaryMap 인터페이스 타입을 정의하고 값이 100인 junior 속성을 추가했습니다. 이제 다음과 같이 객체의 속성에 접근하면 속성 값의 타입이 number인 것을 확인할 수 있습니다.

▼ **그림 5-11** salary 객체의 junior 속성에 접근했을 때 표시되는 결과 타입

```
interface SalaryMap {
  [level: string]: number;
}

var salary: SalaryMap = {
  junior: 100
};
        var money: number
var money = salary['junior'];
```

객체의 속성에 접근할 때 객체['속성이름'] 형태로 접근했습니다. SalaryMap 인터페이스에서 속성 이름이 문자열이면 속성 값은 숫자라고 타입을 정의했기 때문에 salary['junior'] 결과는 number 타입입니다.

여기에서 다음과 같이 SalaryMap 인터페이스의 속성 값 타입을 string으로 변경하면 어떻게 될까요?

```
interface SalaryMap {
  [level: string]: string;
}

var salary: SalaryMap = {
  junior: '100원',
};

var money = salary['junior'];
```

SalaryMap 인터페이스의 속성 값 타입을 string 타입으로 변경하고 salary 변수의 속성 junior 값도 숫자 100에서 문자열 '100원'으로 변경했습니다. 그러면 salary['junior'] 인덱싱 코드의 결과 타입은 SalaryMap 인터페이스의 속성 값 타입인 string이 됩니다.

▼ 그림 5-12 SalaryMap 타입에 따라 속성 값 타입이 string으로 표시되는 모습

```
interface SalaryMap {
  [level: string]: string;
}

var salary: SalaryMap = {
  junior: '100원',
};
                var money: string
var money = salary['junior'];
```

이처럼 객체의 인덱싱 타입을 정의할 수 있습니다.

5.6.3 인덱스 시그니처란?

앞서 배열과 객체의 인덱싱 타입을 정의할 때는 다음 형태로 인터페이스를 정의했습니다.

```
interface SalaryMap {
  [level: string]: string;
}
```

이처럼 정확히 속성 이름을 명시하지 않고 속성 이름의 타입과 속성 값의 타입을 정의하는 문법을 **인덱스 시그니처**(index signature)라고 합니다. 인덱스 시그니처는 단순히 객체와 배열을 인덱싱할 때 활용될 뿐만 아니라 객체의 속성 타입을 유연하게 정의할 때도 사용됩니다. 다음과 같은 객체가 있다고 하겠습니다.

```
var salary = {
  junior: '100원',
};
```

이 객체의 타입을 인터페이스로 정의한다면 아마 다음과 같이 작성할 것입니다.

```
interface SalaryInfo {
  junior: string;
}
```

junior라는 속성이 있고 그 속성 값이 '100원'이라는 문자열이기 때문에 이와 같이 명시적으로 junior: string이라는 타입을 정의할 수 있습니다. 하지만 다음과 같이 주니어뿐만 아니라 미드, 시니어 등 여러 레벨의 급여(salary)까지 추가한다고 합시다.

```
var salary: SalaryInfo = {
  junior: '100원',
  mid: '400원',
  senior: '700원'
};
```

그럼 앞서 정의한 SalaryInfo의 인터페이스 타입과 객체 타입이 맞지 않기 때문에 다음과 같이 에러가 발생합니다.

▼ 그림 5-13 SalaryInfo 인터페이스에 mid와 senior 속성 타입이 정의되어 있지 않아 발생하는 타입 에러

```
var salary: SalaryInfo = {
  junior: '100원',
  mid: '400원',
};
  (property) mid: string

  '{ junior: string; mid: string; senior: string; }' 형식은 'SalaryInfo' 형식에 할당
  할 수 없습니다.
    개체 리터럴은 알려진 속성만 지정할 수 있으며 'SalaryInfo' 형식에 'mid'이(가) 없습니
  다. ts(2322)

  문제 보기    빠른 수정을 사용할 수 없음
```

결국 인터페이스의 정의를 객체 내용에 맞추어 다음과 같이 수정해야 타입 에러가 발생하지 않습니다.

```
interface SalaryInfo {
  junior: string;
  mid: string;
  senior: string;
}
```

그런데 여기에서 또 ceo, manager 등 급여 정보가 추가되면 어떻게 될까요? 다시 인터페이스를 수정해야 하는 번거로운 작업이 반복될 것입니다. 이때 인덱스 시그니처 방식을 이용하여 속성 이름의 타입은 junior, mid, senior 등 문자열이 될 것이고, 속성 값의 타입은 100원, 400원, 700원 등 문자열이 될 것이라고 정의할 수 있습니다. 다음과 같이 말이죠.

```
interface SalaryInfo {
  [level: string]: string;
}
```

이렇게 인덱스 시그니처를 정의하면 SalaryInfo 인터페이스로 정의한 객체에 무수히 많은 속성을 추가할 수 있습니다.

```
var salary: SalaryInfo = {
  junior: '100원',
  mid: '400원',
  senior: '700원',
  ceo: '0원',
  newbie: '50원'
};
```

속성 이름이 문자열이고 속성 값의 타입이 문자열이기만 하면 1개든 100개든 n개든 모두 추가할 수 있는 장점이 생깁니다.

5.6.4 인덱스 시그니처는 언제 쓸까?

일일이 인터페이스의 타입을 구체적으로 정의하기보다 인덱스 시그니처가 더 좋은 것 같은데, 그럼 인덱스 시그니처만 쓰면 될까요? 인덱스 시그니처는 언제 쓰는 것이 좋을지 한 번 알아보겠습니다.

다음과 같이 객체의 속성 이름과 개수가 구체적으로 정의되어 있다면 인터페이스에서 속성 이름과 속성 값의 타입을 명시하는 것이 더 효과적입니다.

```
interface User {
  id: string;
  name: string;
}

var seho: User = {
  id: '1',
  name: '세호'
};
```

다음과 같이 인덱스 시그니처가 적용되어 있는 경우에는 코드를 작성할 때 구체적으로 어떤 속성이 제공될지 알 수 없어 코드 자동 완성이 되지 않기 때문입니다.

```
interface User {
  [property: string]: string
}

var seho: User = {

};
```

▼ 그림 5-14 객체에 User 타입을 정의하고 ctrl + space로 자동 완성을 사용하려고 할 때 속성 정보가 제공되지 않는 모습

```
interface User {
  [property: string]: string
}

var seho: User = {

}; [e] companies                          var companies: StringArray
    [e] AbortController
    [e] AbortSignal
    [e] AbstractRange
    [e] ActiveXObject
    [e] AnalyserNode
    [e] Animation
    [e] AnimationEffect
    [e] AnimationEvent
    [e] AnimationPlaybackEvent
    [e] AnimationTimeline
    [e] Array
```

여기에서 User라는 인터페이스에는 id와 name 속성이 무조건 들어간다고 한다면 다음과 같이 섞어서 정의할 수도 있습니다.

```
interface User {
  [property: string]: string
  id: string;
  name: string;
}

var seho: User = {
  id: '1',
  name: '세호',
};
```

이처럼 User 타입을 정의하면 객체의 속성을 정의할 때 인터페이스에 명시된 속성 정보를 확인할 수 있습니다.

▼ **그림 5-15** User 인터페이스에 선언한 id와 name 속성의 정보가 자동 완성 미리보기 영역에 표시되는 모습

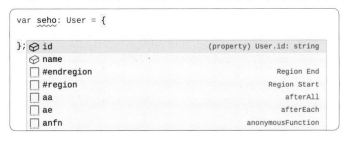

이렇게 되면 이 seho 객체에는 id와 name 속성을 정의할 수 있고, 다음과 같이 속성 이름과 값이 모두 문자열인 속성 쌍도 계속 추가할 수 있습니다.

```
var seho: User = {
  id: '1',
  name: '세호',
  address: '판교'
};
```

이처럼 객체의 속성 이름과 속성 값이 정해져 있는 경우에는 속성 이름과 속성 값 타입을 명시해서 정의하고, 속성 이름은 모르지만 속성 이름의 타입과 값의 타입을 아는 경우에는 인덱스 시그니처를 활용합니다.

5.7 / 정리
SECTION

이 장에서는 객체의 타입을 정의할 때 사용하는 인터페이스를 알아보았습니다. 객체의 속성 이름과 속성 값의 타입을 정의하여 변수와 함수의 파라미터, 반환 타입에 사용해 보았습니다. 옵션 속성인 ?를 이용하여 인터페이스의 속성을 선택적으로 사용하는 방법도 배웠고, extends로 인터페이스를 상속하는 방법도 배웠습니다. 마지막으로 인터페이스를 이용해서 인덱싱 타입을 정의하고 인덱스 시그니처를 활용하는 방법도 배웠는데요. 인터페이스는 타입스크립트에서 자주 사용되는 문법인 만큼 앞으로 더 많이 마주칠 예정이니 학습한 내용을 꼭 기억해 주세요.

연산자를 사용한 타입 정의

이 장에서는 연산자 기호를 이용하여 타입을 정의하는 방법을 알아보겠습니다. 자바스크립트의 OR 연산자인 ||와 AND 연산자인 &&의 기호를 따서 타입을 정의할 수 있습니다. 타입스크립트 코드를 작성할 때 빠지지 않고 나오는 문법이므로 자세히 알아보겠습니다.

6.1 SECTION / 유니언 타입

유니언 타입(union type)은 여러 개의 타입 중 한 개만 쓰고 싶을 때 사용하는 문법입니다. 유니언 타입을 왜 사용하는지 이해하기 위해 간단한 예시를 하나 보겠습니다. 다음은 텍스트를 입력받아 콘솔에 출력하는 함수입니다.

```
function logText(text: string) {
  console.log(text);
}
```

이 함수에 다음과 같이 간단한 문자열을 넘겨 호출하면 문제없이 콘솔에 문자열이 출력됩니다.

```
logText('hi'); // hi
```

그런데 문자열이 아니라 숫자 100을 출력하고 싶다면 어떻게 해야 할까요? 현재 코드상으로는 문자열이 아닌 다른 타입의 데이터를 넘기면 에러가 발생합니다. 다음과 같이 말이죠.

▼ **그림 6-1** logText( ) 함수에 string 타입이 아닌 값을 넘겼을 때 발생하는 타입 에러

```
logText(100);
```
'number' 형식의 인수는 'string' 형식의 매개 변수에 할당될 수 없습니다. ts(2345)

문제 보기   빠른 수정을 사용할 수 없음

이때 유니언 타입을 사용하면 문제를 해결할 수 있습니다.

```typescript
function logText(text: string | number) {
  console.log(text);
}
```

이 함수의 text 파라미터는 문자열과 숫자를 모두 받을 수 있는 유니언 타입으로 선언되었습니다. 자바스크립트 OR 연산자의 |를 이용하여 여러 개의 타입 중 1개를 사용하겠다고 선언하는 방식이 바로 유니언 타입입니다. 이렇게 되면 logText 함수는 문자열과 숫자 모두 입력받아 콘솔에 출력할 수 있게 됩니다.

```typescript
logText('hi'); // hi
logText(100);  // 100
```

6.2 유니언 타입의 장점

유니언 타입을 사용했을 때 어떤 장점이 있는지 알아보겠습니다. 먼저 앞의 logText 함수로 돌아가서 유니언 타입을 몰랐다고 해 봅시다. 그럼 문자열과 숫자를 입력받아 출력하기 위해 아마 다음과 같이 함수 2개를 작성할 수도 있을 것입니다.

```
function logText(text: string) {
  console.log(text);
}

function logNumber(text: number) {
  console.log(text);
}
```

이렇게 하면 문자열 텍스트를 출력할 때는 logText() 함수를 호출하고 숫자 텍스트를 출력할 때는 logNumber() 함수를 호출하여 문제를 해결할 수도 있습니다. 하지만 이렇게 하면 동일한 동작을 타입이 다르다는 이유로 함수를 하나 더 작성해서 관리해야 하는 불편함이 생깁니다. 이럴 때 유니언 타입을 사용해서 같은 동작을 하는 함수의 코드 중복을 줄일 수 있습니다.

```
function logText(text: string | number) {
  console.log(text);
}
```

그리고 여러 개의 타입을 받기 위해 any 타입을 사용했을 때와 비교해도 더 타입을 정확하게 사용할 수 있습니다. logText 함수에 문자열과 숫자를 입력받기 위해 다음과 같이 파라미터를 any 타입으로 선언해 보겠습니다.

```
function logText(text: any) {
  console.log(text);
}
```

이 logText() 함수는 문자열과 숫자를 모두 입력받아 콘솔에 출력할 수 있게 합니다. 다만 any 타입은 타입이 없는 것과 마찬가지이기 때문에 타입스크립트의 장점을 살리지는 못합니다. 여기에서 타입스크립트의 장점은 타입이 정해져 있을 때 자동으로 속성과 API를 자동 완성하는 특성을 의미합니다. 예를 들어 현재 logText() 함수에 넘겨진 텍스트에

toString()을 호출한 결과 값을 출력한다고 해 봅시다. 그럼 유니언 타입은 다음과 같이 string과 number에서 모두 제공하는 toString()을 자동 완성할 수 있지만, any 타입은 자동 완성되지 않습니다.

▼ **그림 6-2** 유니언 타입으로 선언된 파라미터의 동작과 any 타입으로 선언된 파라미터의 자동 완성 동작 비교

```
function logText(text: string | number) {
  console.log(text.toS);
}        ⬡ toString              (method) toString(): string (+1 overload)
         ⬡ toLocaleString
```

```
function logText(text: any) {
  console.log(text.toS);
}        abc toS
         ☐ testo                                        test.only
```

따라서 any 타입으로 선언한 경우에는 toString()이라는 API 스펙을 정확히 몰랐을 때 다음과 같이 toStirng라는 오탈자가 발생하더라도 에러를 미리 발견하기가 어렵습니다.

```
function logText(text: any) {
  console.log(text.toStirng());
}
```

반면 유니언 타입으로 지정된 코드에서는 다음과 같이 에러가 발생합니다.

▼ **그림 6-3** API 이름에 오탈자가 발생했을 때 미리 경고가 표시되는 모습

```
function logText(text: string | number) {
  console.log(text.toStirng());
}        any

         'toStirng' 속성이 'string | number' 형식에 없습니다. 'toString'을(를) 사용하시겠습
         니까?
           'string' 형식에 'toStirng' 속성이 없습니다. ts(2551)

         문제 보기   빠른 수정... (⌘.)
```

이처럼 유니언 타입을 이용해서 중복된 코드를 줄이고 타입을 더 정확히 선언할 수 있습니다.

6.3 유니언 타입을 사용할 때 주의할 점

유니언 타입을 쓸 때 주의해야 할 특징을 알아보겠습니다. 객체의 타입을 정의하는 인터페이스가 다음과 같이 2개 있다고 합시다.

```
interface Person {
  name: string;
  age: number;
}

interface Developer {
  name: string;
  skill: string;
}
```

이 두 인터페이스 중 1개를 받아 콘솔에 출력하는 introduce() 함수가 있습니다.

```
function introduce(someone: Person | Developer) {
  console.log(someone);
}
```

여기에서 someone 파라미터를 그대로 출력하지 않고 Person의 age 속성과 Developer의 skill 속성을 출력하려면 어떻게 해야 할까요? 현재 상태에서는 someone.age와 someone. skill을 출력하려고 하면 다음과 같은 에러가 발생합니다.

```
function introduce(someone: Person | Developer) {
  console.log(someone.age);
}
```

> **any**
>
> 'Person | Developer' 형식에 'age' 속성이 없습니다.
>   'Developer' 형식에 'age' 속성이 없습니다. ts(2339)
>
> 문제 보기   빠른 수정을 사용할 수 없음

```
function introduce(someone: Person | Developer) {
  console.log(someone.skill);
}
```

> **any**
>
> 'Person | Developer' 형식에 'skill' 속성이 없습니다.
>   'Person' 형식에 'skill' 속성이 없습니다. ts(2339)
>
> 문제 보기   빠른 수정을 사용할 수 없음

이 부분이 처음 유니언 타입을 사용할 때 가장 헷갈립니다. 'Person과 Developer 중 하나의 타입인 someone에서 skill과 age 속성을 당연히 제공해 주지 않을까?'라고 생각할 수도 있지만, 다음과 같이 코드를 작성한 후 실행해 보면 왜 이처럼 타입 에러가 발생하는지 추측할 수 있습니다.

```
function introduce(someone: Person | Developer) {
  console.log(someone.age);
}

introduce({ name: '캡틴', skill: '인프런 강의' });
```

이 코드에서 introduce() 함수는 인자로 주어진 객체의 age 속성을 출력하고 있는데, 실제로 넘겨진 인자에는 age 속성이 없고 name과 skill 속성만 있습니다. 따라서 introduce() 함수 안에서 someone.age를 작성했을 때 타입 에러가 표시되지 않았다면 실제로 코드를 실행했을 때만 에러를 발견할 수 있었을 것입니다. 이 코드의 실행 결과는 undefined에 그쳤지만, 없는 함수나 API를 호출했다면 다음과 같이 함수가 아니라는 에러가 발생했을 것입니다.

▼ **그림 6-5** someone 파라미터에 없는 속성 함수를 호출했을 때 발생하는 실행 시점의 에러

```
❌ ▶ Uncaught TypeError: someone.ask is not a function
      at introduce (<anonymous>:2:23)
      at <anonymous>:4:1
```

이처럼 함수의 파라미터에 유니언 타입을 사용하면 함수에 어떤 값이 들어올지 알 수 없기 때문에 가장 안전한 방식으로 타입의 속성과 API를 자동 완성해 줍니다.

▼ **그림 6-6** Person 타입과 Developer 타입에 모두 있는 속성만 자동 완성해 주는 모습

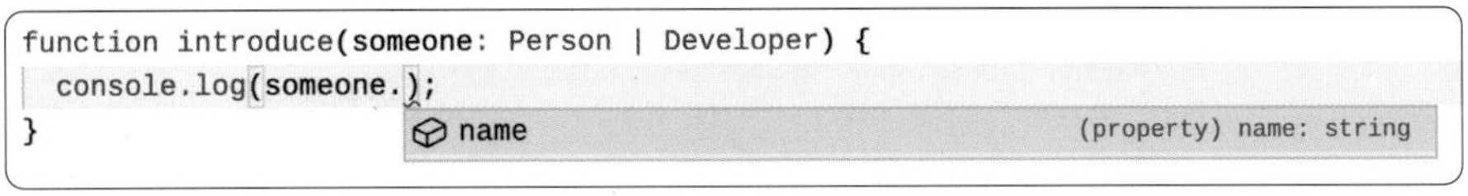

```
function introduce(someone: Person | Developer) {
  console.log(someone.);
}                        ⊘ name                        (property) name: string
```

이 그림에서 someone 파라미터의 속성으로는 name 속성만 제공되는 것을 알 수 있습니다. 타입스크립트 입장에서는 함수에 인자를 넘겨 실행할 때 Person 타입이 올지 Developer 타입이 올지 알 수 없기 때문에 어느 타입이 오더라도 문제없을 공통 속성인 name 속성만 자동 완성해 줍니다.

여기에서 함수 내부에서 파라미터 타입의 종류에 따라 특정 로직을 실행하고 싶다면 다음과 같이 in 연산자를 사용해서 로직을 작성하면 됩니다.

```
function introduce(someone: Person | Developer) {
  if ('age' in someone) {
    console.log(someone.age);
    return;
  }
  if ('skill' in someone) {
    console.log(someone.skill);
    return;
  }
}
```

in 연산자는 객체에 특정 속성이 있는지 확인하는 자바스크립트 연산자입니다. 타입스크립트는 자바스크립트 문법에 타입을 추가한 언어이기 때문에 자바스크립트의 문법들을

모두 사용할 수 있습니다. in 연산자는 객체에 해당 속성이 있으면 true를 반환하고 그렇지 않으면 false를 반환합니다.

someone 파라미터에 Person 타입의 데이터가 들어오면 age 속성이 있을 것이기 때문에 첫 번째 if 문의 결과는 true가 되어 someone.age를 콘솔에 출력할 것입니다. 마찬가지로 파라미터에 Developer 타입의 데이터가 들어오면 두 번째 if 문이 true가 되어 someone.skill이 콘솔에 출력됩니다.

여기에서 someone.age와 someone.skill의 콘솔을 찍는 코드에 마우스 커서를 올려 보면 다음과 같이 각각의 타입이 올바르게 추론되고 있는 것을 볼 수 있습니다.

▼ **그림 6-7** if 문 조건에 따라 다르게 표시되는 someone 파라미터의 타입

```
function introduce(someone: Person | Developer)
  if ('age' in s  (parameter) someone: Person
    console.log(someone.age);
    return;
  }
```

```
  }
  if ('skill' in  (parameter) someone: Developer
    console.log(someone.skill);
    return;
  }
```

첫 번째 if 문 안에서 in 연산자를 사용하여 age 속성이 있는 데이터만 if 문 안으로 진입하게 했기 때문에 if 문 안에서 someone 파라미터는 Person 타입이라고 간주됩니다. 마찬가지로 두 번째 if 문 안에서 someone 파라미터는 Developer 타입이라고 간주됩니다.

이번에는 인터페이스 2개를 지정한 유니언 타입이 아니라 문자열과 숫자를 유니언 타입으로 지정한 예시 코드를 살펴보겠습니다.

▼ **그림 6-8** 함수 파라미터의 타입이 string과 number의 유니언 타입으로 지정된 경우 자동 완성 메뉴

```
function logText(text: string | number) {
  console.log(text.);
}
                 ⬡ toLocaleString
                 ⬡ toString
                 ⬡ valueOf          (method) valueOf(): string | number
```

앞서 살펴보았던 logText 함수입니다. text 파라미터에 .을 찍어 속성을 살펴보면 string 타입과 number 타입에 공통으로 사용되는 메서드만 제시되는 것을 볼 수 있습니다. 그리고 이 그림의 valueOf 오른쪽에 string | number로 타입이 표시되는 것을 볼 수 있습니다.

여기에서 파라미터 값이 문자라면 모두 대문자로 변경해서 출력하고, 숫자라면 사용하고 있는 국가 언어에 맞추어 숫자 형식을 변경해 주는 코드를 작성해 보겠습니다.

```
function logText(text: string | number) {
  if (typeof text === 'string') {
    console.log(text.toUpperCase());
  }
  if (typeof text === 'number') {
    console.log(text.toLocaleString());
  }
}
```

이 코드에서는 typeof라는 자바스크립트 연산자를 사용하여 타입을 구분했습니다. typeof는 해당 데이터가 어떤 데이터 타입을 갖고 있는지 문자열로 반환해 주는 연산자입니다. 문자면 string, 숫자면 number, 함수면 function 등 주요 데이터 타입을 문자열로 반환해 줍니다.

▼ **그림 6-9** typeof 연산자를 항등 연산자와 사용할 때 제시되는 옵션 목록

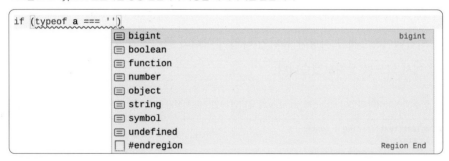

앞 코드에서 logText() 함수의 첫 번째 if 문은 text 파라미터가 문자열인지 확인하는 코드입니다. 문자열이면 typeof text 결과가 'string'이기 때문에 if 문 블록 안 코드가 실행됩니다. 첫 번째 if 문 안 text에 마우스 커서를 올려 보면 타입이 다음과 같이 string으로 표시되는 것을 볼 수 있습니다.

```
function logText(text: string | number) {
  if (typeof tex  (parameter) text: string
    console.log(text.toUpperCase());
  }
  if (typeof text === 'number') {
    console.log(text.toLocaleString());
  }
}
```

파라미터에 문자열 데이터가 들어올 때만 if 문 블록 안 코드가 실행되기 때문에 if 문 안
에서는 파라미터인 text가 문자열로 간주됩니다. 마찬가지로 두 번째 if 문 블록 안 text
속성은 number 타입으로 표시됩니다.

▼ 그림 6-11 두 번째 if 문 블록 안에서 text 파라미터가 number 타입으로 인식되는 모습

```
function logText(text: string | number) {
  if (typeof text === 'string') {
    console.log(text.toUpperCase());
  }
  if (typeof tex  (parameter) text: number
    console.log(text.toLocaleString());
  }
}
```

이처럼 함수의 파라미터에 유니언 타입을 선언하면 함수 안에서는 두 타입의 공통 속성과
메서드만 자동 완성되는 것을 확인했습니다. 특정 타입의 속성과 메서드를 사용하고 싶다
면 typeof나 in 연산자를 사용하여 타입을 구분한 후 코드를 작성해야 합니다. 이런 동작
을 타입 가드라고 하는데 이 개념은 14장에서 자세히 살펴보겠습니다.

6.4 SECTION 인터섹션 타입

인터섹션 타입(intersection type)은 타입 2개를 하나로 합쳐서 사용할 수 있는 타입입니다.
보통 인터페이스 2개를 합치거나 타입 정의 여러 개를 하나로 합칠 때 사용합니다. 다음
코드를 보겠습니다.

```
interface Avenger {
  name: string;
}

interface Hero {
  skill: string;
}

function introduce(someone: Avenger & Hero) {
  console.log(someone.name);
  console.log(someone.skill);
}
```

이 코드는 name 속성을 갖는 Avenger 인터페이스와 skill 속성을 갖는 Hero 인터페이스를 선언하고 introduce() 함수의 파라미터에 인터섹션 타입(&)으로 정의했습니다. Avenger 타입과 Hero 타입을 인터섹션 타입으로 정의했기 때문에 someone 파라미터에는 두 타입의 name과 skill 속성을 모두 사용할 수 있습니다. 따라서 다음과 같이 introduce() 함수를 호출할 때 name과 skill 속성을 가진 객체를 인자로 넘길 수 있습니다.

```
introduce({ name: '캡틴', skill: '어셈블' });
```

여기에서 name이나 skill 속성 중 하나라도 누락하여 객체를 넘긴다면 다음과 같이 에러가 발생합니다.

▼ **그림 6-12** 인터섹션 타입에 맞게 name과 skill 속성이 모두 선언되지 않았을 때 타입 에러

```
introduce({ name: '캡틴' });
            '{ name: string; }' 형식의 인수는 'Avenger & Hero' 형식의 매개 변수에 할당될 수 없
            습니다.
              'skill' 속성이 '{ name: string; }' 형식에 없지만 'Hero' 형식에서 필수입니
            다. ts(2345)

            4.ts(5, 3): 여기서는 'skill'이(가) 선언됩니다.

            View Problem    Quick Fix... (⌘.)
```

이 에러는 introduce() 함수의 파라미터가 Avenger와 Hero 타입의 인터섹션 타입으로 정의되어 있기 때문에 두 타입의 모든 속성을 만족하는 객체를 인자로 넘겨야 한다는 의미입니다. Avenger 타입의 name 속성은 있지만 Hero 타입의 skill 속성이 없는 객체를 인자로 넘겼기 때문에 이 같은 에러가 발생합니다. 그리고 속성에 오탈자가 발생한 경우에도 다음과 같이 에러 메시지로 안내해 줍니다.

▼ **그림 6-13** 속성 이름에 오탈자가 있을 때 표시되는 타입 에러

```
introduce({ name: '캡틴', skil: '어셈블' });
```
'{ name: string; skil: string; }' 형식의 인수는 'Avenger & Hero' 형식의 매개 변수에 할당될 수 없습니다.
    개체 리터럴은 알려진 속성만 지정할 수 있지만 'Avenger & Hero' 형식에 'skil'이(가) 없습니다. 'skill'을(를) 쓰려고 했습니까? ts(2345)
View Problem   No quick fixes available

이 에러는 인자로 넘기는 객체의 속성 이름을 skill이 아니라 skil이라는 오탈자로 지었기 때문에 발생합니다. 친절하게도 skill 속성을 쓰려고 했냐고 물어보고 있습니다. 이처럼 인터섹션 타입은 이미 있는 타입 2개를 합칠 때 사용합니다.

6.5
SECTION

정리

이 장에서는 유니언 타입과 인터섹션 타입을 알아보았습니다. 우리에게 익숙한 자바스크립트 OR 연산자(||)와 AND 연산자(&&)의 |와 &를 사용하여 여러 개의 타입 중 하나를 사용하겠다는 의미의 유니언 타입(|)과 타입 2개를 하나로 합친다는 의미의 인터섹션 타입(&)을 살펴보았습니다. 또 함수의 파라미터가 유니언 타입으로 정의되어 있을 때 in과 typeof 연산자를 사용하여 타입을 구분하는 방법도 살펴보았습니다. 유니언 타입과 인터섹션 타입은 실제 코드를 작성할 때도 많이 사용되는 만큼 꼭 기억합니다.

타입 별칭

이 장에서는 타입 별칭을 알아보겠습니다. 타입 별칭은 타입을 마치 변수에 저장하여 사용하는 느낌인데요. 타입 별칭이 무엇이고 앞서 배운 인터페이스와 유니언, 인터섹션과는 어떻게 연관되는지 살펴보겠습니다.

7.1 타입 별칭이란?

타입 별칭(type alias)은 특정 타입이나 인터페이스 등을 참조할 수 있는 타입 변수를 의미합니다. 쉽게 이야기해서 타입에 의미를 부여해서 별도의 이름으로 부르는 것입니다. 자바스크립트의 변수처럼 해당 타입이 어떤 역할을 하는지 이름을 짓고 싶을 때 사용할 수도 있고, 여러 번 반복되는 타입을 변수화해서 쉽게 표기하고 싶을 때도 사용합니다. 그럼 타입 별칭의 예시 코드를 보겠습니다.

```
type MyName = string;
```

이 코드는 MyName이라는 타입 별칭을 선언하고 string 타입을 할당합니다. 이 타입 별칭을 다음 코드에 적용해 보겠습니다.

```
var capt: string = '캡틴';
```

이 코드는 캡틴이라는 문자열을 capt 변수에 할당합니다. 변수에 들어가는 데이터가 문자열이기 때문에 타입 표기 방식을 이용하여 string 타입을 지정했습니다. 이제 이 string 타입에 타입 별칭을 적용해 보겠습니다.

```
type MyName = string;
var capt: MyName = '캡틴';
```

capt 변수에 string 타입이 아니라 MyName이라는 타입 별칭이 지정되었습니다. 이 코드는 var capt: string = '캡틴';과 역할이 같지만 사용할 타입이 구체적으로 어떤 의미를 지니는지 알 수 있습니다. 마치 타입에 의미 있는 이름이 생긴 것과 같죠.

이 예제는 타입 별칭의 실질적인 효과보다 어떻게 사용하는지 소개하는 정도의 코드입니다. 타입 별칭을 썼을 때 가장 큰 장점은 반복되는 타입 코드를 줄여 줄 수 있다는 것입니다. 다음 코드를 보겠습니다.

```
function logText(text: string | number) {
  // ...
}

var message: string | number = '안녕하세요';
logText(message);
```

이 코드는 logText() 함수의 파라미터 타입에 문자열과 숫자를 지정하고 이 함수를 호출하려고 message 변수를 정의해서 호출합니다. logText() 함수의 파라미터와 message 변수에 같은 타입인 string | number 타입이 반복되는 것을 볼 수 있습니다. 앞으로 이 함수를 호출하기 위해 더 많은 변수가 필요할 수도 있을 텐데, 그때마다 string | number 타입을 반복해서 입력한다면 코드가 길어질 것입니다. 이렇게 반복되는 코드를 다음과 같이 타입 별칭으로 줄일 수 있습니다.

```
type MyMessage = string | number;
function logText(text: MyMessage) {
  // ...
}

var message: MyMessage = '안녕하세요';
logText(message);
```

이 코드는 string | number 타입을 MyMessage라는 타입 별칭으로 정의하고 logText() 함수와 message 변수에 지정합니다. 단순히 반복되는 코드를 줄였을 뿐만 아니라 앞서 이야기했듯이 string | number 타입이 내 메시지에 사용되는 타입이라는 의미도 부여합니다. 이렇게 타입 별칭을 사용하면 타입에 의미를 담아 여러 곳에 재사용할 수 있습니다.

> **노트**
>
> 타입 변수라고 표현했다고 해서 타입을 선언하고 다시 다른 타입을 할당할 수는 없습니다. 다음 코드처럼 타입 별칭의 이름이 중복되면 타입 에러가 표시됩니다.
>
> ```
> type MyName = string;
> type MyName = number; // X, 에러 발생
> ```

7.2 / 타입 별칭과 인터페이스의 차이점

SECTION

타입 별칭을 배우고 나면 가장 많이 궁금해 하는 부분이 바로 타입 별칭과 인터페이스의 차이점입니다. 타입 별칭으로도 다음과 같이 객체 타입을 정의할 수 있고 인터페이스도 객체 타입을 정의할 수 있기 때문입니다.

```
type User = {
  id: string;
  name: string;
}

interface User {
  id: string;
  name: string;
}
```

타입 별칭과 인터페이스는 어떤 차이점이 있는지 알아보겠습니다.

7.2.1 코드 에디터에서 표기 방식 차이

타입을 정의하고 사용하는 관점에서 가장 먼저 쉽게 구분되는 점은 코드 에디터에 표시되는 정보입니다. 동일한 속성과 타입을 갖는 객체를 각각 타입 별칭과 인터페이스로 정의하고 코드 에디터에서 확인해 보겠습니다. 먼저 id와 name 속성을 갖는 객체를 타입 별칭으로 정의해 보겠습니다.

```
type User = {
  id: string;
  name: string;
}


var seho: User;
```

타입 별칭의 이름은 User로 정의하고 seho라는 변수에 연결했습니다. 이 타입 별칭에 마우스 커서를 올리면 다음과 같이 타입 정보가 미리보기 화면으로 표시됩니다.

▼ **그림 7-1** 타입 별칭 User에 표시되는 타입 정보

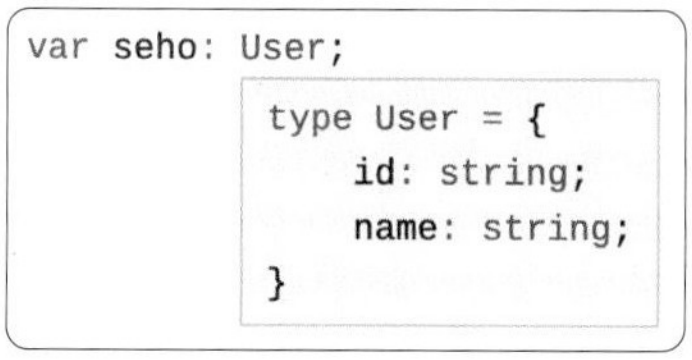

```
var seho: User;
        type User = {
            id: string;
            name: string;
        }
```

이번에는 인터페이스 코드를 작성하고 미리보기 화면을 확인해 보겠습니다.

```
interface Admin {
  id: string;
  name: string;
}


var yurim: Admin;
```

이 코드는 Admin 인터페이스를 선언하고 yurim이라는 변수에 연결합니다. yurim 변수에 연결된 Admin 타입에 마우스 커서를 올리면 다음과 같이 미리보기 화면이 표시됩니다.

▼ **그림 7-2** Admin 인터페이스에 표시되는 타입 정보

```
                    interface Admin
var yurim: Admin;
```

변수에 연결된 타입이 구체적으로 어떤 모양인지 파악할 때는 타입 별칭이 더 좋아 보입니다. 그럼 무조건 타입 별칭만 쓰는 것이 더 좋을까요?

7.2.2 사용할 수 있는 타입의 차이

타입 별칭과 인터페이스를 구분 짓는 또 다른 차이점은 정의할 수 있는 타입 종류에 있습니다. 인터페이스는 주로 객체의 타입을 정의하는 데 사용하는 반면, 타입 별칭은 다음과 같이 일반 타입에 이름을 짓는 데 사용하거나 유니언 타입, 인터섹션 타입 등에도 사용할 수 있습니다.

```
type ID = string;
type Product = TShirt | Shoes;
type Teacher = Person & Adult;
```

반대로 이런 타입들은 인터페이스로 정의할 수 없습니다. 그리고 타입 별칭은 뒤에서 배울 제네릭이나 유틸리티 타입 등 다양한 타입에 사용할 수 있습니다.

```
type Gilbut<T> = {
  book: T;
}

type MyBeer = Pick<Beer, 'brand'>;
```

혹은 다음과 같이 인터페이스와 타입 별칭의 정의를 함께 사용할 수도 있습니다.

```typescript
interface Person {
  name: string;
  age: number;
}

type Adult = {
  old: boolean;
}

type Teacher = Person & Adult;
```

여기까지만 보면 타입 별칭이 장점이 더 많은 것 같지만 실제로 웹 서비스를 제작할 때 인터페이스도 많이 사용합니다. 특히 다음에 살펴볼 주제인 타입 확장이라는 관점에서 서로 다른 특징이 있습니다.

7.2.3 타입 확장 관점에서 차이

타입 확장이란 이미 정의되어 있는 타입들을 조합해서 더 큰 의미의 타입을 생성하는 것을 의미합니다. 타입 별칭과 인터페이스는 타입을 확장하는 방식이 다릅니다. 먼저 인터페이스의 타입을 확장하는 방법을 살펴보겠습니다.

```typescript
interface Person {
  name: string;
  age: number;
}

interface Developer extends Person {
  skill: string;
}
```

```
var joo: Developer = {
  name: '형주',
  age: 21,
  skill: '웹개발'
};
```

인터페이스는 타입을 확장할 때 상속이라는 개념을 이용합니다. 앞서 배웠듯이 extends
라는 키워드를 사용해서 부모 인터페이스의 타입을 자식 인터페이스에 상속해서 사용할
수 있습니다. 반면 타입 별칭은 인터섹션 타입으로 객체 타입을 2개 합쳐서 사용할 수 있
습니다.

```
type Person = {
  name: string;
  age: number;
}

type Developer = {
  skill: string;
}

var joo: Person & Developer = {
  name: '형주',
  age: 21,
  skill: '웹개발'
};
```

앞서 작성한 인터페이스 코드와 동일한 역할을 하는 코드를 타입 별칭으로 작성해 보았습
니다. Person 타입과 Developer 타입에 작성된 타입 정의를 & 연산자를 사용한 인터섹션
타입으로 합쳐 joo라는 변수에는 name, age, skill 속성을 갖는 객체가 정의됩니다. 앞서
배운 내용을 좀 더 적용해 보면 다음과 같이 인터섹션 타입을 별도의 타입 별칭으로 정의
하여 사용할 수도 있습니다.

```
type Person = {
  name; string;
  age: number;
}

type Developer = {
  skill: string;
}

type Joo = Person & Developer;

var joo: Joo = {
  name: '형주',
  age: 21,
  skill: '웹개발'
};
```

Person & Developer 타입을 Joo라는 타입 별칭으로 정의하여 joo 변수에 연결했습니다. 이렇게 인터페이스와 타입 별칭 모두 타입을 확장할 수는 있지만 방식이 다릅니다. 작성된 타입을 어떻게 조합하느냐에 따라 인터페이스를 쓰기도 하고 때로는 타입 별칭을 사용할 수도 있습니다.

이때 추가로 알아 두면 좋은 인터페이스의 **선언 병합**(declaration merging)이라는 성질이 있습니다. 인터페이스는 동일한 이름으로 인터페이스를 선언하면 인터페이스 내용을 합치는 특성이 있습니다.

```
interface Person {
  name: string;
  age: number;
}

interface Person {
  address: string;
}
```

```
var seho: Person = {
 name: '세호',
 age: 30,
 address: '광교'
};
```

첫 번째 Person 인터페이스에는 name과 age 속성만 타입으로 정의한 후 두 번째 Person 인터페이스를 선언해서 address 속성의 타입을 추가합니다. 최종적으로 seho라는 변수에 Person 인터페이스를 정의하면 Person 인터페이스에 정의한 모든 타입을 합쳐 마치 다음과 같은 인터페이스를 정의한 효과가 나타납니다.

```
interface Person {
 name: string;
 age: number;
 address: string;
}
```

이렇게 동일한 이름으로 인터페이스를 여러 번 선언했을 때 해당 인터페이스의 타입 내용을 합치는 것을 선언 병합이라고 합니다.

7.3 SECTION 타입 별칭은 언제 쓰는 것이 좋을까?

앞서 타입 별칭과 인터페이스의 차이점을 알아보았습니다. 그럼 타입 별칭과 인터페이스는 언제 사용하는 것이 좋을까요? 2021년 이전의 타입스크립트 공식 문서에서는 '좋은 소프트웨어는 확장이 용이해야 한다(open-closed principle)'는 관점에서 타입 별칭보다 인터페이스의 사용을 권장했습니다. 하지만 2023년 현재의 공식 문서에는 이 내용이 없습니다. 소프트웨어 설계 원칙을 근거로 내세우지 않고 일단 인터페이스를 주로 사용해 보고 타입 별칭이 필요할 때 타입 별칭을 쓰라고 안내합니다. 해외 개발 블로그나 커뮤니티에서 인터페이스와 타입 별칭은 개인 선호에 따라 사용하라고 나와 있기도 합니다.

공식 문서와 커뮤니티의 글 모두 일리 있는 말이지만 실제로 두 문법을 사용하다 보면 '타입 별칭으로만 타입 정의가 가능한 곳에서는 타입 별칭을 사용하고 백엔드와의 인터페이스를 정의하는 곳에서는 인터페이스를 이용하자'는 결론이 나옵니다. 각 경우를 예를 들어 살펴보겠습니다.

7.3.1 타입 별칭으로만 정의할 수 있는 타입들

인터페이스가 아닌 타입 별칭으로만 정의할 수 있는 타입은 주요 데이터 타입이나 인터섹션, 유니언 타입입니다. 인터페이스는 객체 타입을 정의할 때 사용하는 타입이기 때문에 다음 타입은 인터페이스로 정의할 수 없습니다.

```
type MyString = string;
type StringOrNumber = string | number;
type Admin = Person & Developer
```

그리고 타입 별칭은 뒤에서 배울 제네릭(generic), 유틸리티 타입(utility type), 맵드 타입(mapped type)과도 연동하여 사용할 수 있습니다.

```
// 제네릭
type Dropdown<T> = {
  id: string;
  title: T;
}
```

```
// 유틸리티 타입
type Admin = { name: string; age: number; role: string; }
type OnlyName = Pick<Admin, 'name'>

// 맵드 타입
type Picker<T, K extends keyof T> = {
  [P in K]: T[P];
};
```

제네릭은 인터페이스와 타입 별칭에 모두 사용할 수 있지만 유틸리티 타입이나 맵드 타입은 타입 별칭으로만 정의할 수 있습니다. 유틸리티 타입이나 맵드 타입은 기존에 정의된 타입을 변경하거나 일부만 활용할 때 사용합니다. 이렇게 인터페이스로 정의할 수 없는 곳에는 타입 별칭을 사용합니다.

7.3.2 백엔드와의 인터페이스 정의

웹 서비스를 프런트엔드와 백엔드로 역할을 나누어서 개발할 때 백엔드에서 프런트엔드로 어떻게 데이터를 넘길지 정의하는 작업이 필요합니다. 이때 이 작업을 인터페이스를 정의한다고 흔히 이야기하는데요. 여기에서 인터페이스는 타입스크립트의 인터페이스가 아니라 영역 간 접점을 서로 맞추는 작업을 의미합니다. 여기에서 접점은 데이터를 의미합니다.

> **노트**
>
> 웹 서비스를 개발할 때 화면을 개발하는 개발자를 프런트엔드(frontend) 개발자라고 하며, 화면에 뿌릴 데이터를 가공해서 넘겨주는 사람을 백엔드(backend) 개발자라고 합니다.

보통 이 데이터를 정의하면서 프런트엔드에서는 API 함수를 설계합니다. 서버에 데이터를 요청하고 받은 결과를 화면에서 처리해 줄 수 있도록 API 함수를 제작하는데요. 자바스크립트로 API 함수를 구현할 때는 다음과 같이 JSDoc으로 그 함수를 명세하기도 합니다.

```
/**
 * @typedef {Object} User
 * @property {string} id - 사용자 아이디
 * @property {string} name - 사용자 이름
 */

/**
 * @returns {User} 1번 사용자
 */
function fetchData() {
  return axios.get('http://localhost:3000/users/1');
}
```

이 코드는 첫 번째 사용자 정보를 받아 오는 API 함수의 결과를 JSDoc으로 명세합니다. API 함수의 결과는 id와 name 속성을 갖는 사용자 객체를 의미하죠. 함수에서 사용하고 있는 axios 라이브러리는 실무에서 자주 사용되는 HTTP 라이브러리입니다. 결과 타입도 실제로는 AxiosPromise와 같은 타입을 넘겨주어야 하지만 인터페이스의 쉬운 코드 예시를 위해 임의로 타입을 프로미스 없이 정의했습니다. 이제는 이 자바스크립트 코드를 타입스크립트로 변환할 때 다음 두 가지 방식으로 타입을 정의할 수 있습니다.

```
// 1. 타입 별칭으로 API 함수의 응답 형태를 정의
type User = {
  id: string;
  name: string;
}

function fetchData(): User {
  return axios.get('http://localhost:3000/users/1');
}

// 2. 인터페이스로 API 함수의 응답 형태를 정의
interface User {
  id: string;
```

```
  name: string;
}

function fetchData(): User {
  return axios.get('http://localhost:3000/users/1');
}
```

타입 별칭을 사용하여 사용자 객체를 정의하거나 인터페이스를 이용해서 사용자 객체를 정의할 수도 있겠죠. 객체를 정의할 때 인터페이스를 이용한다고 했지만 타입 별칭이 주는 미리보기 효과(7.2.1절 참고)를 감안한다면 타입 별칭을 사용하는 것도 나쁘지는 않습니다.

▼ 그림 7-3 함수의 반환 타입인 User 타입 별칭의 타입 정보

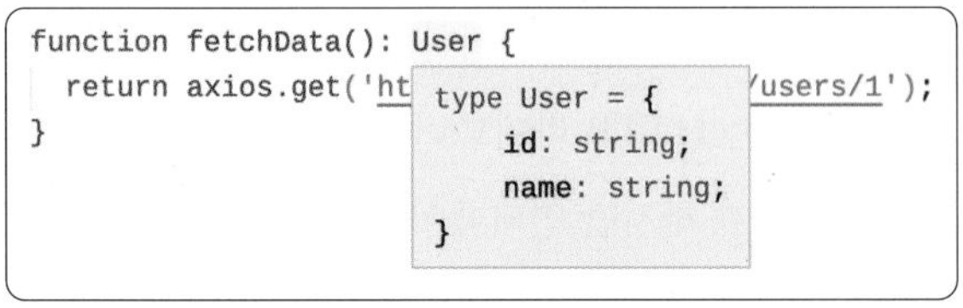

```
function fetchData(): User {
  return axios.get('ht  type User = {    users/1');
}                           id: string;
                            name: string;
                        }
```

하지만 이 장점보다 인터페이스를 이용했을 때 이점이 더 큽니다. 서비스 요구 사항이 변경되어 화면에 노출해야 하는 데이터 구조가 바뀌었다고 해 보겠습니다. 사용자 객체의 속성에 role, address 등이 추가되거나 다른 객체 정보와 결합하여 표시되어야 한다면 기존 타입의 확장이라는 측면에서 인터페이스로 정의하는 것이 더 수월합니다.

```
interface Admin {
  role: string;
  department: string;
}

// 상속을 통한 인터페이스 확장
interface User extends Admin {
```

```
  id: string;
  name: string;
}

// 선언 병합을 통한 타입 확장
interface User {
  skill: string;
}
```

이 코드는 API 함수의 반환 타입 User를 인터페이스의 특징들로 확장합니다. 먼저 첫 번째 User 인터페이스는 Admin이라는 인터페이스를 상속받았기 때문에 id, name, role, department 속성을 모두 갖는 객체의 타입으로 정의됩니다. 여기에 skill 속성을 갖는 두 번째 User 인터페이스를 선언하면 인터페이스의 선언 병합 특징에 따라 최종적으로 User 인터페이스는 마치 다음과 같이 정의한 것처럼 동작합니다.

```
interface User {
  id: string;
  name: string;
  role: string;
  department: string;
  skill: string;
}
```

이처럼 유연하게 타입을 확장하는 관점에서는 타입 별칭보다 인터페이스가 더 유리합니다.

7.4 / 정리

이 장에서는 타입 별칭을 알아보았습니다. 타입에 의미 있는 이름을 부여하거나 반복되는 타입 코드를 줄일 수 있어 활용도가 높아 보이는데요. 이후에 제네릭과 유틸리티 타입을 배우고 나면 타입 별칭의 활용도가 더 높아질 것입니다. 그리고 타입 별칭을 배울 때 가장 궁금해 하는 부분인 인터페이스와 차이점도 살펴보았습니다. 코드 에디터에서 표시되는 정보, 사용할 수 있는 타입, 타입 확장 관점에서 각각 비교해 보면서 타입 별칭과 인터페이스의 차이점을 알아보았습니다. 실제 웹 서비스를 개발할 때 사례를 예시로 들어 인터페이스가 타입 별칭에 비해 유연하게 확장될 수 있다는 특징도 살펴보았습니다. 그럼 이 특징들을 기억하면서 다음 장으로 넘어가 볼까요?

이넘

이 장에서는 이넘을 알아보겠습니다. 이넘은 C, Java 등 다른 프로그래밍 언어에도 있는 데이터 타입입니다. 자바스크립트에는 이넘이 없지만 타입스크립트에서는 이넘을 지원합니다. 특정 데이터 집합을 표현할 때 사용하기 좋은 문법인 이넘을 알아봅시다.

8.1 이넘이란?
SECTION

이넘(enum)은 특정 값의 집합을 의미하는 데이터 타입입니다. 상수 집합이라고도 표현하는데요. 이넘을 보기 전에 먼저 상수 의미를 복습해 보겠습니다. 다음과 같은 코드가 있다고 합시다.

```
function getDinnerPrice() {
  return 10000 + 2000;
}
```

getDinnerPrice()는 저녁 식사 값을 계산하는 함수로, 반환값으로 10000원과 2000원을 더한 값을 돌려주고 있습니다. 코드만 봐서는 10000원과 2000원이 각각 무슨 메뉴를 의미하는지 알 수 없습니다. 코드를 작성한 사람만 10000원과 2000원이 무슨 음식인지 알수 있죠. 이때 상수를 사용하여 각 숫자 값에 의미를 부여할 수 있습니다.

```
function getDinnerPrice() {
  const RICE = 10000;
  const COKE = 2000;
  return RICE + COKE;
}
```

이제는 10000원이 밥(RICE)이고, 2000원이 콜라(COKE)라는 것을 코드에서 알 수 있습니다. 그리고 밥과 콜라는 이미 지출된 값이기 때문에 const를 사용하여 고정 값으로 정의했습니다. 이렇게 변하지 않는 고정 값을 상수라고 합니다. 상수는 단순히 고정된 값을 저장하는 것뿐만 아니라 이 값이 어떤 의미를 갖는지 알려 줌으로써 가독성을 높이는 장점이 있습니다. 변수의 역할인 값에 의미를 부여하는 것과 같은 맥락입니다.

> **노트**
>
> 상수는 보통 모두 대문자로 작성해서 일반 변수와 구분합니다. 이런 코딩 규칙은 회사나 팀마다 다를 수 있습니다.

앞서 살펴본 여러 개의 상수를 하나의 단위로 묶으면 이넘이 됩니다. 비슷한 성격이나 같은 범주에 있는 상수를 하나로 묶어 더 큰 단위의 상수로 만드는 것이 이넘의 역할입니다. 예를 들어 다음과 같은 집합이 하나의 이넘이 될 수 있습니다.

```
신발 브랜드
 - 나이키
 - 아디다스
 - 뉴발란스
```

신발을 제조하는 브랜드는 많지만 일상 속에서 쉽게 접할 수 있는 브랜드를 꼽아 보았습니다. 이것을 이넘 문법으로 표현하면 다음과 같습니다.

```
enum ShoesBrand {
   Nike,
   Adidas,
   NewBalance
}
```

이 이넘 값의 각 속성은 다음과 같은 형태로 사용합니다.

```
var myShoes = ShoesBrand.Nike;
var yourShoes = ShoesBrand.NewBalance;
```

객체의 속성에 접근하듯이 이넘의 이름을 쓰고 . 접근자를 이용하여 속성 이름을 붙입니다. 그럼 myShoes와 yourShoes에는 각각 0과 1이 대입됩니다. 왜 Nike나 NewBalance 같은 문자열이 아니라 0과 1이라는 값이 할당되었을까요? 다음 절에서 알아보겠습니다.

8.2 / 숫자형 이넘
SECTION

이넘에 선언된 속성은 기본적으로 숫자 값을 가집니다. 다음과 같이 이넘을 선언하면 첫 번째 속성부터 0, 1, 2, 3이 할당됩니다.

```
enum Direction {
  Up,   // 0
  Down, // 1
  Left, // 2
  Right // 3
}

console.log(Direction.Up); // 0
```

이넘의 첫 번째 속성인 Up의 값은 0이고 두 번째 속성인 Down 값은 1입니다. 이렇게 순서대로 1씩 증가하여 마지막 속성인 Right 값은 3이 됩니다. 이처럼 속성 값이 숫자로 지정되는 이유는 타입스크립트의 내부 규칙 때문에 그렇습니다. 이넘을 자바스크립트로 컴파일해 보면 다음과 같이 나옵니다.

▼ **그림 8-1** 타입스크립트 플레이그라운드(https://www.typescriptlang.org/play)에서 이넘 코드를 컴파일한 결과

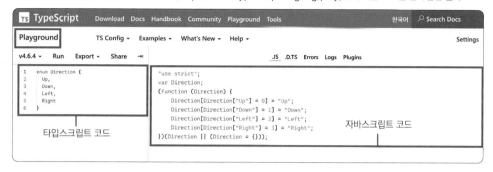

이 그림은 타입스크립트 공식 사이트의 플레이그라운드(Playground) 메뉴에서 이넘의 코드를 변환한 결과입니다. 왼쪽에 타입스크립트 코드를 입력하면 오른쪽에 해당 코드를 자바스크립트 코드로 변환한 결과가 나옵니다. 그리고 이 변환된 결과 중 다음 코드가 이넘 속성 값으로 숫자가 할당되는 부분입니다.

```
Direction["Up"] = 0
```

그림의 오른쪽 코드에서 볼 수 있듯이 Direction은 변수입니다. 변수의 Up 속성에 0을 할당했기 때문에 Direction 객체의 Up 속성에 접근하는 형태의 Direction.Up을 입력하면 0이라는 값이 나옵니다. 그리고 다음 코드를 보면 특이한 문법이 있습니다.

```
Direction[Direction["Up"] = 0] = "Up";
```

이 코드는 실제로 다음과 같이 동작합니다.

```
Direction[0] = "Up";
```

[ ] 안에서 객체의 속성에 0을 할당하는 코드가 있었는데, 자바스크립트의 동작 방식에 따라 할당 연산자 =의 할당 값인 0만 남기 때문입니다. 결과적으로 Direction 변수는 다음과 같이 정의된 꼴입니다.

```
Direction.Up = 0;
Direction[0] = "Up";
```

Direction 변수의 Up 속성에는 숫자 값 0이 할당되고, 0 속성에는 문자열 Up이 할당되는 것과 같습니다. 이제 다음 코드를 컴파일해 보면 숫자 0과 문자열 Up이 나오는 것을 확인할 수 있습니다.

```
console.log(Direction.Up); // 0
console.log(Direction[0]); // 'Up'
```

이렇게 이넘의 속성과 값이 거꾸로 연결되어 할당되는 것을 **리버스 매핑**(reverse mapping)이라고 합니다. 이처럼 타입스크립트의 이넘에 선언된 속성은 기본적으로 숫자 값을 갖습니다.

이넘 속성의 초기값을 변경하고 싶다면 다음과 같이 선언합니다.

```
enum Direction {
  Up = 10,
  Down, // 11
  Left, // 12
  Right // 13
}
```

이 코드는 첫 번째 Up 속성의 오른쪽에 = 기호를 사용하여 10이라는 값을 할당합니다. 이제 기본값이 0이 아니라 10으로 설정되어 있기 때문에 1씩 증가하여 Down 속성은 11을, Left 속성은 12를, Right 속성은 13을 갖게 됩니다. 첫 번째 속성의 시작 값을 변경하더라도 순서대로 선언된 이넘 속성의 값은 1씩 증가하는 규칙이 있습니다.

다만 실제 코드를 작성할 때는 오히려 다음과 같이 명시적으로 값을 설정하는 것이 컴파일 결과를 보지 않고도 값을 빠르게 파악할 수 있습니다.

```
enum Direction {
  Up = 10,
  Down = 11,
  Left = 12,
  Right = 13
}
```

문자형 이넘

문자형 이넘이란 이넘의 속성 값에 문자열을 연결한 이넘을 의미합니다. 앞서 배운 숫자형 이넘과는 다르게 모든 속성 값을 다 문자열로 지정해 주어야 하고, 선언된 속성 순서대로 값이 증가하는 규칙도 없습니다. 앞서 살펴본 Direction 이넘을 문자형 이넘으로 바꾸어 보겠습니다.

```
enum Direction {
  Up = 'Up',
  Down = 'Down',
  Left = 'Left',
  Right = 'Right'
}
```

이 코드에서 Direction 이넘은 상하좌우 네 방향에 해당하는 속성 값을 갖습니다. 이 방향 값은 앞서 배웠듯이 숫자로 관리되기보다는 문자열로 관리되는 것이 더 명시적일 것입니다. 이렇듯 Up = 'Up' 형태로 문자열을 대입해 주었습니다. 이제 다음과 같이 이넘의 Up 속성 값을 출력하면 문자열이 출력됩니다.

```
console.log(Direction.Up); // 'Up'
```

실무에서는 이넘 값을 숫자로 관리하기보다 문자열로 관리하는 사례가 더 많습니다. 그리고 속성 이름과 값을 동일한 문자열로 관리하는 것도 일반적인 코딩 규칙입니다. 지금까지 이넘 예제 코드는 모두 파스칼 케이스(Pascal Case)로 작성했지만 다음과 같이 모두 대문자로 적거나 언더스코어(_)를 사용해도 상관없습니다.

```
enum Direction {
  UP = 'UP',
  DOWN = 'DOWN',
  LEFT = 'LEFT',
  RIGHT = 'RIGHT'
}

enum ArrowKey {
  KEY_UP = 'KEY_UP',
  KEY_DOWN = 'KEY_DOWN'
}
```

8.4 SECTION 알아 두면 좋은 이넘의 특징

이 절에서는 알아 두면 좋을 만한 이넘의 특징 세 가지를 살펴보겠습니다. 숫자형 이넘과 문자형 이넘 말고도 다양한 형태로 선언할 수 있는 이넘의 문법을 알아보겠습니다. 그리고 이넘 코드에 익숙해졌을 때 알아 두면 좋은 const 이넘 개념도 살펴보겠습니다.

8.4.1 혼합 이넘

이넘을 다음과 같이 숫자와 문자열을 섞어서 선언할 수 있습니다.

```
enum Answer {
  Yes = 'Yes',
  No = 1
}
```

이렇게 작성해도 코드상으로는 문제없습니다. 다만 앞서 안내했듯이 이넘 값은 일괄되게 숫자나 문자열 둘 중 하나의 데이터 타입으로 관리하는 것이 좋습니다. 불필요하게 속성별로 어떤 값이 들어 있는지 기억할 필요는 없으니까요.

8.4.2 다양한 이넘 속성 값 정의 방식

이넘의 속성 값은 고정 값뿐만 아니라 다양한 형태로 값을 할당할 수 있습니다. 다음과 같이 말이죠.

```
enum Authorization {
  User,
  Admin,
  SuperAdmin = User + Admin,
  God = "abc".length
}
```

이 코드에서 User와 Admin 속성은 이넘의 기본 규칙에 따라 값이 0과 1입니다. 그리고 SuperAdmin 속성은 User와 Admin의 값을 더한 결과인 1을 갖습니다. 여기에서 주목해야 할 점은 먼저 선언되어 있는 이넘의 속성을 활용할 수 있다는 것과 덧셈 연산자를 사용하여 계산한 값을 속성 값으로 할당할 수 있다는 것입니다. 마지막으로 God 속성은 심지어 "abc" 문자열의 길이를 뜻하는 "abc".length를 사용하여 속성 값을 정의했습니다. "abc"

문자열의 길이는 3이므로 God 속성 값은 3이 됩니다. 정리하면 결국 이 이넘 코드는 다음과 같은 속성 값을 갖습니다.

```
enum Authorization {
  User,                      // 0
  Admin,                     // 1
  SuperAdmin = User + Admin, // 1
  God = "abc".length         // 3
}
```

이처럼 이넘 속성 값을 할당할 때 연산자 등을 활용할 수 있지만 활용도는 높지 않습니다. 앞서 문자형 이넘에서 안내했듯이 각 속성 이름만 보고도 값을 바로 추측할 수 있는 문자열 값을 많이 사용하기 때문입니다. 그래도 이렇게 이넘 속성을 정의할 수 있다는 것은 알아 둡시다.

8.4.3 const 이넘

const 이넘이란 이넘을 선언할 때 앞에 const를 붙인 이넘을 의미합니다. 다음과 같이 말이죠.

```
const enum logLevel {
  Debug = 'Debug',
  Info = 'Info',
  Error = 'Error'
}
```

const는 변수를 선언할 때 사용하는 예약어입니다. 이 예약어는 이넘 타입을 정의할 때도 사용할 수 있습니다. const를 이넘 앞에 붙이는 이유는 컴파일 결과물의 코드양을 줄이기 위해서입니다. 컴파일 결과가 어떻게 다른지 눈으로 확인해 보겠습니다. 먼저 타입스크립트 공식 문서의 플레이그라운드에서 다음 코드를 돌려 보겠습니다.

```
enum logLevel {
  Debug = 'Debug',
  Info = 'Info',
  Error = 'Error'
}
```

다음은 이 코드를 타입스크립트 플레이그라운드에서 컴파일한 결과 화면입니다.

▼ **그림 8-2** 타입스크립트 플레이그라운드 페이지에서 enum 코드를 컴파일한 결과

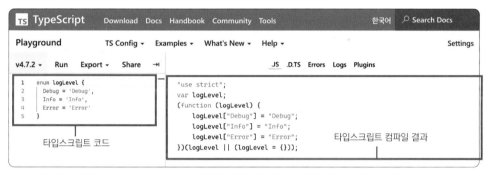

앞서 숫자형 이넘을 다룰 때 이처럼 이넘 코드가 자바스크립트 코드로 변환된다는 것을 확인했습니다. logLevel 이넘을 코드에서 활용하려면 logLevel이라는 객체를 내부적으로 선언해서 이넘 속성 값들을 연결해 주어야 합니다. 여기에서 이넘 코드는 컴파일될 때 객체가 이넘의 속성 이름과 값을 연결해 주는 객체를 생성한다는 사실을 알 수 있습니다.

반면 const 이넘은 이 객체를 생성하지 않고 이넘이 사용되는 곳에서 속성 값을 바로 연결해 줍니다. 눈으로 확인하기 위해 다음 코드가 어떻게 변환되는지 보겠습니다.

```
const enum logLevel {
  Debug = 'Debug',
  Info = 'Info',
  Error = 'Error'
}

var appLevel = logLevel.Error
```

다음은 이 코드를 컴파일한 결과 화면입니다.

▼ 그림 8-3 타입스크립트 플레이그라운드 페이지에서 const enum 코드를 컴파일한 결과

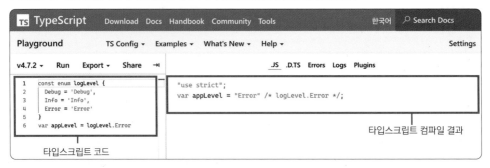

앞서 작성한 코드를 보면 const 이넘으로 선언된 logLevel의 Error 속성을 appLevel에 할 당했습니다. 오른쪽 패널을 보면 이 코드를 컴파일한 결과가 나오는데, 여기에서 일반 이 넘을 변환했을 때 객체 코드가 생성되지 않고 appLevel 변수에 바로 "Error" 문자열 값이 할당되는 것을 볼 수 있습니다. 확인을 위해 다음 코드를 돌리면 컴파일했을 때 아무 코드 도 생성되지 않는 것을 볼 수 있습니다.

```
const enum logLevel {
  Debug = 'Debug',
  Info = 'Info',
  Error = 'Error'
}
```

▼ 그림 8-4 const enum 코드를 선언만 하고 사용하지 않았을 때 컴파일 결과

이처럼 const 이넘은 컴파일했을 때 코드양을 줄여 줍니다. 다만 const 이넘은 '8.4.2절 다양한 이넘 속성 값 정의 방식'에서 배운 속성 값 정의 방식을 사용할 수 없고 항상 속성에 고정 값만 넣어 주어야 합니다.

8.5 / 정리

SECTION

이 장에서는 특정 값의 집합을 의미하는 이넘을 살펴보았습니다. 여러 개의 상수를 하나의 단위로 묶어서 사용할 때 정해진 옵션을 파악하기 쉽다는 것을 알 수 있었는데요. 이넘의 속성 값은 기본적으로 숫자로 지정되고, 원하면 속성마다 숫자나 문자열을 지정할 수 있다는 것도 배웠습니다. 더불어 혼합 이넘과 다양한 이넘 속성 값 정의 방식, const 이넘도 배웠는데요. 속성 값에 문자열을 명시적으로 지정하는 문자형 이넘 방식이 가장 많이 활용된다는 것을 염두에 두길 바랍니다.

chapter 08 이넘 **173**

클래스

이 장에서는 클래스(class)를 알아보겠습니다. 클래스는 C++, Java와 같은 객체 지향 언어에서 빼놓을 수 없는 용어입니다. 자바스크립트와 타입스크립트에서는 어떤 역할을 할까요? 최신 자바스크립트 문법이기도 한 클래스는 먼저 기본적인 개념과 문법을 익혀야 타입스크립트의 클래스와 구분할 수 있습니다. 이 장에서는 자바스크립트의 클래스부터 타입스크립트의 클래스까지 알아보겠습니다.

9.1 / 클래스란?

클래스란 여러 가지 유사한 객체를 쉽게 생성하는 자바스크립트 최신 문법(ES6+)입니다. 예전 자바스크립트 문법(ES5 이하)에 익숙한 사람들은 클래스의 역할과 개념이 생소할 수 있으므로 간단하게 클래스가 무엇인지 알아보고 넘어가겠습니다.

노트

> ES6+란 2015년 이후에 등장한 최신 자바스크립트 문법을 의미합니다. 자바스크립트 문법은 2015년에 크게 바뀌었는데 이때를 기점으로 자바스크립트 문법을 최신 버전과 구 버전으로 나눕니다. 정리하면 ES6는 ECMAScript 2015를 의미하고, ES6+는 ECMAScript 2015~현재를 의미한다는 것을 알아 두세요.

보통 자바스크립트에서 객체를 정의할 때는 다음과 같은 객체 정의 문법을 사용합니다.

```
var capt = {
  name: '캡틴',
  skill: '방패 던지기'
};

var lee = {
  name: '길벗',
  skill: '좋은 책 만들기'
};
```

이 두 객체는 모두 name과 skill이라는 공통된 속성을 가지고 있습니다. 이렇게 모양이 유사한 객체는 일일이 객체를 정의하기보다 다음과 같이 생성자 함수를 사용하는 것이 유리합니다.

```javascript
function Person(name, skill) {
  this.name = name;
  this.skill = skill;
}

var capt = new Person('캡틴', '방패 던지기');
var lee = new Person('길벗', '좋은 책 만들기');
```

이 코드처럼 함수의 첫 글자를 대문자로 작성하면 생성자 함수라고 보는 것이 일반적인 관례입니다. 생성자 함수는 new라는 키워드를 붙여서 호출하면 새로운 객체를 생성해 줍니다. 이 예시 코드에서는 객체를 2개만 생성했지만 여러 개를 생성한다면 더 쉽게 유사한 구조의 객체를 만들 수 있을 것입니다. 이렇게 객체를 쉽게 찍어 내는 함수가 생성자 함수입니다. 그리고 이 생성자 함수를 최신 자바스크립트 문법으로 표현하면 다음과 같습니다.

```javascript
class Person {
  constructor(name, skill) {
    this.name = name;
    this.skill = skill;
  }
}
```

이 Person 클래스는 앞서 살펴본 Person 생성자 함수와 코드는 다르지만 역할이 동일합니다. 이처럼 생성자 함수라는 일반적인 관례를 문법 레벨로 끌어올린 것이 클래스입니다.

9.2 클래스 기본 문법

클래스의 기본 개념과 역할을 알아보았으니 이번에는 기본적인 문법을 살펴보겠습니다. 먼저 이해를 돕기 위해 우리에게 익숙한 생성자 함수의 예시를 보고 클래스와 비교해 봅시다.

```
function Person(name, skill) {
  this.name = name;
  this.skill = skill;
}

Person.prototype.sayHi = function() {
  console.log('hi');
}
```

이 코드는 앞서 살펴본 Person() 생성자 함수에 sayHi라는 속성 함수(속성 값으로 함수가 연결된 속성)를 추가합니다. 속성 함수를 함수 안에 선언하지 않고 Person.prototype. sayHi 형태로 선언한 이유는 바로 이어질 클래스 코드와 비교하기 위해서입니다. 이 생성자 함수로 객체를 하나 생성해 보겠습니다.

```
var joo = new Person('형주', '인프랩 운영');
```

이 코드는 생성자 함수의 이름(name)에 '형주'라는 문자열을 넣고, 기술(skill)에 '인프랩 운영'이라는 문자열을 넣어 새로운 객체를 생성합니다. 생성된 객체는 joo 변수에 담겨 있습니다. 이 변수를 크롬 브라우저 콘솔창에 출력해 보면 다음과 같은 결과가 나타납니다.

```
▼Person {name: '형주', skill: '인프랩 운영'} ⓘ
    name: "형주"
    skill: "인프랩 운영"
  ▼[[Prototype]]: Object
    ▶ sayHi: f ()
    ▶ constructor: f Person(name, skill)
    ▶ [[Prototype]]: Object
```

joo 변수를 출력하면 이 그림과 같이 펼쳐 볼 수 있는 객체가 출력됩니다. Person 왼쪽 화살표를 펼쳐서 먼저 객체 구조를 확인합니다. 그리고 [[Prototype]] 왼쪽 화살표를 클릭하면 이 그림과 같은 결과가 나옵니다.

이 그림은 객체 안에 name과 skill이라는 속성이 있고 객체의 프로토타입에 sayHi라는 속성 함수가 있다는 의미입니다. 생성된 객체의 속성과 속성 함수는 다음과 같이 출력하여 사용할 수 있습니다.

```
console.log(joo.name);  // 형주
console.log(joo.skill); // 인프랩 운영
joo.sayHi();            // hi
```

name과 skill은 속성이므로 객체 속성 접근자로 접근하면 되고, sayHi()는 속성에 함수가 연결되어 있는 구조이므로 함수 형태로 호출하면 됩니다. 이렇게 생성자 함수로 객체를 생성하고 속성과 속성 함수를 어떻게 사용하는지 살펴보았습니다. 이 생성자 함수의 코드를 그대로 클래스로 옮기면 다음과 같습니다.

```
class Person {
  constructor(name, skill) {
    this.name = name;
    this.skill = skill;
  }

  sayHi() {
```

```
    console.log('hi');
  }
}
```

이 Person 클래스 코드는 name과 skill 값을 받아 객체를 생성할 수 있게 **생성자 메서드**(constructor)를 선언하고, sayHi( )라는 **클래스 메서드**(class method)를 선언한 코드입니다. 여기에서 name과 skill 속성을 **클래스 필드**(class field) 또는 **클래스 속성**(class property)이라고 합니다. 이 책에서는 클래스 속성이라고 하겠습니다. 클래스도 앞의 생성자 함수와 동일하게 new 키워드를 붙여 객체를 생성합니다. 다음 코드처럼 말이죠.

```
var joo = new Person('형주', '인프랩 운영');
```

이렇게 클래스로 생성된 객체를 **클래스 인스턴스**(class instance)라고 합니다.

9.3 클래스의 상속

클래스를 다룰 때 알아 두면 좋은 개념이 있습니다. 바로 상속(inheritance)입니다. 5.5.1절에서도 잠깐 살펴보았지만 상속이란 객체 지향 프로그래밍에서 꽤 중요한 역할을 하는 개념입니다. 클래스의 상속이란 부모 클래스의 속성과 메서드 등을 자식 클래스에서도 사용할 수 있게 물려준다는 의미입니다. 이해를 돕기 위해 예시 코드를 하나 보겠습니다.

```
class Person {
  constructor(name, skill) {
    this.name = name;
    this.skill = skill;
```

```
    }

    sayHi() {
      console.log('hi');
    }
  }

  class Developer extends Person {
    constructor(name, skill) {
      super(name, skill);
    }

    coding() {
      console.log('fun');
    }
  }
```

이 코드는 Person 클래스를 상속받아 Developer 클래스를 정의합니다. Developer 클래스에서 extends 키워드를 사용해서 Person 클래스를 상속받았습니다. Developer 클래스의 생성자 메서드를 보면 super(name, skill); 코드가 있습니다. 이 코드는 자식 클래스인 Developer 클래스에서 new 키워드로 객체를 생성할 때 부모 클래스인 Person 클래스의 생성자 메서드를 호출하겠다는 의미입니다. 그럼 Developer 클래스로 새로운 객체(클래스 인스턴스)를 하나 생성해 보겠습니다.

```
var capt = new Developer('캡틴', '방패 던지기');
capt.coding(); // fun
```

이 코드는 클래스로 생성한 객체를 capt 변수에 담고 클래스 메서드 coding()을 호출합니다. coding() 메서드를 호출하면 fun이 콘솔에 출력됩니다.

아마 여기까지는 어렵지 않을 것입니다. 그럼 이번에는 capt 변수로 부모 클래스의 메서드를 호출하면 어떻게 될까요?

```
capt.sayHi(); // hi
```

부모 클래스 Person에 정의된 sayHi() 메서드도 정상적으로 호출할 수 있습니다. 콘솔에 'hi'가 출력될 것입니다. 상속받은 메서드뿐만 아니라 클래스 속성에도 접근할 수 있습니다.

```
console.log(capt.name);  // 캡틴
console.log(capt.skill); // 방패 던지기
```

이 코드처럼 capt 변수에서 name과 skill 속성에 모두 접근할 수 있습니다.

그리고 상속을 하면 클래스 인스턴스뿐만 아니라 자식 클래스 코드 내부에서도 부모 클래스의 속성이나 메서드를 접근할 수 있습니다.

```
class Person {
  constructor(name, skill) {
    this.name = name;
    this.skill = skill;
  }

  sayHi() {
    console.log('hi');
  }
}

class Developer extends Person {
  constructor(name, skill) {
    super(name, skill);
    this.sayHi();
  }

  coding() {
    console.log('fun doing ' + this.skill + ' by ' + this.name);
  }
}
```

이 코드는 상속받은 자식 클래스에서 부모 클래스의 속성과 메서드를 사용합니다. 자식 클래스의 생성자 메서드에서 부모 클래스인 Person의 sayHi() 메서드를 호출합니다. 그리고 자식 클래스의 coding() 메서드에서 부모 클래스에서 정의한 name과 skill 속성을 사용했습니다. 이 자식 클래스로 객체를 생성하고 coding() 메서드를 호출하면 다음과 같은 결과가 나옵니다.

```
var capt = new Developer('캡틴', 'TypeScript');
capt.coding(); // fun doing TypeScript by 캡틴
```

▼ **그림 9-2** 크롬 브라우저의 콘솔창에서 클래스 코드를 입력하고 실행한 결과

```
> class Person {
    constructor(name, skill) {
      this.name = name;
      this.skill = skill;
    }

    sayHi() {
      console.log('hi');
    }
  }
  class Developer extends Person {
    constructor(name, skill) {
      super(name, skill);
      this.sayHi();
    }

    coding() {
      console.log('fun doing ' + this.skill + ' by ' + this.name);
    }
  }
< undefined
> var capt = new Developer('캡틴', 'TypeScript');
  hi                                                    VM66:8
< undefined
> capt.coding();
  fun doing TypeScript by 캡틴                            VM66:19
```

이 그림을 보면 Developer 클래스를 new 키워드를 사용하여 객체로 만들었을 뿐인데 콘솔창에 'hi'가 출력된 것을 볼 수 있습니다. 자식 클래스인 Developer의 생성자 메서드에 부모 클래스의 메서드인 this.sayHi();를 정의했기 때문이죠. 그리고 자식 클래스의 coding() 메서드가 호출될 때 부모 클래스의 name과 skill 속성을 this.skill과 this.name으로 잘 가져오는 것을 확인했습니다.

이렇게 클래스를 상속받으면 기존 클래스에 정의된 속성과 메서드를 재활용할 수 있어 객체 지향 프로그래밍에서 유용합니다.

9.4 타입스크립트의 클래스

클래스의 기본적인 문법을 배웠으니 이번에는 클래스에 타입을 정의하는 방법을 살펴보겠습니다. 다음과 같은 클래스 코드가 있다고 합시다.

```
class Chatgpt {
  constructor(name) {
    this.name = name;
  }

  sum(a, b) {
    return a + b;
  }
}
```

이 코드는 Chatgpt라는 클래스 안에 생성자 메서드와 클래스 메서드 sum()을 선언합니다. 클래스를 생성할 때 name 값을 받아서 새로운 객체를 생성할 수 있습니다.

```
var gpt = new Chatgpt('대화형 AI');
gpt.sum(10, 20);
```

이 클래스 코드에 타입을 입혀 보겠습니다.

```
class Chatgpt {
  constructor(name: string) {
    this.name = name;
  }

  sum(a: number, b: number): number {
    return a + b;
  }
}
```

코드를 보면 지금까지 배운 내용에서 크게 벗어나지 않는다는 것을 알 수 있습니다. 생성자 메서드 함수의 파라미터인 name의 타입은 string으로 정의했고, sum() 클래스 메서드 함수의 파라미터와 반환 타입은 모두 number로 정의했습니다. 기존에 배운 함수의 타입 정의 방법과 크게 다르지 않습니다.

이 코드를 타입스크립트 파일에서 작성해 보면 다음과 같은 에러가 발생할 것입니다.

▼ **그림 9-3** 타입스크립트 파일에서 발생하는 클래스 코드의 타입 에러

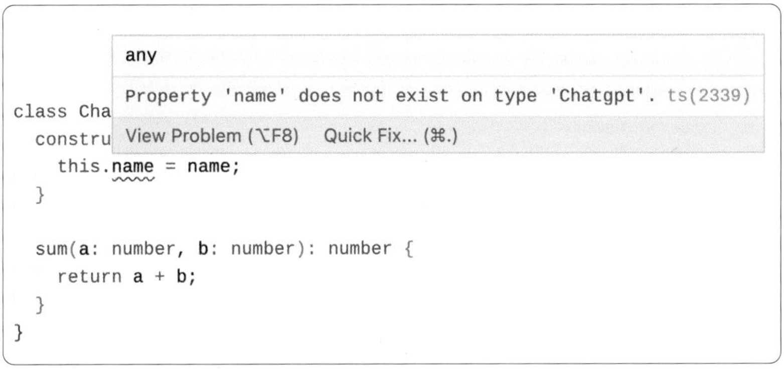

앞서 자바스크립트로 작성하고 실행할 때는 발생하지 않았던 에러입니다. 왜 갑자기 저런 타입 에러가 발생할까요? 그 이유는 타입스크립트로 클래스를 작성할 때는 생성자 메서드에서 사용될 클래스 속성들을 미리 정의해 주어야 하기 때문입니다. 다음과 같이 말이죠.

```
class Chatgpt {
  name: string;

  constructor(name: string) {
    this.name = name;
  }

  sum(a: number, b: number): number {
    return a + b;
  }
}
```

클래스 이름 바로 아래에 클래스 속성 이름과 타입을 정의하면 기존 타입 에러가 사라지는 것을 볼 수 있습니다.

▼ **그림 9-4** 클래스 위쪽에 정의한 클래스 속성으로 해결된 타입 에러

```
class Chatgpt {
  name: string;

  constructor(name: string) {
    this.name = name;
  }

  sum(a: number, b: number): number {
    return a + b;
  }
}
```

이렇게 자바스크립트 클래스에 타입을 추가하여 타입스크립트 클래스로 변환할 수 있습니다.

9.5 / 클래스 접근 제어자

클래스의 타입을 정의할 때 알아 두면 좋은 **클래스 접근 제어자**(access modifier)를 알아보 겠습니다. 클래스 속성의 노출 범위를 정의할 수 있는 접근 제어자는 복잡한 기능을 구현 할 때 유용하게 쓰일 수 있습니다. 기능을 구현하면서 여러 개의 객체를 다루다 보면 의도 치 않게 특정 객체 값이 바뀌어 에러로 이어지는 경우가 있습니다. 이때 클래스 속성의 접 근 제어자를 이용하면 의도치 않은 에러가 발생할 확률을 낮출 수 있습니다. 그럼 접근 제 어자가 무엇인지 알아볼까요?

9.5.1 클래스 접근 제어자의 필요성

다음과 같이 간단한 클래스 코드가 있다고 합시다.

```
class Person {
  name: string;
  skill: string;

  constructor(name: string, skill: string) {
    this.name = name;
    this.skill = skill;
  }
}

var capt = new Person('캡틴', '방패 던지기');
console.log(capt.name); // 캡틴
```

이 클래스로 생성한 객체는 capt라는 변수에 담겨 있습니다. 따라서 capt.name으로 접근 하면 클래스로 생성할 때 초깃값으로 넘겼던 문자열 '캡틴'이 출력됩니다. 클래스의 목적은 객체를 생성하는 것이라고 했기 때문에 당연한 결과입니다. 그리고 이렇게 생성된 객체는 자유롭게 속성을 변경할 수 있습니다. 다음과 같이 말이죠.

```
var capt = new Person('캡틴', '방패 던지기');
console.log(capt.name); // 캡틴
capt.name = '헐크';
console.log(capt.name); // 헐크
```

이 코드에서는 클래스로 생성된 객체 내용이 변하더라도 크게 문제없습니다. 클래스 속성의 내용이 변경되었을 때 영향을 주는 로직이 따로 없기 때문이죠. 그렇다면 다른 경우를 살펴볼까요?

```
class WaterPurifier {
  waterAmount: number;

  constructor(waterAmount: number) {
    this.waterAmount = waterAmount;
  }

  wash() {
    if (this.waterAmount > 0) {
      console.log('정수기 동작 성공');
    }
  }
}

var purifier = new WaterPurifier(30);
```

이 코드는 정수기(WaterPurifier)를 의미하는 클래스 코드입니다. 클래스 생성자 메서드로 클래스를 생성할 때 물의 양을 입력받을 수 있게 했습니다. 클래스 메서드 wash()는 물이 조금이라도 있어야 동작하게끔 if 문을 작성했습니다. 이 클래스를 사용하여 객체를 생성하고 purifier라는 변수에 할당했습니다. 객체를 생성할 때 물의 양은 30이라고 적었습니다. 이제 purifier 객체를 사용하여 다음과 같이 wash() 메서드 함수를 실행할 수 있습니다.

```
purifier.wash(); // 정수기 동작 성공
```

이 코드를 실행하면 물의 양(waterAmount)이 30이기 때문에 '정수기 동작 성공'이라는 문자열이 콘솔에 출력될 것입니다. 정상적으로 실행했다는 의미의 문자열이죠. 그런데 여기에서 실수로 누군가가 purifier 객체에 접근하여 물의 양을 0으로 바꾸면 어떻게 될까요?

```
purifier.waterAmount = 0;
```

이렇게 하면 purifier 객체에 정의된 waterAmount가 초깃값 30에서 0으로 바뀌기 때문에 다시 wash() 메서드를 실행하면 정상적으로 동작하지 않습니다.

```
var purifier = new WaterPurifier(30);
purifier.wash(); // 정수기 동작 성공
purifier.waterAmount = 0;
purifier.wash();
```

물의 양이 0으로 바뀌었기 때문에 정수기의 정상 동작을 의미하는 '정수기 동작 성공' 메시지는 출력되지 않습니다. 정수기가 고장 난 것이죠.

아주 간단한 코드로 클래스 속성이 의도치 않게 오염되었을 때 발생하는 에러 상황을 살펴보았습니다. 정수기가 아니라 은행 출금, 카드 결제, 응급실의 전원 에러였다면 어땠을까요? 상상만 해도 끔찍하네요. 이 에러를 방지할 수 있는 속성 접근 제어자를 알아보겠습니다.

9.5.2 클래스 접근 제어자: public, private, protected

클래스의 접근 제어자는 다음 3개가 있습니다.

- public
- private
- protected

먼저 public부터 알아보겠습니다.

public

public 접근 제어자는 클래스 안에 선언된 속성과 메서드를 어디서든 접근할 수 있게 합니다. 클래스 속성과 메서드에 별도로 속성 접근 제어자를 선언하지 않으면 기본값은 public입니다. 앞서 살펴본 정수기 클래스 코드에 public 접근 제어자를 붙여 보겠습니다.

```
class WaterPurifier {
  public waterAmount: number;

  constructor(waterAmount: number) {
    this.waterAmount = waterAmount;
  }

  public wash() {
    if (this.waterAmount > 0) {
      console.log('정수기 동작 성공');
    }
  }
}
```

이 정수기 클래스 코드의 속성 waterAmount와 wash() 메서드에는 public 접근 제어자가 붙어 있습니다. 이렇게 하면 클래스로 생성한 객체의 속성과 메서드를 어디에서나 접근할 수 있습니다.

```
var purifier = new WaterPurifier(50);
console.log(purifier.waterAmount); // 50
purifier.wash();                   // 정수기 동작 성공
```

이 코드는 정수기 클래스로 객체를 하나 생성하고 객체의 waterAmount 속성과 wash() 메서드를 사용합니다. 생성된 객체의 waterAmount 속성을 콘솔에 출력하면 '50'이라는 값이 나오고, wash() 메서드를 호출하면 '정수기 동작 성공'이라는 문자열이 출력됩니다.

이처럼 클래스 코드를 선언할 때 public, private, protected 등 접근 제어자를 별도로 붙이지 않으면 기본적으로는 모두 public으로 간주됩니다. 그렇기 때문에 클래스의 속성과 메서드를 클래스 코드 밖에서도 접근할 수 있죠. 다음으로 반대 경우인 private을 알아보겠습니다.

private

private 접근 제어자는 클래스 코드 외부에서 클래스의 속성과 메서드를 접근할 수 없습니다. public과 반대되는 개념으로 클래스 안 로직을 외부 세상에서 단절시켜 보호할 때 주로 사용합니다. 예를 들어 9.2절에서 살펴본 Person 클래스에 private 접근 제어자를 붙여 보겠습니다.

```
class Person {
  private name: string;
  private skill: string;

  constructor(name: string, skill: string) {
    this.name = name;
    this.skill = skill;
  }

  private sayHi() {
    console.log('hi');
  }
}
```

이 코드는 클래스 속성인 name, skill과 클래스 메서드인 sayHi()에 private 접근 제어자를 지정합니다. 이 Person 클래스로 객체를 하나 생성하고 name 속성을 출력해 보겠습니다.

```
var hulk = new Person('헐크', '소리치기');
console.log(hulk.name);
```

이 코드는 비주얼 스튜디오 코드상에서 다음과 같은 타입 에러가 발생합니다.

▼ **그림 9-5** private 속성에 접근했을 때 발생하는 타입 에러

```
var hulk = new Person('헐크', '소리치기');
console.log(hulk.name);
```

'name' 속성은 private이며 'Person' 클래스 내에서만 액세스할 수 있습니다. ts(2341)

(property) Person.name: string

문제 보기 (⌥F8)   빠른 수정을 사용할 수 없음

Person 클래스로 생성한 객체를 hulk 변수에 할당한 후 name 속성에 접근했더니 빨간색 줄이 표시되었습니다. 빨간색 줄 위에 마우스 커서를 올리면 그림과 같이 타입 에러 메시지가 나타납니다. 에러 메시지에서 볼 수 있듯이 이 에러는 클래스의 name 속성이 private으로 정의되어 있는데, 외부에서 해당 속성을 사용하려고 해서 발생한 것입니다. private으로 지정된 name 속성은 클래스 안에서만 액세스하라고 안내하고 있습니다.

이렇게 private 접근 제어자를 사용하면 클래스 코드 바깥에서는 해당 속성이나 메서드를 접근할 수 없습니다. private이 적용된 클래스 메서드 sayHi()도 마찬가지입니다.

▼ **그림 9-6** private 메서드를 호출했을 때 발생하는 타입 에러

```
hulk.sayHi();
```

'sayHi' 속성은 private이며 'Person' 클래스 내에서만 액세스할 수 있습니다. ts(2341)

(method) Person.sayHi(): void

문제 보기 (⌥F8)   빠른 수정을 사용할 수 없음

앞의 클래스 속성과 마찬가지로 클래스 메서드도 Person 클래스 안에서만 접근하라고 안 내됩니다.

참고로 private으로 지정된 속성과 메서드는 클래스 인스턴스에서 자동 완성을 지원하지 않습니다. 다음과 같이 말이죠.

▼ **그림 9-7** 클래스 인스턴스 hulk에서 일부만 입력했을 때 자동 완성되지 않는 화면

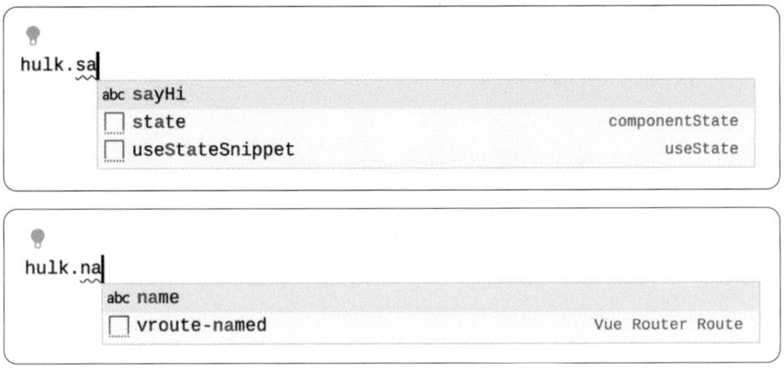

```
hulk.sa
    abc sayHi
    ☐ state                              componentState
    ☐ useStateSnippet                          useState
```

```
hulk.na
    abc name
    ☐ vroute-named                   Vue Router Route
```

클래스 코드 외부에서 사용되는 것을 막으려면 이런 현상은 지극히 당연합니다.

이처럼 private 접근 제어자를 이용하여 클래스 외부에서 속성과 메서드가 사용되는 것을 막을 수 있습니다.

protected

protected 접근 제어자는 private과 비슷하면서도 다릅니다. protected로 선언된 속성이 나 메서드는 클래스 코드 외부에서 사용할 수 없습니다. 다만 상속받은 클래스에서는 사용할 수 있습니다. 코드를 보면서 이해해 보겠습니다.

```
class Person {
  private name: string;
  private skill: string;

  constructor(name: string, skill: string) {
    this.name = name;
    this.skill = skill;
```

```
    }

  protected sayHi(): void {
    console.log('hi');
  }
}

class Developer extends Person {
  constructor(name: string, skill: string) {
    super(name, skill);
    this.sayHi();
  }

  coding(): void {
    console.log('fun doing ' + this.skill + ' by ' + this.name);
  }
}
```

이 코드는 '9.3절 클래스의 상속'에서 살펴본 자바스크립트 클래스 코드에 타입을 입힙니다. Person 클래스의 name과 skill의 속성 타입을 모두 string으로 지정하고 접근 제어자로 private을 선언했습니다. 그리고 클래스 메서드 sayHi()에는 protected를 선언했습니다.

이 Person 클래스를 상속받은 Developer 클래스 코드를 보겠습니다. 생성자 메서드에서 부모 클래스의 생성자 메서드를 호출하고, 부모 클래스의 sayHi() 메서드를 호출했습니다. coding() 메서드를 보면 콘솔 로그를 출력하면서 부모 클래스의 skill과 name 속성에 접근했습니다. 이 코드를 비주얼 스튜디오 코드에서 확인하면 다음과 같은 에러가 발생합니다.

▼ 그림 9-8 자식 클래스에서 부모 클래스의 private 속성에 접근했을 때 발생하는 타입 에러

```typescript
class Person {
  private name: string;
  private skill: string;

  constructor(name: string, skill: string) {
    this.name = name;
    this.skill = skill;
  }

  protected sayHi(): void {
    console.log('hi');
  }
}
class Developer extends Person {
  constructor(name: string, skill: string) {
    super(name, skill);
    this.sayHi();
  }                         'skill' 속성은 private이며 'Person' 클래스 내에서만 액세스할 수 있습니다. ts(2341)

                            (property) Person.skill: string
  coding(): void {          문제 보기 (⌥F8)   빠른 수정을 사용할 수 없음
    console.log('fun doing ' + this.skill + ' by ' + this.name);
  }
}
```

자식 클래스 Developer의 메서드 코드에서 빨간색 줄로 타입 에러가 표시되고 있는 것을 볼 수 있습니다. this.skill과 this.name에 표시된 에러 메시지는 Person 클래스에 private으로 정의된 속성을 클래스 외부에서 접근하려고 했기 때문에 발생합니다. 그림에 안내된 에러 메시지처럼 skill 속성이 private이기 때문에 Person 클래스 안에서만 사용해야 합니다.

반대로 Person 클래스에서 정의한 sayHi() 메서드를 보겠습니다. sayHi() 메서드는 protected로 설정되어 있기 때문에 이 클래스를 상속받은 자식 클래스에서 사용해도 문제 없습니다. 자식 클래스인 Developer의 생성자 메서드를 보면 this.sayHi();에 별도로 에러가 표시되지 않는 것을 확인할 수 있습니다.

마지막으로 클래스로 객체를 생성하는 코드를 확인해 보겠습니다. 먼저 부모 클래스로 객체를 생성하고 sayHi() 메서드를 호출해 보겠습니다.

```typescript
var capt = new Person('캡틴', '타입스크립트');
capt.sayHi();
```

▼ **그림 9-9** 부모 클래스로 객체를 생성하고 protected로 설정된 메서드를 호출하면 발생하는 에러

```
var capt = new Person('캡틴', '타입스크립트');
capt.sayHi();
    'sayHi' 속성은 보호된 속성이며 'Person' 클래스 및 해당 하위 클래스 내에서만 액세스할
    수 있습니다. ts(2445)
    (method) Person.sayHi(): void
    문제 보기 (⌥F8)   빠른 수정을 사용할 수 없음
```

이 그림은 부모 클래스로 객체를 하나 생성하고 부모 클래스의 sayHi() 메서드를 호출한 화면입니다. 에러 메시지에 안내된 것처럼 sayHi() 메서드는 '보호된(protected) 속성'이므로 private과 마찬가지로 클래스 외부에서 사용할 수 없습니다. 보호된 속성은 해당 클래스와 하위(자식) 클래스에서만 사용할 수 있습니다. 이번에는 반대로 자식 클래스로 객체를 생성하고 메서드를 사용해 보겠습니다.

```
var hulk = new Developer('헐크', '자바스크립트');
hulk.coding();
```

▼ **그림 9-10** 자식 클래스로 객체를 생성하고 클래스 메서드 coding()을 호출한 화면

```
var hulk = new Developer('헐크', '자바스크립트');
    (method) Developer.coding(): void
hulk.coding();
```

자식 클래스 Developer의 coding() 메서드는 접근 제어자를 설정하지 않았으므로 기본값인 public이 설정됩니다. 따라서 이 그림과 같이 생성된 객체에서 coding() 메서드를 호출하더라도 별도의 타입 에러가 발생하지 않습니다.

이처럼 protected를 사용하면 해당 클래스와 자식 클래스에서는 사용할 수 있고 클래스 외부에서는 사용할 수 없습니다. private과 비슷하면서도 좀 더 상속에 유연한 느낌입니다.

9.5.3 클래스 접근 제어자로 정수기 문제 해결하기

클래스 접근 제어자 세 가지를 알아보았으니 9.5.1절에서 다루었던 정수기 클래스 문제를 다시 살펴보겠습니다.

```
class WaterPurifier {
  waterAmount: number;

  constructor(waterAmount: number) {
    this.waterAmount = waterAmount;
  }

  wash() {
    if (this.waterAmount > 0) {
      console.log('정수기 동작 성공');
    }
  }
}

var purifier = new WaterPurifier(30);
purifier.wash(); // 정수기 동작 성공
purifier.waterAmount = 0;
purifier.wash();
```

이 정수기 코드의 문제점은 클래스 외부에 노출되지 말아야 할 속성이 노출되어 치명적인 에러를 발생한다는 것입니다. 이 정수기 클래스에서 외부에 꼭 노출해야 할 동작은 wash( ) 메서드입니다. 반대로 동작에 영향을 미치는 물의 양(waterAmount)은 외부에서 마음대로 제어하면 안 됩니다. 그렇지 않으면 앞서 다룬 코드처럼 waterAmount 속성을 마음대로 바꾼 후 wash( ) 메서드를 실행했을 때 동작하지 않기 때문이죠. 이 문제를 앞서 배운 접근 제어자로 해결해 보겠습니다.

```
class WaterPurifier {
  private waterAmount: number;

  constructor(waterAmount: number) {
    this.waterAmount = waterAmount;
  }

  public wash() {
    if (this.waterAmount > 0) {
      console.log('정수기 동작 성공');
    }
  }
}

var purifier = new WaterPurifier(30);
purifier.wash(); // 정수기 동작 성공
purifier.waterAmount = 0;
```

▼ **그림 9-11** private 속성인 waterAmount를 클래스 외부에서 접근했을 때 발생하는 타입 에러

```
class WaterPurifier {
  private waterAmount: number;

  constructor(waterAmount: number) {
    this.waterAmount = waterAmount;
  }

  public wash() {
    if (this.waterAmount > 0) {
      console.log('정수기 동작 성공');
    }
  }
}

var purif
purifier.
purifier.waterAmount = 0;
```

'waterAmount' 속성은 private이며 'WaterPurifier' 클래스 내에서만 액세스할 수 있습니다. ts(2341)

(property) WaterPurifier.waterAmount: number

문제 보기 (⌥F8)   빠른 수정을 사용할 수 없음

정수기 클래스에 접근 제어자를 지정하여 기존 문제점을 해결한 코드입니다. 클래스 속성 waterAmount는 private으로 설정하고, 클래스 메서드 wash()는 public으로 설정했습니다. 이렇게 하면 클래스로 생성한 객체에서 waterAmount를 접근할 수 없습니다. 이 그림과 같이 악의적으로 정수기 물의 양을 0으로 설정하려고 할 때 타입 에러가 발생하죠. 따라서 정수기의 핵심 동작인 wash() 메서드가 정상적으로 실행되는 것을 보장할 수 있습니다.

이처럼 클래스를 정의할 때 접근 제어자로 어떤 속성이나 메서드를 외부에 노출시킬지 정의할 수 있습니다. 하지만 이대로 정수기가 정상적으로 동작할까요? 다음 절에서 좀 더 자세히 파헤쳐 보겠습니다.

9.5.4 클래스 접근 제어자를 사용할 때 주의해야 할 점

클래스 접근 제어자를 사용할 때 주의해야 할 점은 접근 범위에 따라 실행까지 막아 주지 않는다는 것입니다. 앞서 살펴본 클래스 코드를 타입스크립트 플레이그라운드에서 실행해 보겠습니다. 다음 코드를 타입스크립트 플레이그라운드(https://www.typescriptlang.org/play)에 붙여 넣고 실행해 보세요.

```
class WaterPurifier {
  private waterAmount: number;

  constructor(waterAmount: number) {
    this.waterAmount = waterAmount;
  }

  public wash() {
    if (this.waterAmount > 0) {
      console.log('정수기 동작 성공');
    }
  }
}
```

```
var purifier = new WaterPurifier(30);
purifier.wash(); // 정수기 동작 성공
purifier.waterAmount = 0;
purifier.wash(); // 정수기 동작 성공
```

▼ **그림 9-12** 정수기 클래스 코드를 타입스크립트 플레이그라운드에서 실행한 결과(https://bit.ly/3MbFDyO)

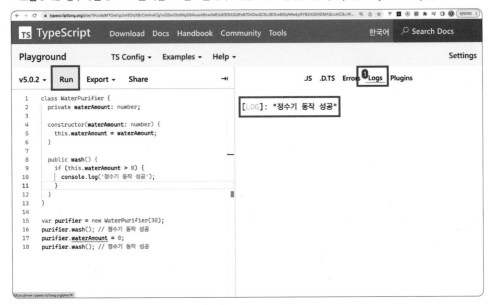

이 그림은 타입스크립트 플레이그라운드 사이트에서 클래스 코드를 실행한 결과입니다 (그림 캡션에 안내된 URL에 접속하면 결과를 바로 확인할 수 있습니다). 왼쪽에 클래스 코드를 붙여 넣고 **Run** 메뉴를 선택한 후 오른쪽 **Logs** 메뉴를 클릭하여 로그를 확인할 수 있습니다.

왼쪽 코드를 보면 비주얼 스튜디오 코드와 동일하게 waterAmount 코드에서 빨간색 줄이 표시됩니다. private 속성에 접근했기 때문에 발생하는 타입 에러입니다. 하지만 이 타입 에러가 무색하게 실제로 **Run** 버튼을 눌러서 실행 결과를 확인해 보면 wash() 메서드는 한 번밖에 실행되지 않습니다.

왜 그럴까요? 그 이유는 타입스크립트의 접근 제어자가 지정되어 있더라도 실행 시점의 에러까지는 보장해 주지 못하기 때문입니다. 타입스크립트를 처음 소개할 때 타입스크립

트는 실행 시점의 에러까지 막을 수 없다고 했던 것과 같은 맥락입니다. 타입스크립트로
실행하는 시점이 아니라 그 전 단계인 컴파일할 때 미리 에러를 발견하는 데 목적이 있는
것이죠. 이 그림은 접근 제어자의 특성을 알려 주려는 것이지 실제로 이런 결과는 나오기
어렵습니다. 타입 에러가 발생한 코드는 타입스크립트가 자바스크립트로 변환(컴파일)해
주지 않기 때문입니다. 컴파일되지 않는다면 실행할 수 없게 됩니다. 따라서 타입스크립
트의 접근 제어자가 제 역할을 하는 것은 변함없습니다.

private의 실행 결과까지도 클래스 접근 제어자와 일치시키고 싶다면 자바스크립트의
private 문법(#)을 사용하면 됩니다. 자바스크립트의 private 문법은 ECMA2020에 추가
된 스펙으로 타입스크립트 3.8 버전부터 사용할 수 있습니다. 앞의 정수기 클래스에 자바
스크립트 private 문법인 #를 적용해 보겠습니다.

```typescript
class WaterPurifier {
  #waterAmount: number;

  constructor(amount: number) {
    this.#waterAmount = amount;
  }

  public wash() {
    if (this.#waterAmount > 0) {
      console.log('정수기 동작 성공');
    }
  }
}

var purifier = new WaterPurifier(30);
purifier.wash(); // 정수기 동작 성공
purifier.#waterAmount = 0;
purifier.wash(); // 정수기 동작 성공
```

이 코드는 정수기 클래스에 private 접근 제어자 대신 #를 적용합니다. 이 코드가 타입스
크립트 파일에서 정상적으로 인식되려면 타입스크립트 설정 파일의 target 속성을 2015
이상으로 변경해 주어야 합니다.

```
// tsconfig.json
{
  "compilerOptions": {
    "target": "ES2015"
  }
}
```

target 속성이 정상적으로 설정되어 있지 않으면 다음과 같은 에러가 발생할 것입니다.

▼ **그림 9-13** 자바스크립트 # 문법을 인식하지 못해서 발생하는 타입 에러

프라이빗 식별자는 ECMAScript 2015 이상을 대상으로 지정할 때만 사용할 수 있습니다. ts(18028)

(property) WaterPurifier.#waterAmount: number

cl 문제 보기 (⌥F8) 빠른 수정을 사용할 수 없음

#waterAmount: number;

그럼 이제 이 정수기 코드를 타입스크립트 플레이그라운드에서 실행해 볼까요? 코드를 플레이그라운드에 붙여 넣으면 다음 화면이 나옵니다.

▼ **그림 9-14** 타입스크립트 플레이그라운드에서 # 문법을 적용한 정수기 클래스 코드 실행 결과(http://bit.ly/432k6hE)

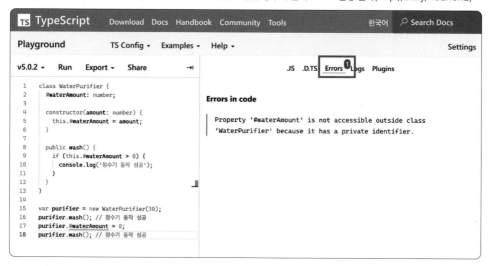

코드를 붙여 넣고 오른쪽 Errors 메뉴를 선택하면 이 화면이 나옵니다. #waterAmount는 private 속성이므로 외부에서 접근할 수 없다는 에러 메시지입니다. 에러 메시지에 마우스 커서를 올리면 왼쪽 코드의 17번째 줄이 강조될 것입니다.

에러를 무시하고 왼쪽의 Run 메뉴를 선택하여 코드를 실행하면 이번에는 오른쪽 Logs 메뉴에 다음과 같은 메시지가 표시됩니다.

▼ **그림 9-15** [Run] 메뉴를 선택하여 정수기 코드를 실행한 결과

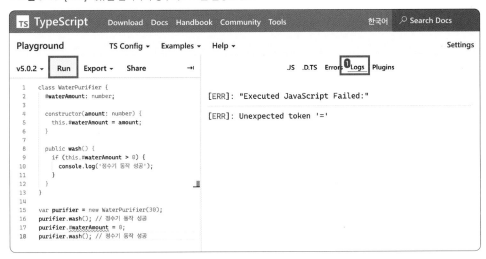

아까 private 접근 제어자를 붙였을 때와는 다르게 실행되지 않습니다. 실행하더라도 private 속성 자체에 접근할 수 없습니다. 이처럼 자바스크립트의 private 속성을 의미하는 #를 사용할 수도 있습니다. 다만 타입스크립트의 설정 파일을 변경해야 하고 사용하는 타입스크립트 버전도 맞아야 합니다.

9.6 정리

이 장에서는 클래스를 알아보았습니다. 클래스란 객체 지향 언어에서 자주 사용되는 개념으로 자바스크립트 최신 문법이라는 것을 배웠습니다. 또 클래스 인스턴스, 클래스 생성자 메서드, 클래스 속성, 클래스 메서드 등을 살펴보고, 클래스에 정의된 기능을 재활용하고자 상속이라는 개념을 사용했습니다. 그리고 클래스 동작을 외부에 노출시킬지 정의하는 클래스 접근 제어자도 알아보았습니다. 이 장에서 배운 내용을 잘 기억하면 뒷부분에 나올 두 번째 프로젝트 코드를 더 쉽게 이해할 수 있을 것입니다.

제네릭

이 장에서는 제네릭(generic)을 알아보겠습니다. 제네릭은 자바스크립트 개발자가 타입스크립트를 처음 보았을 때 가장 어렵게 느끼는 문법입니다. ⟨T⟩, ⟨K⟩, ⟨U⟩처럼 화살 괄호 안에 한 글자로 적힌 코드를 본 적이 있을 텐데요. 제네릭은 약간의 사고 전환과 기본 원리를 알면 쉽게 익힐 수 있는 문법입니다. 타입스크립트에서 중복되는 코드를 효과적으로 줄이고 고급 문법을 작성할 수 있게 도와주는 제네릭을 알아보겠습니다.

10.1 / 제네릭이란?

SECTION

제네릭은 타입을 미리 정의하지 않고 사용하는 시점에 원하는 타입을 정의해서 쓸 수 있는 문법입니다. 마치 함수의 파라미터와 같은 역할을 합니다. 여기에서 역할이란 함수의 인자에 넘긴 값을 함수의 파라미터로 받아 함수 내부에서 그대로 사용하는 방식을 의미합니다. 이해를 돕기 위해 간단한 예시 코드를 살펴보겠습니다.

```
function getText(text) {
  return text;
}
```

getText() 함수는 인자로 넘겨받은 텍스트를 그대로 반환해 줍니다. 문자열 hi면 문자열 'hi'를, 숫자 10이면 숫자 '10'을 반환해 줍니다.

```
getText('hi'); // hi
getText(10);   // 10
```

getText() 함수의 파라미터인 text는 함수를 호출할 때 어떤 값이든 인자로 받을 수 있습니다. 그리고 받은 값을 그대로 반환해 주죠. 이 원리를 타입스크립트에 대입해서 '타입을 넘기고 그 타입을 그대로 반환받는다'는 것이 바로 제네릭입니다.

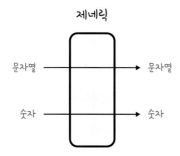

제네릭

문자열 ─────→ 문자열

숫자 ─────→ 숫자

10.2 / 제네릭 기본 문법
SECTION

제네릭의 기본 문법은 다음과 같습니다.

```
function getText<T>(text: T): T {
  return text;
}
```

먼저 함수 이름 오른쪽에 <T>라고 적습니다. 그리고 파라미터를 닫는 괄호 오른쪽에 콜론(:)을 붙이고 T를 적습니다. 마지막으로 파라미터 타입을 T로 정의합니다. 이렇게 하면 getText()라는 함수를 실행할 때 아무 타입이나 넘길 수 있습니다. 다음과 같이 말이죠.

```
getText<string>('hi'); // hi
```

이 코드는 getText() 함수를 호출할 때 제네릭에 문자열 데이터 타입인 string 타입을 할당합니다. 그러면 앞서 다룬 제네릭 기본 문법 코드가 마치 다음과 같이 정의된 것 같은 효과가 생깁니다.

```
function getText<string>(text: string): string {
  return text;
}
```

T라고 선언한 모든 부분에 string 타입이 들어간다고 보면 됩니다. 이 코드는 궁극적으로 다음과 같이 선언된 것과 같습니다.

```
function getText(text: string): string {
  return text;
}
```

함수의 파라미터인 text는 string 타입이고, 함수의 반환 타입 역시 string입니다. 제네릭에 string이 아닌 number 타입을 넘겼다면 다음과 같이 정의된 것 같은 효과가 생깁니다.

```
function getText(text: number): number {
  return text;
}
```

마찬가지로 boolean, array, object 등 어느 타입이든 getText() 함수를 호출할 때 타입을 지정해서 사용할 수 있습니다. 물론 제네릭으로 넘긴 타입과 맞지 않는 데이터를 인자로 넘기면 문제가 되겠죠?

▼ **그림 10-2** 제네릭으로 정의한 타입과 다른 데이터 타입을 갖는 데이터를 인자로 넘기는 경우

```
getText<string>(1000);
              'number' 형식의 인수는 'string' 형식의 매개 변수에 할당될 수 없습니
              다. ts(2345)
              View Problem    No quick fixes available
```

이 그림에서 볼 수 있듯이 제네릭에 string 타입을 넘겼기 때문에 파라미터로 string 타입을 넘기지 않으면 타입 에러가 발생합니다.

10.3 / 왜 제네릭을 사용할까?

SECTION

앞서 제네릭의 기본 개념과 문법을 살펴보았습니다. 그렇다면 왜 제네릭을 배워야 할까요? 제네릭으로 해결할 수 있는 문제점과 이점을 알아보겠습니다.

10.3.1 중복되는 타입 코드의 문제점

왜 이렇게 타입을 미리 정의하지 않고 호출할 때 타입을 정의해서 사용할까요? 바로 반복되는 타입 코드를 줄여 주기 때문입니다. 앞서 살펴본 예제 코드로 돌아가서 문자열 텍스트를 받아 그대로 반환해 주는 함수와 숫자 텍스트를 받아 그대로 반환해 주는 함수를 작성한다고 가정합시다. 아마 제네릭을 모른다면 다음과 같이 작성할 것입니다.

```
function getText(text: string): string {
  return text;
}

function getNumber(num: number): number {
  return num;
}
```

첫 번째 getText() 함수는 문자열 텍스트를 받아 그대로 반환해 주기 때문에 파라미터 타입과 반환 타입을 모두 string으로 선언했습니다. 반면 getNumber() 함수는 숫자 텍스트를 받아 그대로 반환해 주므로 파라미터 타입과 반환 타입을 모두 number로 선언했습니다. 이 두 함수는 다음과 같이 텍스트를 넘겨받아 그대로 반환해 주는 코드에 단지 타입만 다르게 선언한 것입니다.

```
function getText(text) {
  return text;
}
```

함수의 역할과 동작은 같은데 타입이 다르기 때문에 함수를 분리해서 문자열 텍스트용 함
수와 숫자 텍스트용 함수를 선언해 주었습니다. 결국 같은 동작을 하는 코드를 중복해서
선언한 꼴입니다.

여기에 다른 데이터 타입들이 추가된다면 어떻게 될까요? 아마 다음과 같이 추가적인 타
입을 처리하려면 또 다른 함수들을 생성해야 할 것입니다.

```
function getBoolean(bool: boolean) {
  return bool;
}

function getArray(arr: []) {
  return arr;
}

function getObject(obj: {}) {
  return obj;
}
```

DRY(Don't Repeat Yourself)라는 소프트웨어 개발 원칙이 있습니다. 너 자신을 반복하지
말라, 즉 중복해서 코드를 작성하지 말라는 의미인데요. 그런 관점에서 이 코드는 잘 만들
어진 함수라고 보기 어렵습니다.

10.3.2 any를 쓰면 되지 않을까?

기능은 같지만 타입 때문에 계속해서 반복 생성되는 함수를 보면 any를 쓰면 되지 않겠느
냐고 생각할 수 있습니다. 어쩌면 any가 모든 것을 해결해 주지 않을까 하는 기대감 때문
에 다음과 같이 getText() 함수의 타입을 정의해 볼 수도 있을 것입니다.

```
function getText(text: any): any {
  return text;
}
```

이제 이 함수로 문자열 텍스트, 숫자 텍스트 등 어떤 타입의 텍스트도 모두 받을 수 있습니다.

```
getText('hi');
getText(10);
getText(true);
```

앞서 살펴본 getNumber(), getBoolean() 등 동일한 동작을 하는 함수가 타입 때문에 반복해서 생성되는 문제는 해결되었지만 이번에는 다른 문제가 발생합니다. 바로 any를 사용하기 때문에 타입스크립트 장점들이 사라진다는 것입니다. 3장에서 any는 마치 자바스크립트 코드처럼 모든 타입을 다 취급할 수 있는 대신, 타입스크립트의 코드 자동 완성이나 에러의 사전 방지 혜택을 받지 못한다고 안내했습니다. 다음과 같이 말이죠.

```
function getText(text: any): any {
  return text.toStirng();
}
```

이 코드는 getText() 함수에 넘겨받은 텍스트 값에 toString() API를 사용하려다 API 이름에 오탈자가 발생했습니다. any로 타입을 지정한 까닭에 이처럼 오탈자가 발생하더라도 에러가 따로 표시되지 않습니다. 결국 이 코드는 애플리케이션을 실제로 실행할 때 다음과 같이 에러가 발생합니다.

▼ **그림 10-3** toString()이 아닌 toStirng()로 API를 잘못 호출했을 때 발생한 실행 에러

```
❌ ▶ Uncaught TypeError: text.toStirng is not a function          VM194:2
      at getText (<anonymous>:2:15)
      at <anonymous>:4:1
```

타입스크립트의 이점인 에러의 사전 방지가 무색해지는 상황입니다. 이와 마찬가지로 파라미터가 any 타입이기 때문에 타입에 따른 코드 자동 완성이 되지 않습니다. 예를 들어 이번에는 getText() 함수에 넘겨받은 텍스트가 문자열이라고 가정하고 텍스트 값을 모두 대문자로 변환하는 API를 호출해 볼까요? 마찬가지로 다음과 같이 자동 완성이 되지 않습니다.

▼ **그림 10-4** text 타입이 any이기 때문에 코드 자동 완성이 되지 않는 모습

```
function getText(text: any): any {
  text.toLoc
}
```

여기에서 문자열을 대문자로 변경하는 API를 잘 모른다면 아마 다음과 같이 MDN (Mozilla Developer Network)에 API 스펙을 검색해야 할 것입니다.

노트

HTML, CSS, 자바스크립트 스펙이 자세하게 적혀 있는 웹 사이트로, 웹 개발할 때 가장 많이 참고합니다.

▼ **그림 10-5** 문자열을 대문자로 변경하는 API를 검색한 결과

타입이 any가 아니라 문자열이었다면 다음과 같이 코드도 자동으로 완성되고 부가적인 설명도 볼 수 있었을 것입니다.

```
function getText(text: string): string {
  text.to
}          ⬡ ★ toLowerCase
           ⬡ toLocaleLowerCase
           ⬡ toLocaleUpperCase
           ⬡ toString
           ⬡ toUpperCase
           ⬡ lastIndexOf
           ⬡ concat
           ⬡ charCodeAt
           ─────────────────────────────────
           (method) String.toUpperCase(): string        ✕

           Converts all the alphabetic characters in a string to uppercase.
```

10.3.3 제네릭으로 해결되는 문제점

동일한 동작의 코드를 타입 때문에 중복으로 선언하는 문제점과 any 타입으로 선언하면서 생기는 문제점을 제네릭으로 모두 해결할 수 있습니다. 예시 코드로 살펴보겠습니다.

```
function getText<T>(text: T): T {
  return text;
}
```

이 코드는 getText() 함수에 제네릭을 선언하고 파라미터와 반환 타입에 제네릭 타입을 연결합니다. 이 함수를 호출할 때 다음과 같이 제네릭 타입을 지정해 보겠습니다.

```
getText<string>('hi');
```

인자로 hi라는 문자열을 넘겼기 때문에 제네릭 타입 역시 string으로 정의했습니다. 이제 이 함수는 제네릭으로 string 타입을 받았기 때문에 함수 안에서 text 파라미터가 문자열로 추론됩니다. 마치 다음과 같이 말이죠.

▼ **그림 10-7** getText<string>('hi')로 호출되었을 때 함수 안에서 text가 string으로 추론되는 모습

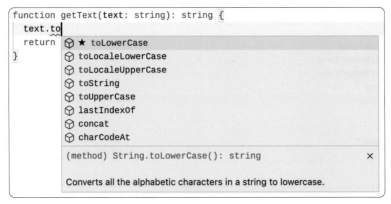

물론 getText() 함수 정의가 이렇게 바뀐다는 말은 아닙니다. 마치 함수의 타입을 string 으로 선언해서 사용한 듯한 효과가 나타난다는 것이죠. number나 다른 타입을 넘겼다면 해 당 타입으로 추론되었을 것입니다. 이번에는 number 타입의 값을 넘겨 보겠습니다.

```
getText<number>(100);
```

이처럼 숫자 100을 인자로 넘기면서 제네릭 타입을 number로 정의하면 다음과 같이 getText() 함수의 파라미터와 반환값이 number로 추론되는 효과가 생깁니다.

▼ **그림 10-8** getText<number>(100)으로 호출되었을 때 함수 안에서 text가 number로 추론되는 모습

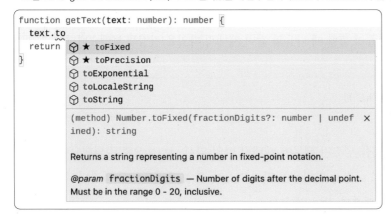

그리고 제네릭으로 받은 타입이 파라미터와 반환값에 모두 연결되어 있기 때문에 함수의 호출 결과 타입도 제네릭 타입을 따라갑니다.

```
var myString = getText<string>('hi');
var myNumber = getText<number>(100);
```

앞서 살펴본 getText<string>('hi')와 getText<number>(100)을 각각 myString, myNumber라는 변수에 담았습니다. 이 두 변수는 각각 제네릭 반환 타입과 같은 타입으로 정의됩니다. 다음과 같이 말이죠.

▼ **그림 10-9** 제네릭에 문자열 타입을 넘겨 반환 타입이 myString 변수에 연결된 모습

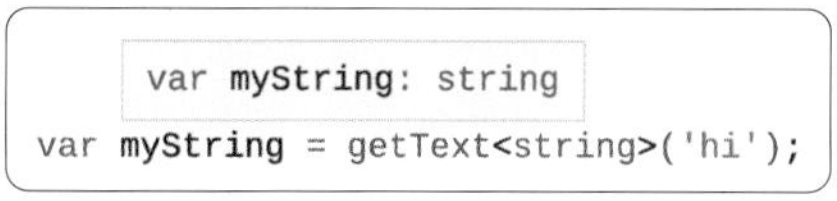

```
    var myString: string
var myString = getText<string>('hi');
```

▼ **그림 10-10** 제네릭에 숫자 타입을 넘겨 반환 타입이 myNumber 변수에 연결된 모습

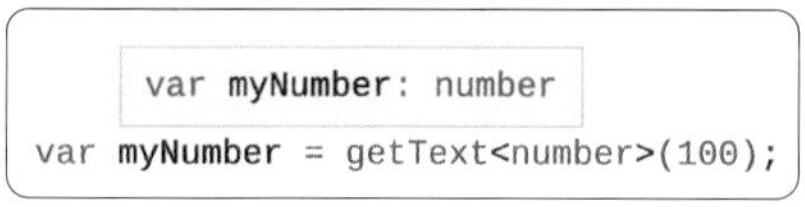

```
    var myNumber: number
var myNumber = getText<number>(100);
```

이처럼 제네릭을 쓰면 타입 때문에 불필요하게 중복되던 코드를 줄일 수 있고 타입이 정확하게 지정되면서 타입스크립트 이점을 모두 가져갈 수 있습니다.

10.4 SECTION / 인터페이스에 제네릭 사용하기

제네릭은 함수뿐만 아니라 인터페이스에도 사용할 수 있습니다. 문법을 살펴보기 위해 다음과 같이 인터페이스가 2개 있다고 하겠습니다.

```
interface ProductDropdown {
  value: string;
  selected: boolean;
}

interface StockDropdown {
  value: number;
  selected: boolean;
}
```

상품 목록과 상품의 재고를 보여 주는 드롭다운 UI를 인터페이스로 정의한 코드입니다. 여기에서 드롭다운이란 마우스 클릭으로 하위 메뉴가 펼쳐지는 UI를 의미합니다.

▼ **그림 10-11** 신발 사이즈 드롭다운 UI 예시

사이즈	∧
250	
255	
260	
265	
270	
275	

마우스를 클릭하면 하위 메뉴가 열리고 특정 아이템을 선택했을 때 선택되었는지 표시되어야 하기 때문에 value와 selected 속성을 갖는 기본 구조로 정의했습니다. 여기에서 value에 다른 데이터 타입을 갖는 드롭다운 UI가 필요하면 어떻게 해야 할까요? 아마 다음과 같이 추가적으로 새로운 인터페이스를 정의해 주어야 할 것입니다.

```
interface AddressDropdown {
  value: { city: string; zipCode: string };
  selected: boolean;
}
```

이런 식으로 모든 데이터 타입을 일일이 정의한다면 타입 코드가 많아져서 관리도 어렵고 번거로운 작업이 될 것입니다. 이때 다음과 같이 제네릭을 쓸 수 있습니다.

```typescript
interface Dropdown<T> {
  value: T;
  selected: boolean;
}
```

인터페이스 이름 오른쪽에 <T>를 붙여 주고 인터페이스의 내부 속성 중 제네릭으로 받은 타입을 사용할 곳에 T를 연결합니다. 이렇게 하면 타입을 유연하게 확장할 수 있을 뿐만 아니라 비슷한 역할을 하는 타입 코드를 대폭 줄일 수 있습니다. 이제 앞서 살펴본 ProductDropdown, StockDropdown, AddressDropdown 인터페이스 대신 Dropdown 인터페이스 하나로 타입을 정의할 수 있습니다.

```typescript
// 드롭다운 유형별로 각각의 인터페이스를 연결
var product: ProductDropdown;
var stock: StockDropdown;
var address: AddressDropdown;

// 드롭다운 유형별로 하나의 제네릭 인터페이스를 연결
var product: Dropdown<string>;
var stock: Dropdown<number>;
var address: Dropdown<{ city: string; zipCode: string }>;
```

이처럼 인터페이스에도 제네릭을 사용하여 타입을 유연하게 확장할 수 있습니다.

10.5 제네릭의 타입 제약

SECTION

이번에는 제네릭을 사용할 때 알아 두면 좋은 타입 제약 문법을 알아보겠습니다. 제네릭의 타입 제약은 제네릭으로 타입을 정의할 때 좀 더 정확한 타입을 정의할 수 있게 도와주는 문법입니다. extends, keyof 등 새로운 키워드를 사용하여 타입을 제약하는 방법을 알아봅시다.

10.5.1 extends를 사용한 타입 제약

제네릭을 사용할 때 알아 두면 좋은 문법이 있습니다. 바로 타입 제약입니다. 제네릭의 장점은 타입을 미리 정의하지 않고 호출하는 시점에 타입을 정의해서 유연하게 확장할 수 있다는 점이었는데요. 유연하게 확장한다는 것은 타입을 별도로 제약하지 않고 아무 타입이나 받아서 쓸 수 있다는 의미입니다. 코드로 의미를 되짚어 볼까요?

```
function embraceEverything<T>(thing: T): T {
  return thing;
}
embraceEverything<string>('hi');
embraceEverything<number>(100);
embraceEverything<boolean>(false);
embraceEverything<{ name: string }>({ name: 'capt' });
```

embraceEverything() 함수는 제네릭을 선언했기 때문에 string, number, boolean, object 등 아무 타입이나 모두 넘길 수 있습니다. 심지어 any도 넘길 수 있죠. 그런데 여기에서 모든 타입이 아니라 몇 개의 타입만 제네릭으로 받고 싶다면 어떻게 해야 할까요?

먼저 제네릭으로 문자열 타입만 받을 수 있도록 제네릭을 제약해 보겠습니다. extends 키워드를 이용해서 다음과 같이 함수를 선언합니다.

218

```
function embraceEverything<T extends string>(thing: T): T {
  return thing;
}
```

제네릭을 선언하는 부분에 〈T extends 타입〉과 같은 형태로 코드를 작성해 주었습니다. 제약할 타입은 string이기 때문에 〈T extends string〉으로 정의했습니다. 이렇게 하면 이 함수를 호출할 때 다음과 같이 제네릭에 string 타입을 넘길 수 있습니다.

```
embraceEverything<string>('hi');
```

이 코드는 타입 에러 없이 잘 실행됩니다. 하지만 다음과 같이 string이 아닌 다른 타입을 제네릭으로 넘기려고 한다면 에러가 발생할 것입니다.

▼ **그림 10-12** embraceEverything( ) 함수에 제네릭으로 number 타입을 넘겼을 때 발생하는 에러

```
embraceEverything<number>('hi');
                   'number' 형식이 'string' 제약 조건을 만족하지 않습니다. ts(2344)

                   View Problem   No quick fixes available
```

number 타입은 string 제약 조건을 만족하지 않는다는 에러가 발생하면서 빨간색 줄이 표시됩니다. embraceEverything( ) 함수에 넘길 수 있는 타입은 string 타입뿐인데 다른 타입을 썼으니 당연히 에러가 발생합니다. 이렇게 extends 키워드를 사용하여 제네릭의 타입을 제약할 수 있습니다.

10.5.2 타입 제약의 특징

앞서 살펴본 코드는 제네릭의 타입을 제약할 수 있다는 것을 보여 주기 위해 임의로 작성한 예시입니다. 실제로는 다음과 같이 간단한 코드이기 때문에 제네릭으로 굳이 제약해서 정의할 필요는 없겠죠.

```
// 제네릭의 타입을 string으로 제약한 코드
function embraceEverything<T extends string>(thing: T): T {
  return thing;
}

// 위 코드와 같은 역할을 하는 코드
function embraceEverything(thing: string): string {
  return thing;
}
```

일반적으로 타입을 제약할 때는 여러 개의 타입 중 몇 개만 쓸 수 있게 제약합니다. 예를 들어 다음과 같이 length 속성을 갖는 타입만 취급하겠다고 하면 받을 수 있는 타입은 string, array, object가 됩니다.

```
function lengthOnly<T extends { length: number }>(value: T) {
  return value.length;
}
```

lengthOnly() 함수에서 제네릭의 타입을 length 속성을 갖는 타입으로 제약했습니다. 이전 예제들과 다른 점은 제네릭으로 받은 타입을 파라미터에만 연결해 주었고 반환 타입에는 연결하지 않았습니다. 이 함수의 인자로 넘길 수 있는 데이터 타입은 문자열, 배열, length 속성을 갖는 객체 이렇게 세 가지입니다.

```
lengthOnly('hi');
lengthOnly([1,2,3]);
lengthOnly({ title: 'abc', length: 123 });
```

문자열에는 기본적으로 문자열 길이를 알 수 있는 length 속성이 내장되어 있습니다. 다음과 같이 말이죠.

▼ **그림 10-13** 문자열 데이터 타입에 내장되어 있는 length 속성

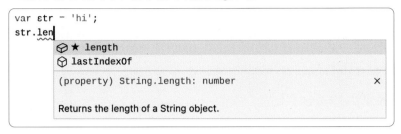

따라서 첫 번째 코드에서 문자열 hi는 제네릭의 타입 제약 조건인 'length 속성을 가진 타입'을 만족합니다. 두 번째로 배열 타입 역시 배열 길이를 알 수 있는 length 속성을 내장하고 있습니다.

▼ **그림 10-14** 배열 데이터 타입에 내장되어 있는 length 속성

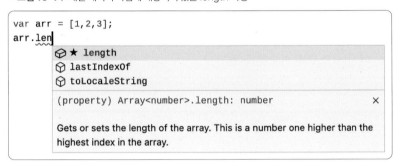

따라서 두 번째 코드의 함수 인자 [1,2,3] 역시 제네릭의 타입 제약 조건을 만족합니다. 마지막으로 세 번째 코드의 함수 인자 { title: 'abc', length: 123 } 객체 역시 length 속성을 갖고 있기 때문에 제약 조건을 만족합니다. 이 제약 조건에 해당하지 않는 number나 boolean 등 다른 데이터 타입이 온다면 다음과 같은 에러가 발생할 것입니다.

▼ **그림 10-15** length 속성이 없는 number 타입의 에러 화면

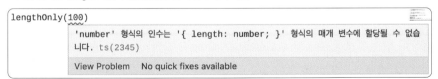

그림에서 볼 수 있듯이 number 타입에는 string이나 array처럼 내장된 length 속성이 없기 때문에 타입 제약 조건에 걸려 에러가 발생합니다.

한 가지 더 참고할 만한 부분은 앞 코드에서 lengthOnly<number>(100)으로 선언하지 않고 lengthOnly(100)으로만 선언해도 제네릭에 number 타입을 넘긴 것과 같은 효과가 나타나는 점입니다. 이것은 인자로 넘긴 데이터가 숫자 100이기 때문에 lengthOnly() 함수 내부적으로 파라미터 타입인 number를 제네릭에 연결해 준 것인데요. 자세한 제네릭 타입 추론 내용은 12장에서 알아보겠습니다.

이처럼 제네릭의 타입 제약은 하나의 특정 타입뿐만 아니라 특정 범위에 해당하는 여러 개의 타입을 대상으로 지정할 수 있습니다.

10.5.3 keyof를 사용한 타입 제약

앞서 살펴본 extends 타입 제약에 이어서 함께 알아 두면 좋은 문법을 소개하겠습니다. 바로 keyof라는 키워드입니다. keyof는 특정 타입의 키 값을 추출해서 문자열 유니언 타입으로 변환해 줍니다. 예시 코드로 살펴보겠습니다.

```
type DeveloperKeys = keyof { name: string; skill: string; }
```

이 코드는 keyof 키워드를 사용하여 객체의 키를 DeveloperKeys라는 타입 별칭에 담아 둡니다. DeveloperKeys 타입에 마우스 커서를 올리면 다음과 같이 객체의 키가 유니언 타입으로 변환되어 있는 것을 볼 수 있습니다.

▼ **그림 10-16** DeveloperKeys 타입에 마우스 커서를 올려 확인한 타입 정보

```
      type DeveloperKeys = "name" | "skill"
type DeveloperKeys = keyof { name: string; skill: string; }
```

keyof의 대상이 되는 객체에 name과 skill이라는 속성(키 값)이 있기 때문에 이 키를 모두 유니언 타입으로 연결해서 반환해 주었습니다. 속성이 3개면 속성 1|속성 2|속성 3 형태의 유니언 타입이 반환되었을 것입니다. 이처럼 keyof는 대상 타입의 키를 추출하여 유니언 타입으로 변환해 줍니다.

그럼 이제 다시 제네릭 타입 제약으로 돌아가서 keyof를 적용해 보겠습니다. 다음 코드는 객체의 키 값만 인사로 받아 출력할 수 있도록 제네릭의 타입 제약을 걸어 놓은 함수입니다.

```
function printKeys<T extends keyof { name: string; skill: string; }>(value:
T) {
  console.log(value);
}
```

제네릭을 정의하는 부분에 extends와 keyof를 조합해서 name과 skill 속성을 갖는 객체의 키만 타입으로 받겠다고 정의했습니다. 이 함수의 제네릭은 파라미터인 value에 연결되어 있기 때문에 함수를 호출할 때 넘길 수 있는 인자는 문자열 name과 skill입니다. 다른 값을 넘기면 다음과 같이 에러가 발생하죠.

▼ **그림 10-17** 제네릭 제약 조건을 만족하지 않는 문자열 'address'가 들어왔을 때 에러

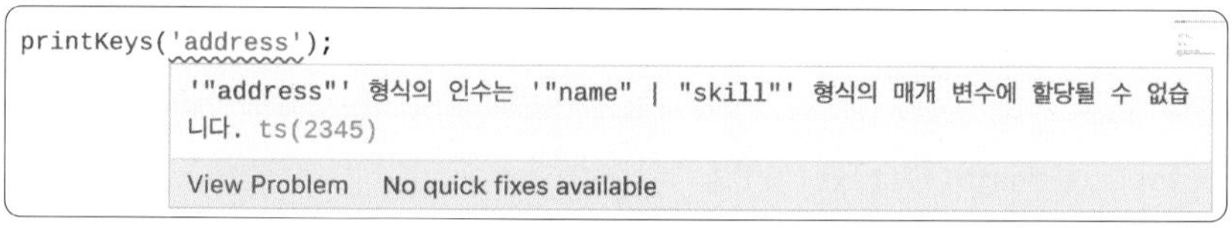

```
printKeys('address');
            '"address"' 형식의 인수는 '"name" | "skill"' 형식의 매개 변수에 할당될 수 없습
            니다. ts(2345)
            View Problem    No quick fixes available
```

▼ **그림 10-18** 제네릭 제약 조건을 만족하지 않는 숫자 100이 들어왔을 때 에러

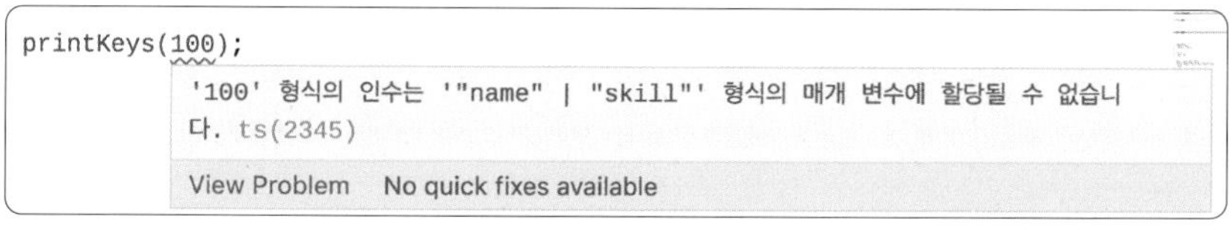

```
printKeys(100);
            '100' 형식의 인수는 '"name" | "skill"' 형식의 매개 변수에 할당될 수 없습니
            다. ts(2345)
            View Problem    No quick fixes available
```

그림 10-17에서 볼 수 있듯이 인자로 넘긴 'address'는 문자열이라는 관점에서 'name'과 'skill'이라는 문자열과 데이터 타입이 같습니다. 다음과 같이 string으로 제약되어 있었다면 당연히 에러 없이 인자로 사용할 수 있었겠죠.

```
function printKeys<T extends string>(value: T) {
  console.log(value);
}
```

하지만 문자열 타입 중에서도 name과 skill만 파라미터로 받겠다고 타입을 제약했기 때문에 이외의 문자열은 모두 인자로 사용할 수 없습니다. 마찬가지로 그림 10-18의 숫자 100은 문자열 name과 skill이 아니기 때문에 당연히 에러가 발생합니다.

이처럼 extends를 이용해서 제네릭의 타입을 제약할 때 keyof를 함께 사용하여 타입의 제약 조건을 까다롭게 만들 수 있습니다.

10.6 / 제네릭을 처음 사용할 때 주의해야 할 사고방식
SECTION

제네릭을 처음 사용할 때 가장 헷갈리는 부분은 함수 안에서 제네릭으로 받은 타입을 다룰 때입니다. 다음 코드를 보겠습니다.

```
function printTextLength<T>(text: T) {
  console.log(text.length);
}

printTextLength<string>('hello');
```

인자로 넘긴 텍스트 길이를 출력하는 함수를 하나 정의하고 printTextLength()라고 이름을 지었습니다. 이 함수는 제네릭으로 선언되어 있고 별도로 타입을 제약하지 않았기 때문에 당연히 문자열을 인자로 넘길 수 있습니다. printTextLength<string>('hello');처럼 말이죠. 여기까지는 아마 코드가 문제없이 동작할 것이라고 생각할 수 있지만 실상은 이미 다음과 같이 에러가 발생하고 있습니다.

▼ **그림 10-19** 함수 내부에서 text.length를 접근했을 때 발생하는 에러

```
function printTextLength<T>(text: T) {
  console.log(text.length);
}
```

| any |
| 'T' 형식에 'length' 속성이 없습니다. ts(2339) |
| View Problem   No quick fixes available |

생각해 보면 제네릭에 타입을 제약하지도 않았고 여러 타입 중에 문자열인 hello를 넘겼으니 함수 안에서도 문자열과 관련된 속성과 API를 제공받을 수 있을 것 같지만, 실제로는 에러가 발생합니다. '함수에 문자열을 넘겼으니 당연히 이 문자열을 받아서 처리하는 함수 내부에서도 문자열로 취급되겠지'라고 생각하는 것은 타입스크립트 컴파일러가 아닌 개발자의 관점입니다.

타입스크립트 컴파일러 관점에서는 printTextLength() 함수에 어떤 타입이 들어올지 모르기 때문에 함부로 이 타입을 가정하지 않습니다. 따라서 함수 안에서 제네릭으로 지정된 text 파라미터를 다룰 때 코드 자동 완성이나 타입이 미리 정의된 효과는 얻을 수 없습니다. 다음과 같이 말이죠.

▼ **그림 10-20** 함수 내부에서 text 파라미터에 자동 완성이나 타입 추론이 되지 않는 모습

```
function printTextLength<T>(text: T) {
  text.
}
```

이 그림은 함수 안에서 text 파라미터로 코드를 작성할 때 타입에 대한 힌트나 코드 자동 완성이 제공되지 않는 모습입니다. 결론적으로 함수의 인자에 숫자 100을 넘기든 문자열 hello를 넘기든 제네릭으로 정의된 함수 안에서는 이 사실을 알지 못합니다.

그럼 어떻게 제네릭에 이 사실을 알릴 수 있을까요? 바로 10.5.1절에서 배운 타입 제약 문법을 사용하면 됩니다. 이 함수는 텍스트 길이를 출력하기 때문에 취급할 데이터에 length 속성이 있으면 됩니다. 따라서 다음과 같이 제네릭으로 사용할 타입에 힌트를 줄 수 있습니다.

```
function printTextLength<T extends { length: number }>(text: T) {
  console.log(text.length);
}
```

이 코드는 앞서 배운 extends 키워드를 사용하여 제네릭으로 받을 수 있는 타입을 제한합니다. length 속성이 있는 데이터 타입만 제네릭 타입으로 넘길 수 있게 되었죠. 이제 이 코드는 비주얼 스튜디오 코드상에서 별도의 타입 에러가 발생하지 않을 것입니다.

▼ **그림 10-21** text 파라미터에 length 속성을 사용하더라도 에러가 발생하지 않는 모습

```
function printTextLength<T extends { length: number }>(text: T) {
  console.log(text.length);
}

printTextLength<string>('hello');
```

혹은 제네릭으로 받은 타입을 배열 형태로 정의하는 방법도 있습니다. 다음과 같이 말이죠.

```
function printTextLength<T>(text: T[]) {
  console.log(text.length);
}
```

이 코드에서 printTextLength() 함수는 제네릭으로 받은 타입을 파라미터에 연결해서 배열 형태로 선언했습니다. T[]라고 표시된 곳이 제네릭으로 받은 타입을 배열의 데이터 타입으로 쓰겠다는 의미입니다. 이 코드도 다음과 같이 length 속성에서 별도의 타입 에러가 발생하지 않습니다.

▼ **그림 10-22** 제네릭으로 받은 타입을 배열의 타입으로 써도 length 속성에서 발생하지 않는 타입 에러

```
function printTextLength<T>(text: T[]) {
  console.log(text.length);
}
```

물론 이렇게 함수를 정의하면 함수를 호출할 때 문자열이 아니라 배열 형태의 데이터를 넣어야 합니다. 다음과 같이 말이죠.

```
printTextLength<string>(['a','b','c']); // 3
printTextLength<number>([100]);         // 1
printTextLength([true, false]);         // 2
```

이 인자 3개 모두 타입 에러 없이 함수를 잘 호출합니다. 첫 번째 인자 ['a','b','c']는 제네릭 타입을 string으로 정의한 후 문자열 배열을 넘겼기 때문에 printTextLength() 함수가 마치 다음과 같이 정의된 것처럼 동작합니다.

```
function printTextLength(text: string[]) {
  console.log(text.length);
}
```

나머지 두 번째 인자 [100]과 세 번째 인자 [true, false]도 각각 다음과 같이 정의된 것처럼 동작할 것입니다.

```
function printTextLength(text: number[]) {
  console.log(text.length);
}

function printTextLength(text: boolean[]) {
  console.log(text.length);
}
```

그리고 세 번째 함수 호출 코드인 printTextLength([true, false]);은 제네릭 타입을 명시적으로 지정하지 않았습니다. 인자로 넘긴 데이터의 타입이 boolean이기 때문에 마치 다음과 같이 호출한 것처럼 동작합니다.

```
printTextLength<boolean>([true, false]);
```

이처럼 파라미터에 제네릭 타입이 연결되어 있으면 함수를 호출할 때 명시적으로 제네릭에 타입을 선언하지 않아도 됩니다. 왜 그런지는 '12장 타입 추론'에서 자세히 살펴보겠습니다.

10.7 / 정리
SECTION

이 장에서는 제네릭의 개념과 기본 문법을 알아보았습니다. 제네릭을 사용하면서 불필요하게 중복되는 타입 코드를 줄이고, 타입스크립트의 이점인 코드 자동 완성도 활용할 수 있었는데요. 함수에 미리 타입을 정의하지 않고 호출하는 시점에 타입을 정의할 수 있어 유연하게 타입을 확장해 나갈 수 있었습니다. 그리고 extends, keyof와 같은 키워드를 사용하여 제네릭에 넘길 타입을 제약하기도 하고, 때로는 length와 같은 특정 속성에 대한 힌트를 줄 수 있었습니다. 앞으로 타입스크립트를 많이 사용하다 보면 자연스럽게 제네릭의 필요성을 느끼게 될 것입니다. 그만큼 중요한 개념이니 꼭 꼼꼼히 읽어 보고 다음 장으로 넘어가길 바랍니다.

두 번째 프로젝트: 전화번호부 앱

이 장에서는 첫 번째 프로젝트 이후에 배웠던 내용들을 복습하는 차원에서 두 번째 프로젝트를 진행해 보겠습니다. 두 번째 프로젝트는 자바스크립트로 작성된 간단한 전화번호부 앱에 타입을 추가하는 프로젝트입니다. 첫 번째 프로젝트와 마찬가지로 별도의 UI는 제공되지 않고 전화번호 검색, 찾기, 표시 등 자바스크립트 로직만 제공됩니다. 지금까지 배운 내용을 실제 코드에 적용해 보면서 타입스크립트와 더 익숙해져 보세요!

11.1 / 프로젝트 환경 구성

SECTION

프로젝트 환경을 구성해 보겠습니다. 첫 번째 프로젝트를 진행하면서 내려받은 소스 코드로 이동하여 비주얼 스튜디오 코드를 실행합니다.

▼ **그림 11-1** learn-typescript 폴더를 비주얼 스튜디오 코드로 실행한 화면

왼쪽 폴더 탐색기 영역의 quiz 폴더 아래에 있는 2_address−book 폴더에서 마우스 오른쪽 버튼을 눌러 **Open in Integrated Terminal**(통합 터미널에서 열기)을 선택하면 다음과 같이 터미널이 실행됩니다.

프로젝트에 필요한 노드 패키지를 설치하기 위해 다음 명령어를 터미널에 입력합니다.

```
npm i
```

명령어를 실행하고 나면 다음과 같이 설치가 진행되면서 2_address-book 폴더 아래에 node_modules 폴더가 추가된 것을 확인할 수 있습니다(그림 11-4 참고).

▼ 그림 11-3 npm i 명령어로 노드 패키지가 설치되는 과정

```
learn-typescript/quiz/2_address-book on  master [!] is  v1.0.0 via  v16.13.1
 npm i
npm WARN old lockfile
npm WARN old lockfile The package-lock.json file was created with an old version of
   npm,
npm WARN old lockfile so supplemental metadata must be fetched from the registry.
npm WARN old lockfile
npm WARN old lockfile This is a one-time fix-up, please be patient...
npm WARN old lockfile
((############## ··)) ⠋ idealTree:inflate:color-name: sill inflate node_modules/col
```

> **노트**
>
> 설치 중 vulnerabilities나 audit fix 같은 안내 메시지가 나오더라도 신경 쓰지 마세요. 해당 메시지는 보안 취약점과 관련된 내용으로 실습하는 데 지장이 없습니다.

11.2 / 프로젝트 폴더 구조

SECTION

두 번째 프로젝트의 폴더 구조를 살펴보겠습니다. `npm i` 명령어로 node_modules 폴더를 설치하고 나면 폴더 구조는 다음과 같습니다.

▼ **그림 11-4** 두 번째 프로젝트의 폴더 구조

2_address−book 폴더에는 폴더 2개와 파일 4개가 있습니다. 각각 간단히 살펴보겠습니다.

11.2.1 node_modules 폴더

첫 번째 프로젝트에서 안내했듯이 프로젝트 실행에 필요한 라이브러리가 설치되는 공간입니다. `npm i` 명령어로 설치할 수 있습니다.

11.2.2 src 폴더

프로젝트 실습에 필요한 소스 파일이 있는 폴더로 index.ts 파일이 있습니다. 자세한 index.ts 파일 설명은 다음 절에서 진행하겠습니다.

11.2.3 .eslintrc.js

자바스크립트 확장자로 작성된 ESLint 설정 파일입니다. ESLint는 자바스크립트의 코드 규칙을 검사할 뿐만 아니라 타입스크립트의 린트 규칙을 추가하여 타입스크립트 코드도 검사할 수 있습니다.

11.2.4 package.json, package-lock.json 파일

package.json 파일은 프로젝트 관련 정보가 담겨 있는 NPM 설정 파일입니다. 프로젝트 이름, 버전, 라이선스뿐만 아니라 프로젝트 실행에 필요한 라이브러리 목록도 지정되어 있습니다. 자세한 내용은 4.2절 첫 번째 프로젝트의 폴더 구조 설명을 참고하세요.

package-lock.json 파일은 NPM 설치 명령어로 필요한 라이브러리를 설치할 때 생성·변경되는 파일입니다. 설치하는 라이브러리 간 버전을 관리하는데, NPM에서 내부적으로 관리하는 파일이므로 직접 수정할 일은 없습니다.

11.2.5 tsconfig.json 파일

tsconfig.json 파일은 타입스크립트 관련 설정이 담겨 있는 타입스크립트 설정 파일입니다. 첫 번째 프로젝트와는 조금 다른 설정들이 있으므로 좀 더 자세히 살펴보겠습니다.

```
{
  "compilerOptions": {
    "allowJs": true,
    "checkJs": true,
    "target": "es5",
    "lib": ["es2015", "dom", "dom.iterable"],
    "noImplicitAny": false
  },
  "include": ["./src/**/*"]
}
```

compilerOptions 속성은 타입스크립트 컴파일과 관련된 옵션을 지정할 수 있습니다. allowJs 속성, checkJs 속성, noImplicitAny 속성은 모두 첫 번째 프로젝트에서 살펴보았습니다. allowJs 속성은 타입스크립트 컴파일 대상에 자바스크립트도 포함할지 정하는 옵션이고, checkJs 속성은 프로젝트 내 자바스크립트 파일에 타입스크립트 컴파일 규칙을 적용할지 정하는 옵션입니다. noImplicitAny 속성은 타입이 지정되어 있지 않으면 암묵적으로 any로 간주할지 설정하는 옵션입니다(자세한 내용은 4.2절을 참고하세요).

두 번째 프로젝트에서 새롭게 등장한 옵션 속성은 다음 두 가지입니다.

- target: 타입스크립트 코드가 자바스크립트 코드로 컴파일되었을 때 자바스크립트 코드가 실행될 환경을 지정합니다. 예를 들어 마이크로소프트의 인터넷 익스플로러는 ES6+ 이상의 최신 자바스크립트 문법을 지원하지 않으므로 ES5 이하로 지정해 주어야 합니다. const, let 등 변수 선언 방식은 모두 2015년 이후에 등장한 최신 자바스크립트 문법입니다. 따라서 코드에 const, let 등 변수 선언 방식이 있으면 모두 구 버전 브라우저에서도 실행될 수 있도록 var 변수 선언 방식으로 변환해 줍니다. 현재 프로젝트는 실행 환경이 es5로 지정되어 있습니다. target 속성을 정하지 않으면 기본값이 es3로 설정됩니다.
- lib: 자바스크립트 기본 문법이나 브라우저 API 등 자주 사용되는 문법에 대해 작성된 타입스크립트 선언 파일의 사용 여부를 정하는 옵션입니다. 이 프로젝트에서는 2015년에 제정된 자바스크립트 문법(ECMAScript 2015)을 사용하겠다는 의미로 es2015를 지정하고, 브라우저의 DOM 관련 API에 대한 타입인 dom, dom.iterable 값을 추가했습니다. 실습에서 DOM 관련 API를 다루지는 않지만 실제 웹 서비스를 제작할 때 흔히 사용되는 타입이라 참고로 추가해 두었습니다.

11.3 / 프로젝트 로직
SECTION

프로젝트 실습을 위해 현재 작성되어 있는 코드를 간단히 살펴보겠습니다. 소스 코드는 src 폴더의 index.ts 파일에 작성되어 있습니다.

11.3.1 인터페이스 코드

먼저 타입 정의 코드를 보겠습니다.

```
interface PhoneNumberDictionary {
  [phone: string]: {
    num: number;
  };
}

interface Contact {
  name: string;
  address: string;
  phones: PhoneNumberDictionary;
}
```

이 인터페이스 2개는 전화번호부 연락처 관련 타입을 정의한 코드입니다. Contact 인터페이스에 이름, 주소, 전화번호 목록이 정의되어 있고, 전화번호 목록이 PhoneNumberDictionary라는 별도의 인터페이스로 정의되어 있습니다. PhoneNumber Dictionary 인터페이스는 속성 이름이 [phone: string]이라는 특이한 형태로 정의되어 있는데, 이 문법은 5.6.4절에서 배운 인터페이스의 인덱스 시그니처 문법입니다. 문자열로 정의된 속성은 어떤 이름이든 속성으로 사용할 수 있다는 의미입니다. 예를 들어 다음 homePhone, officesPhone 객체는 모두 PhoneNumberDictionary 인터페이스 타입으로 정의할 수 있습니다.

```
var homePhone = {
  home: {
    num: 91099998888
  }
}

var officesPhone = {
  KoreaOffice: {
```

```
      num: 91022227777
    },
    USAOffice: {
      num: 91066663333
    }
  }
}
```

이 인터페이스들은 실습할 때 필요한 부분에 가져다 사용할 수 있습니다.

11.3.2 api 함수

다음으로 fetchContacts() 함수 코드를 보겠습니다.

```
// api
// TODO: 아래 함수의 반환 타입을 지정해보세요.
function fetchContacts() {
  // TODO: 아래 속성의 타입을 지정해보세요.
  const contacts = [
    {
      name: 'Tony',
      address: 'Malibu',
      phones: {
        home: {
          num: 11122223333,
        },
        office: {
          num: 44455556666,
        },
      },
    },
    {
      name: 'Banner',
      address: 'New York',
      phones: {
```

```
          home: {
            num: 77788889999,
          },
        },
      },
      {
        name: '마동석',
        address: '서울시 강남구',
        phones: {
          home: {
            num: 213423452,
          },
          studio: {
            num: 314882045,
          },
        },
      },
    ];
    return new Promise(resolve => {
      setTimeout(() => resolve(contacts), 2000);
    });
  }
```

이 함수는 서버에 데이터를 요청하는 API 함수를 모방합니다. fetchContacts()를 호출하면 2초 후 contacts 변수에 담긴 배열이 반환됩니다. 그리고 프로미스(promise)라는 자바스크립트 비동기 처리 문법을 사용했습니다. 실제 웹 애플리케이션을 개발할 때는 보통 프로미스 기반의 HTTP 라이브러리인 axios를 사용합니다. 여기에서 fetchContacts() 함수는 이 프로미스 기반의 HTTP 라이브러리를 모방했다고 보면 됩니다.

11.3.3 전화번호부 클래스

전화번호부 조회, 검색, 추가 등 주요 로직이 들어 있는 AddressBook 클래스 코드를 보겠습니다.

```
class AddressBook {
  // TODO: 아래 속성의 타입을 지정해보세요.
  contacts = [];

  constructor() {
    this.fetchData();
  }

  fetchData() {
    fetchContacts().then(response => {
      this.contacts = response;
    });
  }

  /* TODO: 아래 함수들의 파라미터 타입과 반환 타입을 지정해보세요 */
  findContactByName(name) {
    return this.contacts.filter(contact => contact.name === name);
  }

  findContactByAddress(address) {
    return this.contacts.filter(contact => contact.address === address);
  }

  findContactByPhone(phoneNumber, phoneType: string) {
    return this.contacts.filter(
      contact => contact.phones[phoneType].num === phoneNumber
    );
  }

  addContact(contact) {
    this.contacts.push(contact);
  }

  displayListByName() {
    return this.contacts.map(contact => contact.name);
  }
```

```
  displayListByAddress() {
    return this.contacts.map(contact => contact.address);
  }
  /* ---------------------------------------------- */
}

new AddressBook();
```

이 클래스에는 클래스 속성과 클래스 생성자 함수, 클래스 메서드가 있습니다. 먼저 클래스 속성 contacts에는 클래스에서 전반적으로 조작할 전화번호부 목록이 저장됩니다. 클래스 생성자 함수 constructor()는 클래스가 new AddressBook()으로 초기화되었을 때 fetchData()라는 클래스 메서드를 사용하여 전화번호부 데이터를 contacts 속성에 저장합니다. 클래스 메서드는 각각 다음 역할을 합니다.

- findContactByName(name): 입력받은 이름으로 연락처를 찾는 메서드
- findContactByAddress(address): 주소로 연락처를 찾는 메서드
- findContactByPhone(phoneNumber, phoneType): 전화번호와 번호 유형으로 연락처를 찾는 메서드
- addContact(contact): 새 연락처를 전화번호부에 추가하는 메서드
- displayListByName(): 전화번호부 목록의 이름만 추출해서 화면에 표시하는 메서드(화면 조작 관련 코드 없음)
- displayListByAddress(): 전화번호부 목록의 주소를 화면에 표시하는 메서드(화면 조작 관련 코드 없음)

프로젝트 실습

앞서 소스 코드를 살펴보았으니 실습 순서를 안내하겠습니다. 실습은 다음 순서로 진행합니다.

1. 타입스크립트 설정 파일의 noImplicitAny 속성 값을 true로 변경
2. 타입스크립트 설정 파일의 strict 속성 값을 true로 변경

11.4.1 타입스크립트 설정 파일의 noImplicitAny 속성 값 변경

프로젝트 폴더 아래의 tsconfig.json 파일을 열고 noImplicitAny 속성 값을 다음과 같이 true로 변경합니다.

```
{
  "compilerOptions": {
    "allowJs": true,
    "checkJs": true,
    "target": "es5",
    "lib": ["es2015", "dom", "dom.iterable"],
    "noImplicitAny": true
  },
  "include": ["./src/**/*"]
}
```

이렇게 하고 나면 소스 코드가 있는 src 폴더 아래에 있는 index.ts 파일에 에러가 표시되기 시작합니다.

```ts
class AddressBook { ■
  // TODO: 아래 변수의 타입을 지정해보세요.
  contacts = [];

  constructor() {
    this.fetchData();
  }

  fetchData() {
    fetchContacts().then(response => {
      this.contacts = response;
    });
  }

  /* TODO: 아래 함수들의 파라미터 타입과 반환 타입을 지정해보세요 */
  // Complexity is 3 Everything is cool!
  findContactByName(name) { ■
    return this.contacts.filter(contact => contact.name === name);
  }

  // Complexity is 3 Everything is cool!
  findContactByAddress(address) { ■
    return this.contacts.filter(contact => contact.address === address);
  }

  // Complexity is 3 Everything is cool!
  findContactByPhone(phoneNumber, phoneType: string) { ■
    return this.contacts.filter(
```

여기에서 발생하는 에러의 대부분은 변수나 함수의 파라미터 타입이 정의되어 있지 않아 발생하는 타입 에러입니다. 앞서 배운 변수와 함수의 파라미터 타입 정의 방식을 이용하여 에러를 스스로 해결해 봅시다.

> **노트**
>
> 이처럼 코드에서 빨간색 줄로 타입 에러가 표시되지 않으면 2장에서 다룬 비주얼 스튜디오 코드 테마와 플러그인이 설치되어 있는지 확인해 보세요. ESLint 플러그인이 정상적으로 설치되어 있고 workingDirectories 속성이 설정되어 있어야 합니다. workingDirectories 속성이 설정되지 않았다면 다음 영상을 참고하세요.
>
> URL http://bit.ly/41gaYFC

11.4.2 타입스크립트 설정 파일의 strict 속성 값 변경

다음 실습 순서는 타입스크립트 속성 파일에 strict 속성 값을 true로 추가하는 것입니다. 타입스크립트 설정 파일에 다음 내용을 추가합니다.

```json
{
  "compilerOptions": {
    "allowJs": true,
    "checkJs": true,
    "target": "es5",
    "lib": ["es2015", "dom", "dom.iterable"],
    "noImplicitAny": true,
    "strict": true
  },
  "include": ["./src/**/*"]
}
```

strict 속성은 타입스크립트 컴파일러가 타입을 검사할 때 최대한 구체적으로 검사하게
합니다. 예를 들어 null과 undefined의 타입이 같은지 구분하고, 함수의 파라미터나 this
바인딩의 타입을 검사하는 등 타입 정의를 최대한 꼼꼼하게 체크합니다. strict 속성을
true로 하면 마치 다음과 같이 타입스크립트 설정을 추가한 것과 동일한 효과가 나타납
니다.

```json
{
  "compilerOptions": {
    "alwaysStrict": true,
    "strictNullChecks": true,
    "strictBindCallApply": true,
    "strictFunctionTypes": true,
    "strictPropertyInitialization": true,
    "noImplicitAny": true,
    "noImplicitThis": true,
    "useUnknownInCatchVariables": true
  }
}
```

strict 속성은 이 속성 8개를 모두 추가한 것과 효과가 같습니다. 각 속성별 자세한 역할
은 19.4.3절을 참고하세요.

그리고 ESLint 설정 파일인 .eslintrc.js 파일에서 rules 속성 아래에 있는 @typescript-eslint 관련 규칙 2개를 모두 주석 처리합니다.

```
module.exports = {
  root: true,
  env: {
    browser: true,
    node: true,
    jest: true,
  },
  extends: [
    'plugin:@typescript-eslint/eslint-recommended',
    'plugin:@typescript-eslint/recommended',
  ],
  plugins: ['prettier', '@typescript-eslint'],
  rules: {
    'prettier/prettier': [
      'error',
      {
        singleQuote: true,
        semi: true,
        useTabs: false,
        tabWidth: 2,
        printWidth: 80,
        bracketSpacing: true,
        arrowParens: 'avoid',
      },
    ],
    // '@typescript-eslint/no-explicit-any': 'off',
    // "@typescript-eslint/explicit-function-return-type": 'off',
    'prefer-const': 'off',
```

```
    },
  parserOptions: {
    parser: '@typescript-eslint/parser',
  },
};
```

이 규칙들은 함수의 반환 타입이 지정되어 있지 않거나 타입이 지정되어야 할 곳에 타입이 없으면 ESLint 에러를 뿜어 줄 것입니다.

이렇게 설정하고 나면 추가적으로 에러가 발생할 것입니다. 이 에러들도 왜 발생했는지 확인해 보고 스스로 타입을 지정해서 해결해 봅시다.

11.5 / 프로젝트 실습 풀이: 첫 번째

실습 내용을 같이 확인해 보겠습니다. 아마 첫 번째 프로젝트 실습보다 어려운 부분도 있었겠지만 자바스크립트 코드에 타입을 추가하는 것이 그렇게 어렵지는 않았을 것입니다. 또 이번 실습은 미리 정의된 타입을 이용하여 자바스크립트 코드에 연결하기 때문에 첫 번째 실습과는 다른 어려움이 있을 수도 있습니다. 하지만 이렇게 배운 내용을 하나둘 직접 적용하면서 개념을 복습하다 보면 앞으로 더 자연스럽게 타입스크립트에 익숙해질 것입니다. 그럼 함께 에러를 하나씩 해결해 봅시다.

11.5.1 클래스 속성 타입 정의

가장 처음에 보게 될 에러는 클래스 속성 에러입니다. AddressBook 클래스에 contacts 속성이 선언되어 있고 다음과 같이 타입 에러가 발생합니다.

▼ **그림 11-6** AddressBook 클래스의 contacts 속성에 표시된 타입 에러

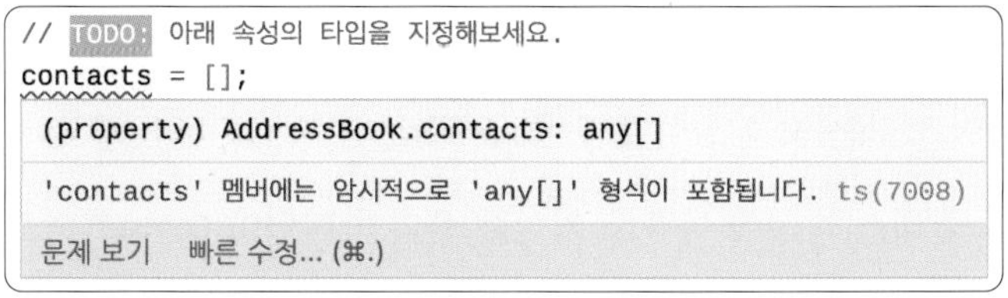

```
// TODO: 아래 속성의 타입을 지정해보세요.
contacts = [];
  (property) AddressBook.contacts: any[]
  'contacts' 멤버에는 암시적으로 'any[]' 형식이 포함됩니다. ts(7008)
문제 보기   빠른 수정... (⌘.)
```

이 에러는 타입스크립트 설정 파일에서 noImplicitAny 속성을 true로 추가했기 때문에 발생합니다. 클래스 속성에 타입이 정의되어 있지 않아서 발생하는 에러죠. 이 타입에 정확한 타입을 지정하려면 이 contacts 속성이 사용되는 로직을 확인해 보아야 합니다. 클래스 메서드에 전반적으로 사용되기 때문에 로직을 살펴보고 정의하면 좋지만, 여기에서는 '11.3절 프로젝트 로직'에 언급되었듯이 index.ts 파일에 선언된 Contact 인터페이스 타입을 이용해도 됩니다.

다음과 같이 클래스 속성에 타입을 선언해 주면 에러 표시가 사라집니다.

```
interface Contact {
  name: string;
  address: string;
  phones: PhoneNumberDictionary;
}

class AddressBook {
  // TODO: 아래 속성의 타입을 지정해보세요.
  contacts: Contact[] = [];

  constructor() {
    this.fetchData();
  }

  // ...
```

contacts 클래스 속성은 Contact 인터페이스의 배열로 타입이 정의되었습니다. Contact 인터페이스에는 name, address, phones 속성이 있기 때문에 앞으로 contacts 속성을 다룰 때 이 속성 3개와 연관된 로직이 있다는 것을 짐작할 수 있습니다.

그리고 다음과 같이 contacts 클래스 속성에 마우스 커서를 올리면 타입이 Contact[]로 지정된 것을 볼 수 있습니다.

▼ **그림 11-7** contacts 속성에 타입을 정의한 후 확인한 타입 정보

```
class AddressBook {
    (property) AddressBook.contacts: Contact[]
  contacts: Contact[] = [];
```

11.5.2 함수 파라미터 타입 정의

다음 살펴볼 에러는 함수의 파라미터 타입 에러입니다. 여기에서 함수란 클래스 메서드를 의미합니다. 클래스 속성에 함수가 연결되어 클래스 메서드라고도 하고 메서드 함수라고 도 합니다. fetchData() 메서드 안의 타입 에러는 조금 어려울 수 있기 때문에 쉬운 타입 에러부터 해결해 보겠습니다. 첫 번째로 살펴볼 함수는 이름으로 연락처를 검색하는 메서 드 함수입니다.

```
findContactByName(name) {
  return this.contacts.filter(contact => contact.name === name);
}
```

▼ **그림 11-8** findContactByName( ) 메서드 함수의 파라미터에 표시된 타입 에러

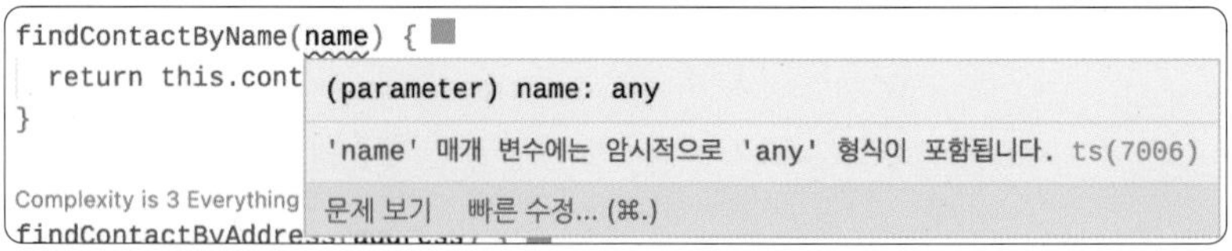

```
findContactByName(name) {
  return this.cont
}
                   (parameter) name: any
Complexity is 3 Everything  'name' 매개 변수에는 암시적으로 'any' 형식이 포함됩니다. ts(7006)
findContactByAddre...  문제 보기    빠른 수정... (⌘.)
```

246

이 함수의 파라미터는 타입이 지정되어 있지 않아 에러가 표시되었습니다. 타입이 지정되어 있지 않으면 암묵적으로 any라는 타입으로 간주할 텐데, 타입스크립트 설정 파일에 "noImplicitAny": true를 추가해서 에러가 발생하게 된 것이죠.

이 함수의 파라미터에 무슨 타입이 들어가야 할지 정의하려면 로직을 살펴보아야 합니다. 이 함수는 함수에 인자로 이름 값이 주어졌을 때 자바스크립트 filter() API를 이용해서 해당 이름 값을 가진 배열 요소만 반환해 줍니다. 예를 들어 다음과 같은 연락처 목록이 있다고 가정해 보겠습니다.

```
var myContacts = [
  { id: 1, name: '김수연' },
  { id: 2, name: '이광희' },
]
```

findContactByName() 함수를 다음과 같이 정의하고 인자로 '김수연'을 넘기면 결과는 첫 번째 배열 요소만 갖는 배열이 됩니다.

```
function findContactByName(name) {
  return myContacts.filter(contact => contact.name === name);
}

findContactByName('김수연'); // [{ id: 1, name: '김수연' }]
```

배열의 필터 API는 이처럼 filter() API 안에 넘긴 조건식을 만족하는 배열의 요소만 추려서 새로운 배열로 반환합니다.

이 예시에서 자연스럽게 알 수 있는 것은 filter() API의 대상이 되는 배열의 요소 속성 타입이 함수의 파라미터 타입과 같아야 한다는 사실입니다. 따라서 연락처의 name 속성은 문자열이기 때문에 findContactByName() 클래스 메서드의 파라미터 타입도 문자열로 지정합니다.

```
findContactByName(name: string) {
  return this.contacts.filter(contact => contact.name === name);
}
```

참고로 이 코드의 this.contacts는 클래스 속성 contacts를 가리키고 있습니다. 조금 전에 Contact[]로 타입을 정의해 주었던 contacts 속성 말이죠.

계속해서 다음 메서드 함수를 보겠습니다.

```
findContactByAddress(address) {
  return this.contacts.filter(contact => contact.address === address);
}
```

이 findContactByAddress() 함수는 방금 전에 살펴본 findContactByName() 함수와 역할이 거의 비슷합니다. 주소로 연락처를 검색하는 메서드 함수입니다. 클래스 속성 contacts에 연결된 인터페이스의 타입을 보면 다음과 같이 address 속성도 문자열 타입입니다.

```
interface Contact {
  name: string;
  address: string;
  phones: PhoneNumberDictionary;
}
```

따라서 findContactByAddress() 함수의 파라미터 타입도 string으로 정의하면 됩니다.

```
findContactByAddress(address: string) {
  return this.contacts.filter(contact => contact.address === address);
}
```

다음으로 살펴볼 메서드 함수는 findContactByPhone()입니다.

```
findContactByPhone(phoneNumber, phoneType: string) {
  return this.contacts.filter(
    contact => contact.phones[phoneType].num === phoneNumber
  );
}
```

이 함수는 전화번호(phoneNumber)와 전화번호 유형(phoneType)으로 연락처를 검색합니다. 실습의 난이도를 조절하고자 phoneType 파라미터에만 string으로 타입을 정의해 두었습니다. 이 함수도 주어진 전화번호와 전화번호 유형에 맞는 연락처를 찾기 위해 filter() API 배열을 사용했습니다.

phoneNumber 파라미터의 타입을 정의하기 위해 로직을 살펴봅시다. 연락처 객체의 phones 속성에 접근하여 num이라는 속성을 가지고 phoneNumber 파라미터 값과 비교하고 있습니다. 이 로직은 다음 예시 데이터를 보고 이해하는 편이 더 빠릅니다.

```
var friendContacts = [
  {
    name: 'Banner',
    address: 'New York',
    phones: {
      home: {
        num: 77788889999,
      },
    },
  },
  {
    name: '마동석',
    address: '서울시 강남구',
    phones: {
      home: {
        num: 213423452,
```

```
      },
      studio: {
        num: 314882045,
      },
    },
  },
]
```

코드를 보면 friendContacts 변수에 Contact 인터페이스 형태의 객체를 가진 배열이 선언되어 있습니다. 객체의 1차 속성으로 name, address, phones가 있고 phones 속성 아래에 home 속성 또는 studio 속성 등 2차 속성이 있죠. 이처럼 phones 속성은 바로 문자열, 숫자 등 값이 연결되는 것이 아니라 내부적으로 다른 객체를 연결합니다. 다음과 같이 말이죠.

```
// Banner 전화번호
phones: {
  home: {
    num: 77788889999,
  },
},

// 마동석 전화번호
phones: {
  home: {
    num: 213423452,
  },
  studio: {
    num: 314882045,
  },
},
```

여기에서 Banner의 집 전화번호를 얻으려면 어떻게 해야 할까요? 다음 두 가지 방법으로 접근할 수 있습니다.

```
phones.home.num     // 77788889999
phones['home'].num  // 77788889999
```

이 코드는 둘 다 객체의 속성에 접근할 때 사용하는 문법입니다. 일반적으로는 .을 이용하여 접근하는 방식이지만 .을 사용하지 못하는 상황에서는 [ ]를 이용하여 속성에 접근합니다. 예를 들어 다음과 같이 말이죠.

```
phones: {
  'korea-office': {
    num: 123
  },
  119: {
    num: 82119
  }
}
```

이 phones 속성은 한국 사무실과 119 구조대 번호를 하위 속성으로 정의합니다. 여기에서 다음과 같이 접근하면 문법 에러가 발생합니다.

```
phones.korea-office.num; // Uncaught ReferenceError: office is not defined
phones.119.num;          // Uncaught SyntaxError: Unexpected number
```

숫자, − 등 특수 기호는 .을 이용하여 접근할 수 없고 [ ]를 이용해서 접근해야 합니다. 다음 코드는 정상적으로 동작합니다.

```
phones['korea-office'].num // 123
phones['119'].num          // 82119
```

[ ] 문법은 고정된 값뿐만 아니라 변수를 넣을 수도 있습니다. 다음과 같이 말이죠.

```
var phoneType = 'korea-office';
phones[phoneType].num // 123
```

이제 다시 함수로 돌아가 보면 코드가 낯설지 않을 것입니다.

```
findContactByPhone(phoneNumber, phoneType: string) {
  return this.contacts.filter(
    contact => contact.phones[phoneType].num === phoneNumber
  );
}
```

이 코드의 filter 구문 안에서 phones[phoneType]이 의미하는 것은 phoneType 파라미터로 받은 문자열로 phones 하위 속성을 검색하겠다는 것입니다. 예를 들어 다음과 같습니다.

```
var friendContacts = [
  {
    name: 'Banner',
    address: 'New York',
    phones: {
      home: {
        num: 77788889999,
      },
    },
  },
  {
    name: '마동석',
    address: '서울시 강남구',
    phones: {
      home: {
        num: 213423452,
      },
      studio: {
        num: 314882045,
      },
```

```
    },
  },
]

// friendContacts의 첫 번째 배열 요소가 담긴 배열 [{ name: 'Banner', ... }]
findContactByPhone(77788889999, 'home');
```

이 코드에서 findContactByPhone(77788889999, 'home'); 실행 결과는 첫 번째 배열 요소가 담긴 배열입니다. 이와 같은 내용을 비추어 보면 phoneNumber는 number 타입이 된다는 것을 알 수 있습니다.

```
findContactByPhone(phoneNumber: number, phoneType: string) {
  return this.contacts.filter(
    contact => contact.phones[phoneType].num === phoneNumber
  );
}
```

마지막 메서드 함수는 addContact()입니다.

```
addContact(contact) {
  this.contacts.push(contact);
}
```

이 함수는 새로운 연락처를 인자로 받아 연락처 목록에 추가해 줍니다. 배열에 데이터를 추가하기 위해 첫 번째 프로젝트 실습에서 살펴본 push() API를 사용하고 있습니다. 앞서 클래스 속성 contacts는 Contact[] 타입으로 선언했기 때문에 배열에 같은 타입의 데이터를 추가해야 합니다. 따라서 파라미터 타입은 다음과 같이 Contact로 정의합니다.

```
addContact(contact: Contact) {
  this.contacts.push(contact);
}
```

여기까지 살펴본 메서드 함수 4개에 타입이 잘 정의되어 있다면 다음과 같이 에러가 사라진 것을 볼 수 있습니다.

▼ **그림 11-9** 타입 정의 후 클래스 메서드 4개에 타입 에러가 사라짐

```
Complexity is 3 Everything is cool!
findContactByName(name: string) {
  return this.contacts.filter(contact => contact.name === name);
}

Complexity is 3 Everything is cool!
findContactByAddress(address: string) {
  return this.contacts.filter(contact => contact.address === address);
}

Complexity is 3 Everything is cool!
findContactByPhone(phoneNumber: number, phoneType: string) {
  return this.contacts.filter(
    contact => contact.phones[phoneType].num === phoneNumber
  );
}

addContact(contact: Contact) {
  this.contacts.push(contact);
}
```

11.5.3 API 함수 반환 타입 정의

이번에 살펴볼 에러는 API 함수의 반환 타입 에러입니다. 아마 다음 에러를 해결하고자 머리를 꽁꽁 싸맸을 텐데, 함께 살펴보도록 하겠습니다.

▼ **그림 11-10** fetchData( ) 메서드 안에서 발생하는 타입 에러

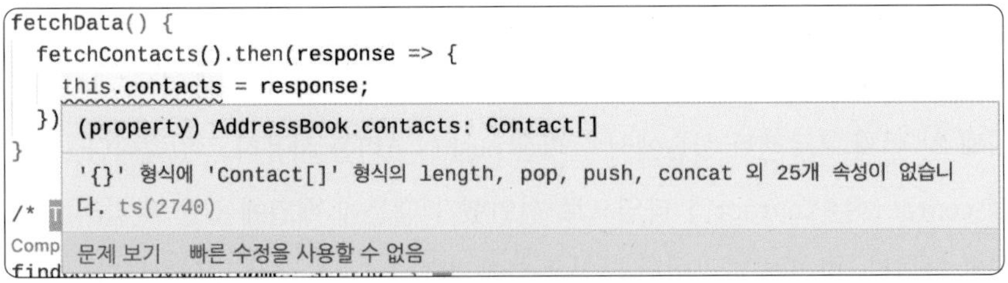

```
fetchData() {
  fetchContacts().then(response => {
    this.contacts = response;
  })
}
    (property) AddressBook.contacts: Contact[]

    '{}' 형식에 'Contact[]' 형식의 length, pop, push, concat 외 25개 속성이 없습니
/*  다. ts(2740)

Comp  문제 보기    빠른 수정을 사용할 수 없음
find
```

이것은 클래스 메서드 fetchData( ) 안에 있는 this.contacts 코드에 마우스 커서를 올렸을 때 표시되는 에러입니다. contacts 클래스 속성이 Contact[ ] 타입으로 지정되었는데도 에러가 발생하고 있죠. 이 타입 에러는 앞서 살펴본 일반적인 타입 에러와 성격이 다릅니다.

제목에서도 알 수 있지만 이것은 클래스 내부에서 클래스 외부에 있는 API 함수의 반환 타입을 지정하지 않았기에 발생하는 에러입니다. 여기에서 API 함수란 fetchContacts() 함수를 의미합니다. 클래스 코드 위쪽에 다음과 같이 정의되어 있습니다.

```
// api
// TODO: 아래 함수의 반환 타입을 지정해보세요.
function fetchContacts() {
  // TODO: 아래 변수의 타입을 지정해보세요.
  const contacts = [
    {
      name: 'Tony',
      address: 'Malibu',
      phones: {
        home: {
          num: 11122223333,
        },
        office: {
          num: 44455556666,
        },
      },
    },
    {
      name: 'Banner',
      address: 'New York',
      phones: {
        home: {
          num: 77788889999,
        },
      },
    },
    {
      name: '마동석',
      address: '서울시 강남구',
      phones: {
        home: {
          num: 213423452,
        },
      },
```

```
      studio: {
        num: 314882045,
      },
    },
  },
];
return new Promise(resolve => {
  setTimeout(() => resolve(contacts), 2000);
});
}
```

이 함수의 반환 타입이 정의되어 있지 않아 클래스 메서드 내부에서 에러가 발생하고 있습니다. 함수 안 로직을 보니 반환값이 new Promise()로 되어 있습니다. 그럼 Promise를 먼저 알아볼까요?

자바스크립트의 Promise

프로미스(promise)란 자바스크립트의 비동기 처리에 사용되는 객체입니다. 여기에서 비동기 처리란 특정 코드의 실행이 완료될 때까지 기다리지 않고 다음 코드를 먼저 수행하는 자바스크립트의 특성을 의미합니다. 비동기 처리는 보통 서버에 데이터를 요청하고 받아올 때 일어납니다. 그래서 이와 같이 API 함수의 반환값에 프로미스를 사용하고, axios 라이브러리 역시 반환 타입이 프로미스라고 안내하고 있습니다.

프로미스는 new Promise() 형태로 선언하고 Promise()를 호출하여 결과 값을 받아 옵니다. 이때 new Promise() 안에 선언된 resolve() 값은 성공을 의미하고 reject()는 실패를 의미합니다.

```
function fetchNumber() {
  return new Promise(function(resolve, reject) {
    resolve(10);
  });
}
```

```
fetchNumber().then(function(data) {
  console.log(data); // 10
});

function fetchError() {
  return new Promise(function(resolve, reject) {
    reject('시스템 에러');
  });
}

fetchError().catch(function(error) {
  console.log(error); // '시스템 에러'
});
```

이 코드는 resolve()와 reject()의 사용 방법을 알 수 있는 예시입니다. fetchNumber()
함수의 반환값으로 new Promise()를 정의하고 내부 콜백 함수에서 resolve(10);을 선
언했습니다. 그래서 fetchNumber() 함수를 호출하면 프로미스가 실행되면서 결과 값을
fetchNumber().then() 형태로 받을 수 있습니다. 이때 then() 안에서 콜백 함수를 정의
하면 resolve()에 넘긴 값을 전달받을 수 있습니다. 따라서 다음 코드를 실행하면 콘솔에
10이 출력됩니다.

```
fetchNumber().then(function(data) {
  console.log(data); // 10
});
```

마찬가지로 fetchError() 함수 안에 정의된 프로미스 실패 값인 reject()는 다음과 같이
.catch() 구문을 이용하여 실패(에러) 처리를 할 수 있습니다.

```
fetchError().catch(function(error) {
  console.log(error); // '시스템 에러'
});
```

정리해 보면 다음과 같습니다.

- 프로미스는 비동기 처리에 사용되는 객체입니다.
- new Promise()의 첫 번째 파라미터는 resolve고, 두 번째 파라미터는 reject입니다.
- 프로미스가 실행되었을 때 성공한 값은 resolve()에 넣고, 실패한 값은 reject()에 넣습니다.
- 성공한 값은 .then()의 콜백 함수에서 전달받고, 실패한 값은 .catch()의 콜백 함수에서 전달받습니다.

이외에도 프로미스를 사용할 때 알아 두어야 할 개념이 많지만, 여기에서는 실습에 필요한 수준만 다루겠습니다. 자세히 알고 싶다면 다음 노트에 안내된 지은이 블로그 링크를 참고하세요.

> **노트**
>
> 프로미스와 비동기 처리를 더 자세히 알고 싶다면 지은이 블로그의 다음 링크를 참고하세요.
>
> `URL` https://joshua1988.github.io/web-development/javascript/promise-for-beginners/
> `URL` https://joshua1988.github.io/web-development/javascript/javascript-asynchronous-operation/
>
> 혹은 구글에서 '캡틴판교 비동기' 또는 '캡틴판교 프로미스'라고 검색해도 됩니다.

이제 코드를 다시 살펴보면 다음 코드가 의미하는 바를 알 수 있습니다.

```
function fetchContacts() {
  const contacts = [
    // ...
  ];

  return new Promise((resolve) => {
    setTimeout(() => resolve(contacts), 2000);
  });
}
```

이 함수를 다음과 같이 실행하면 resolve();에 넘긴 contacts 배열을 전달받을 수 있습니다.

```
fetchContacts().then(function(data) {
  console.log(data); // contacts 배열
});
```

이 .then() 함수 안에 사용된 콜백 함수의 문법을 화살표 함수로 바꾸면 다음과 같이 되겠죠.

```
fetchContacts().then((data) => {
  console.log(data); // contacts 배열
});
```

이 코드는 결국 AddressBook 클래스의 fetchData() 메서드와 같습니다. 프로미스 성공 값을 this.contacts에 할당하는 부분만 제외하면요.

실습 코드에 사용된 프로미스를 간단히 알아보았으니 이제 API 함수의 반환 타입을 정의할 일만 남았습니다. fetchContacts() 함수의 반환값으로 프로미스를 사용했으니 일단 반환 타입은 Promise가 되어야 할 것입니다. 그럼 다음과 같이 반환 타입을 작성해 볼까요?

```
function fetchContacts(): Promise {
  // ...
}
```

이렇게 반환 타입을 적는 부분에 Promise까지 입력하고 나면 다음과 같이 자동 완성 목록이 표시될 것입니다.

▼ **그림 11-11** 자동 완성 목록에 표시된 프로미스 객체

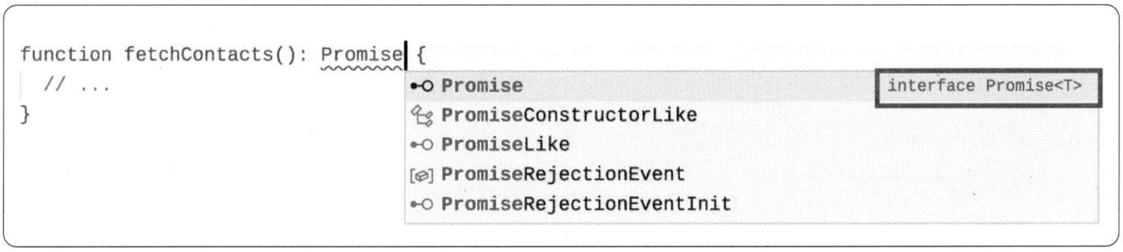

목록에 표시된 프로미스 객체는 이미 타입스크립트 라이브러리 내부에 정의되어 있는 내장 타입입니다. 인터페이스로 정의되어 있고 제네릭 타입을 받을 수 있다는 것을 예측할 수 있습니다. 이 Promise 코드에 마우스 커서를 올리고 option(윈도우 사용자는 ctrl)과 마우스 왼쪽 버튼을 누르면 다음과 같이 인터페이스 코드로 이동합니다.

▼ 그림 11-12 타입스크립트 라이브러리 내부에 선언된 프로미스 객체의 타입 정의

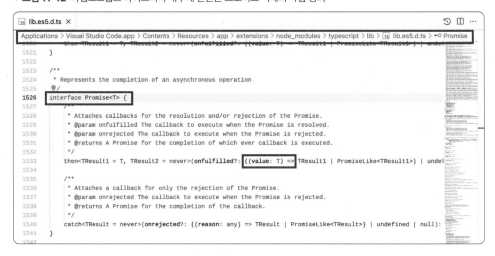

이처럼 바로가기가 되지 않고 다음과 같이 선택 화면이 나온다면 lib.es5.d.ts 파일에 정의된 인터페이스 코드를 선택해 주세요.

▼ 그림 11-13 Promise 객체의 타입 정의를 볼 수 있는 바로가기 옵션 목록

이 lib.es5.d.ts 파일은 타입스크립트 설정 파일의 lib 속성에 es2015 값을 추가해 두었기 때문에 접근할 수 있습니다. d.ts 파일은 타입스크립트 선언 파일을 의미하고 자주 사용될 타입들을 선언해 놓는 공간입니다. 타입 선언 파일과 관련된 내용은 '19.6절 타입 선언 파일'에서 자세히 알아보겠습니다.

그림 11−12의 interface Promise<T>를 보면 then( )과 catch( )에 대한 타입 선언이 되어 있고 꽤 복잡한 구조로 되어 있다는 것을 알 수 있습니다. 여기에서 눈여겨볼 부분은 제네릭 타입으로 받은 T를 .then( ) 안에서 value: T로 연결한 부분입니다. 프로미스의 성공 값을 .then( )으로 처리할 때 미리 제네릭 타입으로 성공 값의 타입을 정의할 수 있다는 말이죠. 이 내용을 코드에 적용해 보면 다음과 같습니다.

```typescript
function fetchContacts(): Promise<Contact[]> {
  const contacts: Contact[] = [
    // ...
  ];

  return new Promise((resolve) => {
    setTimeout(() => resolve(contacts), 2000);
  });
}
```

먼저 함수 내부에 선언된 contacts 변수의 타입을 Contact[]라고 선언합니다. 그러고 나서 함수의 반환 타입을 Promise<Contact[]>라고 선언합니다. contacts 변수 타입은 프로젝트를 실습하려고 미리 정의해 놓은 Contact 인터페이스를 이용했습니다. 배열 요소가 Contact 인터페이스 형태를 띠고 있으므로 Contact[]로 선언합니다. 이 함수의 반환값에 프로미스가 연결되어 있고 resolve( ) 값으로 contacts 변수를 사용합니다. 따라서 함수의 반환 타입으로 프로미스를 정의하고 제네릭 타입으로 resolve( ) 값의 타입인 Contact[]를 정의합니다.

이렇게 API 함수의 반환 타입을 정의하면 기존에 발생하던 타입 에러가 해결됩니다.

▼ **그림 11-14** fetchData( ) 메서드에서 발생하던 타입 에러 해결됨

```typescript
fetchData() {
  fetchContacts().then(response => {
    this.contacts = response;
  });
}
```

여기까지가 첫 번째 실습 풀이입니다. 지금까지 작성한 코드를 정리해 보면 다음과 같습니다.

```typescript
interface PhoneNumberDictionary {
  [phone: string]: {
    num: number;
  };
}

interface Contact {
  name: string;
  address: string;
  phones: PhoneNumberDictionary;
}

// api
function fetchContacts(): Promise<Contact[]> {
  const contacts: Contact[] = [
    {
      name: 'Tony',
      address: 'Malibu',
      phones: {
        home: {
          num: 11122223333,
        },
        office: {
          num: 44455556666,
        },
      },
    },
    {
      name: 'Banner',
      address: 'New York',
      phones: {
        home: {
```

```
          num: 77788889999,
        },
      },
    },
    {
      name: '마동석',
      address: '서울시 강남구',
      phones: {
        home: {
          num: 213423452,
        },
        studio: {
          num: 314882045,
        },
      },
    },
  ];
  return new Promise(resolve => {
    setTimeout(() => resolve(contacts), 2000);
  });
}

// main
class AddressBook {
  contacts: Contact[] = [];

  constructor() {
    this.fetchData();
  }

  fetchData() {
    fetchContacts().then(response => {
      this.contacts = response;
    });
  }

  /* TODO: 아래 함수들의 파라미터 타입과 반환 타입을 지정해보세요 */
```

```
  findContactByName(name: string) {
    return this.contacts.filter(contact => contact.name === name);
  }

  findContactByAddress(address: string) {
    return this.contacts.filter(contact => contact.address === address);
  }

  findContactByPhone(phoneNumber: number, phoneType: string) {
    return this.contacts.filter(
      contact => contact.phones[phoneType].num === phoneNumber
    );
  }

  addContact(contact: Contact) {
    this.contacts.push(contact);
  }

  displayListByName() {
    return this.contacts.map(contact => contact.name);
  }

  displayListByAddress() {
    return this.contacts.map(contact => contact.address);
  }
  /* --------------------------------------------- */
}

new AddressBook();
```

현재 코드에서 보이는 타입 에러는 더 이상 없을 것입니다. 그럼 다음 실습으로 넘어가 볼
까요?

메서드의 반환 디입을 작성할 때 많이 어려웠나요? 이 실습 코드에서는 타입스크립트가 내무석으로 성확한 타입을 추론해 주고 있어 따로 반환 타입을 정의할 필요가 없었습니다.

▼ **그림 11-15** findContactByName( )의 반환 타입이 Contact[ ]로 추론되는 화면

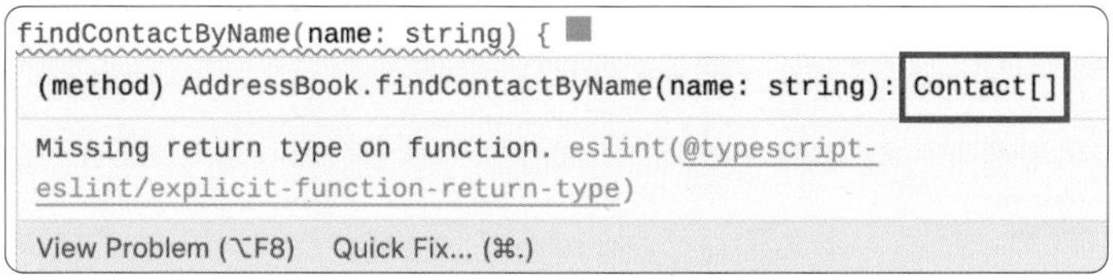

```
findContactByName(name: string) { ■

  (method) AddressBook.findContactByName(name: string): Contact[]

  Missing return type on function. eslint(@typescript-
  eslint/explicit-function-return-type)

  View Problem (⌥F8)   Quick Fix... (⌘.)
```

그럼에도 반환 타입을 일일이 정의했던 이유는 에러를 해결할 수 있다는 자신감을 기르고 타입에 더 친숙해지기 위함이었습니다. 어떻게 타입스크립트가 우리보다 더 자세히 타입을 예측할 수 있었을까요? 바로 다음 장인 타입 추론에서 알아보겠습니다.

11.6 / 프로젝트 실습 풀이: 두 번째
SECTION

두 번째 실습은 함수의 반환 타입을 정의하고 이넘 타입을 사용해 보는 것이 목표입니다. 11.4.2절에 안내된 타입스크립트 설정 값과 ESLint 설정 값을 변경하면 다음과 같이 노란색 줄이 표시됩니다.

```ts
index.ts  7  ✕

src > ▮ index.ts > 🎯 fetchContacts > [∅] contacts
54
55    // main
      Complexity is 3 Everything is cool! | You, 22 seconds ago | 1 author (You)
56    class AddressBook { ■
57      contacts: Contact[] = [];
58
59      constructor() {
60        this.fetchData();
61      }
62
63      fetchData() {
64        fetchContacts().then(response => {
65          this.contacts = response;
66        });
67      }
68
69      /* TODO: 아래 함수들의 파라미터 타입과 반환 타입을 지정해보세요 */
      Complexity is 3 Everything is cool!
70      findContactByName(name: string) { ■
71        return this.contacts.filter(contact => contact.name === name);
72      }
73
      Complexity is 3 Everything is cool!
74      findContactByAddress(address: string) { ■
75        return this.contacts.filter(contact => contact.address === address);
76      }
77
      Complexity is 3 Everything is cool!
78      findContactByPhone(phoneNumber: number, phoneType: string) { ■
```

기존에 발생하던 타입 에러 대신 ESLint 에러(경고 레벨)를 의미하는 노란색 줄이 표시되고 있습니다. 이 에러는 왜 발생하고 어떻게 해결하는 것일까요? 하나씩 차근히 알아보겠습니다.

11.6.1 함수 반환 타입 정의

앞서 살펴본 노란색 줄에 마우스 커서를 올리면 다음과 같이 에러 메시지가 표시됩니다.

▼ 그림 11-17 fetchData( ) 함수에 표시된 경고 메시지

```
fetchData() {

(method) AddressBook.fetchData(): void

Missing return type on function. eslint(@typescript-eslint/explicit-
function-return-type)

View Problem (⌥F8)   Quick Fix... (⌘.)
```

함수의 반환 타입을 정의하지 않았기 때문에 'Missing return type on function'이라는 ESLint 경고 메시지가 표시됩니다. 이 경고 메시지를 해결하려면 클래스 내부에 정의된 메서드 함수의 반환 타입을 모두 정의해 주어야 합니다. 맨 위의 메서드부터 하나씩 차례로 살펴보겠습니다.

첫 번째로 살펴볼 메서드는 fetchData()입니다.

```
fetchData() {
  fetchContacts().then(response => {
    this.contacts = response;
  });
}
```

이 메서드의 내부 로직을 살펴보면 별도의 반환값이 없고 fetchContacts()라는 API 함수만 호출합니다. 함수 호출 결과를 .then()으로 처리하는 부분은 11.5.3절의 '자바스크립트의 Promise'에서 배웠습니다. 이 메서드는 반환값이 없으므로 타입을 void로 지정합니다.

```
fetchData(): void {
  fetchContacts().then(response => {
    this.contacts = response;
  });
}
```

두 번째로 살펴볼 메서드는 findContactByName()입니다.

```
findContactByName(name: string) {
  return this.contacts.filter(contact => contact.name === name);
}
```

이 메서드는 전화번호부 목록에서 특정 이름에 해당하는 연락처를 찾습니다. 전화번호부 목록을 의미하는 this.contacts 타입은 다음과 같이 Contact[]입니다.

```
class AddressBook {
  contacts: Contact[] = [];

  // ...
}
```

특정 이름에 해당하는 연락처를 찾고자 배열의 filter() API를 사용했기 때문에 결과 값으로 1개 또는 여러 개의 요소가 담긴 배열이 됩니다. 따라서 반환 타입은 .filter() API의 결과 타입인 Contact[]로 지정해 줍니다.

```
findContactByName(name: string): Contact[] {
  return this.contacts.filter(contact => contact.name === name);
}
```

세 번째로 살펴볼 메서드는 findContactByAddress()입니다.

```
findContactByAddress(address: string) {
  return this.contacts.filter(contact => contact.address === address);
}
```

이 메서드는 전화번호부 목록에서 특정 주소에 해당하는 연락처를 검색합니다. 방금 전에 살펴본 findContactByName()과 동일한 구조로 작성되어 있고 파라미터 값만 이름이 아닌 주소입니다. filter() API를 사용했기 때문에 이 메서드 역시 반환 타입을 Contact[]로 지정해 줍니다.

```
findContactByAddress(address: string): Contact[] {
  return this.contacts.filter(contact => contact.address === address);
}
```

다음 살펴볼 메서드는 findContactByPhone()입니다.

```
findContactByPhone(phoneNumber: number, phoneType: string) {
  return this.contacts.filter(
    contact => contact.phones[phoneType].num === phoneNumber
  );
}
```

이 메서드 역시 전화번호부 목록에서 전화번호와 전화번호 유형으로 특정 연락처를 검색합니다. 앞서 살펴본 메서드들과 동일하게 filter() API로 결과를 반환하고 있기 때문에 반환 타입은 Contact[]가 됩니다.

```
findContactByPhone(phoneNumber: number, phoneType: string): Contact[] {
  return this.contacts.filter(
    contact => contact.phones[phoneType].num === phoneNumber
  );
}
```

그다음으로 살펴볼 메서드는 addContact()입니다.

```
addContact(contact: Contact) {
  this.contacts.push(contact);
}
```

이 메서드는 전화번호부 목록에 새로운 연락처를 추가합니다. 배열의 push() API를 사용하고 별도의 반환값은 지정하지 않았기 때문에 void로 반환 타입을 정의합니다.

```
addContact(contact: Contact): void {
  this.contacts.push(contact);
}
```

다음으로 볼 메서드는 displayListByName()입니다.

```
displayListByName() {
  return this.contacts.map(contact => contact.name);
}
```

이 메서드는 전화번호부 목록을 화면에 이름으로만 나열합니다. 배열의 형태를 가공하는 map() API를 사용했기 때문에 반환 타입이 Contact[]가 아니라 다른 타입이 됩니다. 어떤 타입이 될지 파악하기 위해 메서드 로직을 살펴보겠습니다.

자바스크립트 배열 map() API

메서드의 로직을 정확히 이해하려면 배열 내장 API인 map() API를 알아야 합니다. map() API는 특정 배열의 각 요소를 변환하여 새로운 배열로 만들어 주는 API입니다. 예를 들어 다음과 같은 배열이 있다고 합시다.

```
var avengers = [
  { name: 'capt', age: 100 },
  { name: 'hulk', age: 47 },
  { name: 'thor', age: 3000 }
];
```

이 배열에서 이름만 추려 새로운 형태의 배열을 만들고 싶다면 다음과 같이 map() API를 사용합니다.

```
var avengersNameArr = avengers.map(function(avenger) {
  return avenger.name;
});
```

이 코드는 avengers 배열을 map() API로 순회하면서 각 요소의 name 속성만 배열 요소로 지정한다는 의미입니다. map() API 함수 안 콜백 함수에서 return 대상이 되는 값이 바로 배열 요소로 지정되는 값입니다. 결과적으로 avengersNameArr 변수 값은 다음과 같은 배열이 됩니다.

```
console.log(avengersNameArr); // ['capt', 'hulk', 'thor']
```

이처럼 map() API를 이용하여 배열의 형태를 변형할 수 있습니다.

다시 displayListByName() 메서드로 돌아와서 로직을 살펴보면 반환 타입이 string[]이 된다는 것을 알 수 있습니다. 다음과 같은 객체 배열에서 name 속성만으로 배열을 재구성한 것이니까요.

```
var contacts = [
  {
    name: 'Tony',
    address: 'Malibu',
    phones: {
      // ...
    }
  },
  {
```

```
      name: 'Banner',
      address: 'New York',
      phones: {
        // ...
      }
    },
    // ...
];

contacts.map(function(contact) {
  return contact.name;
});
```

참고로 실습 코드에는 map() API 안 로직이 function() {} 형태가 아니라 화살표 함수 형
태로 작성되어 있습니다. 실습 코드의 화살표 함수 코드가 의미하는 것을 풀어 보면 다음
과 같습니다.

```
// 화살표 함수로 작성된 map() API 로직
displayListByName() {
  return this.contacts.map(contact => contact.name);
}

// 익명 함수 형태로 작성된 map() API 로직
displayListByName() {
  return this.contacts.map(function(contact) {
    return contact.name;
  });
}
```

정리해 보면 displayListByName() 메서드의 반환 타입은 각 요소가 이름으로 되어 있는
배열 타입인 string[]이 됩니다.

```
displayListByName(): string[] {
  return this.contacts.map(contact => contact.name);
}
```

마지막으로 살펴볼 메서드는 displayListByAddress()입니다.

```
displayListByAddress() {
  return this.contacts.map(contact => contact.address);
}
```

이 메서드는 앞서 살펴본 displayListByName() 메서드와 비슷합니다. 전화번호부 목록에서 주소만 추출하여 화면에 나열하는 메서드죠. 각 연락처의 주소 역시 문자열 형태로 되어 있기 때문에 map() API 결과는 string[]이 됩니다. 따라서 반환 타입은 다음과 같이 string[]으로 정의합니다.

```
displayListByAddress(): string[] {
  return this.contacts.map(contact => contact.address);
}
```

여기까지가 함수의 반환 타입 정의였습니다. 지금까지 타입을 잘 정의했다면 타입 에러나 ESLint 에러가 더 이상 표시되지 않을 것입니다.

▼ 그림 11-18 **그림 11-18** 타입 에러와 ESLint 에러가 모두 사라진 실습 코드

```
// main
Complexity is 3 Everything is cool! | You, 1 second ago | 1 author (You)
class AddressBook { ■

  contacts: Contact[] = [];

  constructor() {
    this.fetchData();
  }

  fetchData(): void {
    fetchContacts().then(response => {
      this.contacts = response;
    });
  }

  /* TODO: 아래 함수들의 파라미터 타입과 반환 타입을 지정해보세요 */
Complexity is 3 Everything is cool!
  findContactByName(name: string): Contact[] { ■
    return this.contacts.filter(contact => contact.name === name);
  }

Complexity is 3 Everything is cool!
  findContactByAddress(address: string): Contact[] { ■
    return this.contacts.filter(contact => contact.address === address);
  }

Complexity is 3 Everything is cool!
  findContactByPhone(phoneNumber: number, phoneType: string): Contact[] { ■
    return this.contacts.filter(
      contact => contact.phones[phoneType].num === phoneNumber
    );
  }

  addContact(contact: Contact): void {
    this.contacts.push(contact);
  }

Complexity is 3 Everything is cool!
  displayListByName(): string[] { ■
    return this.contacts.map(contact => contact.name);
  }

Complexity is 3 Everything is cool!
  displayListByAddress(): string[] { ■
    return this.contacts.map(contact => contact.address);
  }
  /* --------------------------------------------- */
}

new AddressBook();
```

지금까지 작성한 코드를 다시 확인하면서 다음 실습으로 넘어가 보겠습니다.

```typescript
interface PhoneNumberDictionary {
  [phone: string]: {
    num: number;
  };
}

interface Contact {
  name: string;
  address: string;
  phones: PhoneNumberDictionary;
}

// api
function fetchContacts(): Promise<Contact[]> {
  const contacts: Contact[] = [
    {
      name: 'Tony',
      address: 'Malibu',
      phones: {
        home: {
          num: 11122223333,
        },
        office: {
          num: 44455556666,
        },
      },
    },
    {
      name: 'Banner',
      address: 'New York',
      phones: {
        home: {
          num: 77788889999,
        },
      },
```

```
      },
      {
        name: '마동석',
        address: '서울시 강남구',
        phones: {
          home: {
            num: 213423452,
          },
          studio: {
            num: 314882045,
          },
        },
      },
    ];
  return new Promise(resolve => {
    setTimeout(() => resolve(contacts), 2000);
  });
}

// main
class AddressBook {
  contacts: Contact[] = [];

  constructor() {
    this.fetchData();
  }

  fetchData(): void {
    fetchContacts().then(response => {
      this.contacts = response;
    });
  }

  /* TODO: 아래 함수들의 파라미터 타입과 반환 타입을 지정해보세요 */
  findContactByName(name: string): Contact[] {
    return this.contacts.filter(contact => contact.name === name);
  }
```

```
    findContactByAddress(address: string): Contact[] {
      return this.contacts.filter(contact => contact.address === address);
    }

    findContactByPhone(phoneNumber: number, phoneType: string): Contact[] {
      return this.contacts.filter(
        contact => contact.phones[phoneType].num === phoneNumber
      );
    }

    addContact(contact: Contact): void {
      this.contacts.push(contact);
    }

    displayListByName(): string[] {
      return this.contacts.map(contact => contact.name);
    }

    displayListByAddress(): string[] {
      return this.contacts.map(contact => contact.address);
    }
    /* ------------------------------------------------ */
}

new AddressBook();
```

11.6.2 함수 파라미터에 이넘 타입 적용

이번 프로젝트의 마지막 실습 순서입니다. 바로 8장에서 배운 이넘 타입을 적용할 것인데요. 이 부분은 타입 에러나 ESLint 에러로 표시되지 않았던 부분이라 아마 적용하기 쉽지 않았을 것입니다. AddressBook 클래스의 가장 복잡한 메서드라고 볼 수 있는 findContactByPhone() 메서드에 이넘 타입을 적용해 보겠습니다.

먼저 API 함수 내부에 정의된 전화번호부 목록 데이터와 findContactByPhone() 메서드의
코드를 보겠습니다.

```typescript
function fetchContacts(): Promise<Contact[]> {
  const contacts: Contact[] = [
    {
      name: 'Tony',
      address: 'Malibu',
      phones: {
        home: {
          num: 11122223333,
        },
        office: {
          num: 44455556666,
        },
      },
    },
    {
      name: 'Banner',
      address: 'New York',
      phones: {
        home: {
          num: 77788889999,
        },
      },
    },
    {
      name: '마동석',
      address: '서울시 강남구',
      phones: {
        home: {
          num: 213423452,
        },
        studio: {
          num: 314882045,
        },
      },
```

```
    },
  ];
  // ...
}

findContactByPhone(phoneNumber: number, phoneType: string): Contact[] {
  return this.contacts.filter(
    contact => contact.phones[phoneType].num === phoneNumber
  );
}
```

전화번호부 목록인 contacts 변수의 배열 요소를 살펴보면 phones 유형이 크게 home, office, studio 값 3개로 정의되어 있습니다. findContactByPhone() 메서드를 사용하여 첫 번째 연락처를 검색하고 싶다면 다음과 같이 호출합니다.

```
const book = new AddressBook();
book.findContactByPhone(11122223333, 'home');
```

이 코드는 클래스를 사용하려고 클래스 인스턴스를 book이라는 변수에 할당하고 book.메서드이름() 형태로 findContactByPhone() 메서드를 호출합니다. 클래스 인스턴스가 할당된 book 변수는 다음과 같이 사용 가능한 클래스 메서드를 미리 보여 줍니다.

▼ **그림 11-19** book 변수에서 .을 찍거나 ctrl + space 를 눌렀을 때 표시되는 속성, 메서드 목록

이미 이전 실습에서 함수 파라미터와 반환값 등 타입을 올바르게 정의했기 때문에 이와 같이 findContactByPhone() 메서드를 사용해도 별다른 문제없습니다. 그런데 다음과 같이 코딩한다면 어떻게 될까요?

```
book.findContactByPhone(11122223333, 'homee');
```

이 코드에서 어떤 점이 잘못되었는지 보이나요? 보인다면 관찰력이 뛰어난 개발자입니다. 이 코드를 실행하면 결과는 빈 배열입니다. 두 번째 파라미터 값이 전화번호부 목록에 없는 전화번호 유형(phoneType)이기 때문입니다. 조금 전에 현재 사용한 전화번호 유형은 home, office, studio 총 3개라고 설명했습니다. 아마 이 코드를 작성한 개발자는 첫 번째 연락처를 검색하고자 home을 입력하려고 한 것은 아닐까요?

▼ 그림 11-20 파라미터에 의도치 않은 값이 들어가더라도 에러가 발생하지 않음

```
book.findContactByPhone(11122223333, 'homee');
```

이와 같이 실수를 방지할 수 있는 방법이 있습니다. 바로 이넘 타입입니다. 클래스 코드 위에 다음 이넘 타입 코드를 추가해 봅시다.

```
enum PhoneType {
  Home = 'home',
  Office = 'office',
  Studio = 'studio',
}
```

이 코드는 현재 전화번호부 목록에서 사용되는 전화번호 유형 세 가지를 이넘 타입으로 선언합니다. 이 이넘 타입은 findContactByPhone() 메서드의 두 번째 파라미터에 연결할 수 있습니다.

```
findContactByPhone(phoneNumber: number, phoneType: PhoneType): Contact[] {
  return this.contacts.filter(
    contact => contact.phones[phoneType].num === phoneNumber
  );
}
```

이 메서드의 두 번째 파라미터는 원래 string 타입이었지만 그것보다 더 구체적으로 들어갈 수 있는 값이 home, office, studio 총 3개라는 것을 암시하는 PhoneType 이넘 타입으로 변경했습니다. 이렇게 되면 findContactByPhone() 메서드를 사용할 때 더 이상 문자열 값이 아니라 이넘 타입을 넣어야 합니다. 다음과 같이 말이죠.

```
book.findContactByPhone(123, PhoneType.Home);
```

두 번째 인자로 문자열 값을 입력한다면 다음과 같은 에러가 발생합니다.

▼ **그림 11-21** 두 번째 인자에 문자열 값을 넣었을 때 발생하는 타입 에러

```
book.findContactByPhone(123, 'home');
    Argument of type '"home"' is not assignable to parameter
    of type 'PhoneType'. ts(2345)
View Problem (⌥F8)   No quick fixes available
```

파라미터 타입이 이넘 타입으로 바뀌었으니 이넘 타입을 넣어 주어야 정상적으로 동작합니다. 그리고 이넘 타입으로 바꾸었기 때문에 다음과 같이 메서드 코드를 작성할 때 선택지를 확인할 수 있습니다.

▼ **그림 11-22** 두 번째 인자를 작성할 때 선택할 수 있는 옵션을 보여 주는 이넘 타입

```
const book = new AddressBook();
book.findContactByPhone(123, PhoneType.);   You, 1 second ago • Uncommitted changes
                                  Home              (enum member) PhoneType.Home = "home"
                                  Office
                                  Studio
```

이 그림과 같이 이넘 타입이 Home, Office, Studio 세 값으로 정해져 있기 때문에 작성자 입장에서는 오탈자 없이 코드를 작성할 수 있습니다.

11.7 SECTION / 정리

지금까지 두 번째 실습 프로젝트를 진행해 보았습니다. 간단한 전화번호부 역할을 하는 자바스크립트 코드에 타입을 하나하나 정의해 보면서 앞서 배운 내용들을 적용해 보았습니다. 인터페이스, 이넘, 함수 파라미터와 반환 타입 등을 이용하여 에러를 하나씩 해결해 나갈 때 기분이 어떠셨나요? 타입스크립트가 점점 더 쉽게 느껴졌을 것입니다. 중간중간 자바스크립트의 주요 API인 프로미스(Promise)나 map( ) API도 알아보면서 실무에서 자주 사용되는 지식도 살펴보았습니다. 다음 장부터는 타입스크립트를 더 깊이 이해할 수 있는 타입 추론과 고급 타입 등을 알아보겠습니다.

타입 추론

타입 추론은 타입스크립트를 더 깊이 이해하려면 알아야 하는 개념입니다. 지금까지 비주얼 스튜디오 코드에서 코드를 작성할 때 부가적인 코드 정보를 표시해 주거나 자동 완성을 할 수 있었는데요. 이런 기능들은 모두 타입스크립트 내부적으로 타입을 추론하기 때문에 가능했던 것입니다.

이 장에서는 작성된 코드 값과 타입을 바탕으로 타입스크립트가 어떻게 정확한 타입을 예측해 나가는지 알아보겠습니다. 타입 추론을 배우고 나면 더 간결하게 타입스크립트 코드를 작성할 수 있습니다.

12.1 / 타입 추론이란?
SECTION

타입 추론이란 타입스크립트가 코드를 해석하여 적절한 타입을 정의하는 동작을 의미합니다. 다음과 같이 변수를 하나 선언하고 값을 할당하면 해당 변수의 타입은 자동으로 추론됩니다.

```
var a = 10;
```

이 코드에서 a 변수의 타입은 다음과 같이 number로 정의됩니다.

▼ **그림 12-1** 변수에 숫자 10이 할당되어 타입이 number로 추론되는 모습

```
      var a: number
var a = 10;
```

a 변수에 마우스 커서를 올리면 이와 같이 number라고 타입이 지정되어 있는 것을 볼 수 있습니다. 마치 다음 코드처럼 변수를 선언하면서 타입을 지정한 것과 효과가 같습니다.

```
var a: number = 10;
```

이렇게 변수를 초기화하거나 함수의 파라미터에 기본값을 설정하거나 반환값을 설정했을 때 지정된 값을 기반으로 적당한 타입을 제시하고 정의해 주는 것을 타입 추론이라고 합니다.

12.2 SECTION / 변수의 타입 추론 과정

변수의 타입 추론 과정을 살펴보겠습니다. 먼저 다음과 같이 변수에 값을 할당하지 않고 선언만 하면 어떤 타입이 될까요?

```
var a;
```

이 a 변수에 마우스 커서를 올리면 다음과 같이 any 타입으로 추론됩니다.

▼ **그림 12-2** 값을 할당하지 않아 any 타입으로 추론되고 있는 a 변수

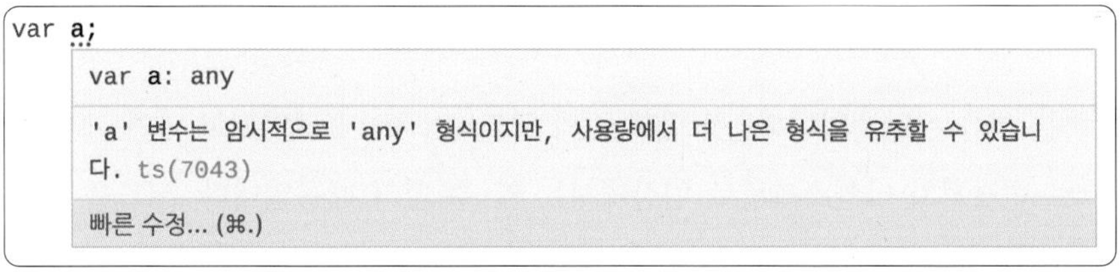

```
var a;
    var a: any
    'a' 변수는 암시적으로 'any' 형식이지만, 사용량에서 더 나은 형식을 유추할 수 있습니다. ts(7043)
    빠른 수정... (⌘.)
```

이 코드만 보았을 때는 a 변수가 선언되는 시점에 값이 할당되지 않아 어떤 값이 들어올지 모릅니다. 따라서 어떤 값이든 받을 수 있게 타입스크립트가 모든 타입을 의미하는 any로 지정한 것을 볼 수 있습니다.

이번에는 변수를 선언하면서 초깃값으로 문자열을 할당해 보겠습니다.

```
var a = 'hi'
```

a 변수의 타입을 확인해 보면 다음과 같이 문자열 타입인 string으로 변경됩니다.

▼ **그림 12-3** 할당된 초깃값에 따라서 바뀌는 a 변수 타입

```
        var a: string
var a = 'hi'
```

이와 마찬가지로 변수에 숫자, 진위 값, 배열 등 여러 유형의 데이터를 넣어 보면, 변수를 선언할 때 할당된 초깃값에 따라서 적절한 타입이 추론됩니다. 하지만 다음과 같이 변수를 선언한 이후에 값을 변경하면 타입이 해당 데이터에 맞는 타입으로 변경되지 않습니다.

```
var a;
a = 10;
```

▼ **그림 12-4** 변수 초기화 이후에 값을 할당하더라도 타입이 변하지 않는 모습

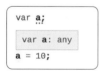

이처럼 동작하는 이유는 단순합니다. 첫 번째 줄의 코드 var a;이 선언되고 나면 그 이후에 어떤 값으로 변경될지 타입스크립트 입장에서는 알 수 없기 때문입니다. 코드를 작성하는 개발자 입장에서는 당연히 아래에 a = 10;이 선언되어 있으므로 숫자 타입인 number로 변경되어야 하지 않을까? 하고 생각할 수 있지만, 코드를 1줄씩 해석해야 하는 타입스크립트 입장에서는 var a; 이후에 어떤 코드가 올지 var a;이 선언되는 시점에는 알 수 없습니다.

▼ **그림 12-5** 타입스크립트 관점에서 바라본 코드

```
var a;

// 이후에 어떤 코드가 올지 타입스크립트는 알 수 없다.
```

이처럼 변수 타입은 선언하는 시점에 할당된 값을 기반으로 추론됩니다.

12.3 함수의 타입 추론: 반환 타입
SECTION

이번에는 함수의 타입 추론을 살펴보겠습니다. 먼저 다음과 같은 코드가 있다고 합시다.

```
function sum(a: number, b: number): number {
  return a + b;
}
```

이 코드는 두 수의 합을 구하는 sum() 함수입니다. 숫자 2개를 받을 수 있도록 함수의 a와 b 파라미터를 모두 number 타입으로 정의했습니다. 그리고 이 두 숫자의 합을 더해서 반환하기 때문에 반환 타입 역시 number로 정의했습니다.

이 함수를 호출하여 반환된 결과 값을 변수에 할당하면 당연히 다음과 같이 number 타입으로 추론됩니다.

```
var result = sum(1, 2);
```

▼ **그림 12-6** 함수의 호출 결과를 변수에 할당한 후 확인한 변수 타입

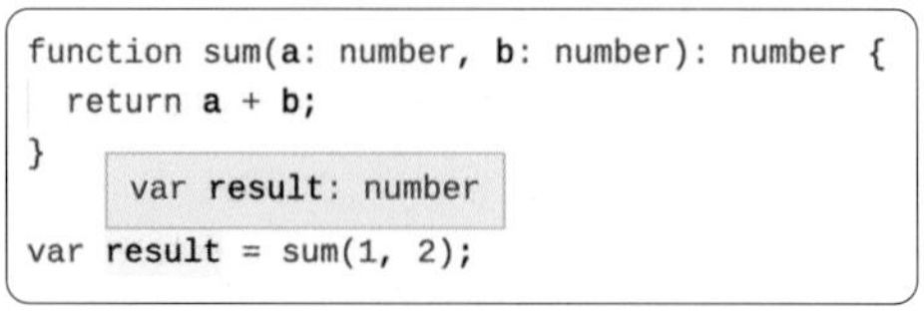

```
function sum(a: number, b: number): number {
  return a + b;
}
        var result: number
var result = sum(1, 2);
```

변수의 타입 추론 과정과 마찬가지로 함수도 주어진 입력 값에 따라 함수의 반환 타입이 추론됩니다. 앞서 작성한 sum( ) 함수에서 반환 타입을 제거해 보겠습니다.

```
function sum(a: number, b: number) {
  return a + b;
}
```

앞의 예제와 마찬가지로 sum(1, 2);을 호출하여 result 변수에 대입해 보겠습니다.

```
var result = sum(1, 2);
```

이 코드에서 result 변수는 다음과 같이 number 타입으로 추론됩니다.

▼ **그림 12-7** 함수의 반환 타입을 제거하고 확인한 변수의 결과 타입

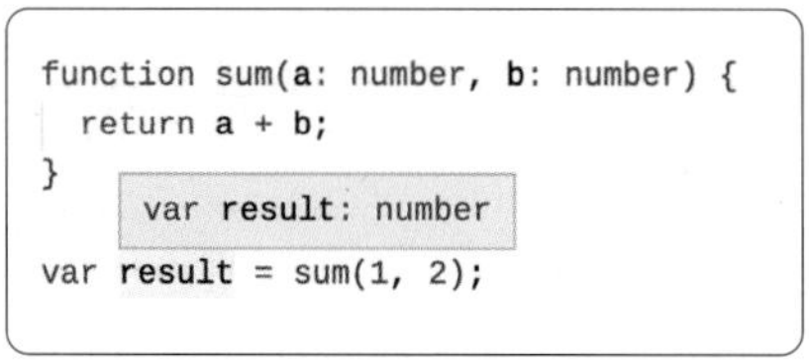

```
function sum(a: number, b: number) {
  return a + b;
}
      var result: number
var result = sum(1, 2);
```

result 변수의 타입이 number로 추론되는 이유는 바로 sum( ) 함수의 반환 타입이 number 타입으로 추론되기 때문입니다. sum( ) 함수가 선언된 코드에서 함수 이름에 마우스를 올려 보면 다음과 같이 반환 타입이 number로 정의되어 있습니다.

▼ **그림 12-8** sum( ) 함수의 내부 로직에 따라 반환 타입이 number로 추론되는 모습

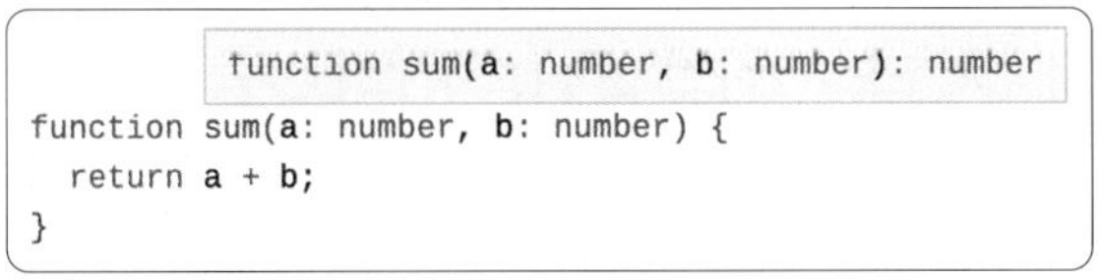

```
            function sum(a: number, b: number): number
function sum(a: number, b: number) {
  return a + b;
}
```

함수의 입력 값을 의미하는 a와 b 파라미터가 모두 number 타입으로 지정되어 있고, 이 두
숫자를 더한 결과는 당연히 숫자이기 때문에 반환 타입이 number로 정의된 것입니다. 두
숫자를 받아서 더하지 않고 다음과 같이 비교하면 어떻게 될까요?

```
function sum(a: number, b: number) {
  return a == b;
}
```

==는 값 2개가 같은지 비교하는 비교 연산자입니다. 값이 같다면 true를 반환하고 다르면
false를 반환하기 때문에 반환 타입은 boolean이 되어야 합니다. 다음과 같이 말이죠.

▼ **그림 12-9** 함수 내부 로직으로 반환 타입이 boolean으로 변하는 모습

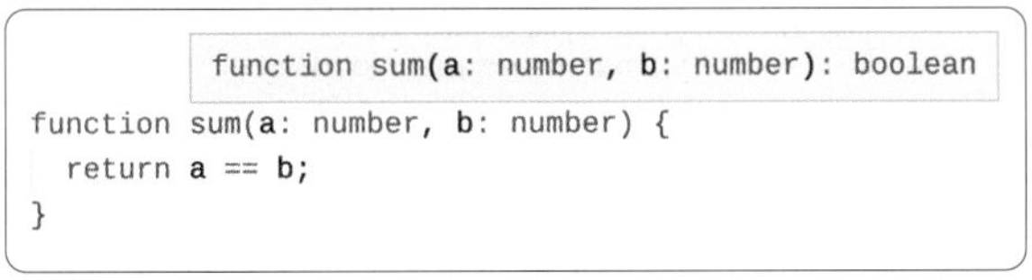

```
            function sum(a: number, b: number): boolean
function sum(a: number, b: number) {
  return a == b;
}
```

함수 내부 로직이 덧셈이 아니라 비교가 되어 버렸으니 isEqual( ) 등으로 함수 이름이 변
경되어야 하겠지만, 함수의 파라미터 타입과 내부 로직으로 반환 타입이 자동으로 추론된
다는 것을 눈으로 확인할 수 있었습니다.

> **노트**
>
> 자바스크립트의 비교 연산자는 가급적 ==보다 ===로 쓰는 것이 좋습니다. ==는 값만 비교하는 연산자고
> ===는 타입까지 비교하는 연산자입니다.

12.4 / 함수의 타입 추론: 파라미터 타입

이번에는 함수의 파라미터 타입 추론을 알아보겠습니다. 다음 코드를 보겠습니다.

```
function getA(a) {
  return a;
}
```

이 함수는 a 파라미터를 받아 그대로 반환해 줍니다. 함수의 파라미터 타입을 지정하지 않았으므로 다음과 같이 기본 타입은 any가 됩니다.

▼ **그림 12-10** 파라미터 타입이 없을 때 getA( ) 함수의 타입 정보

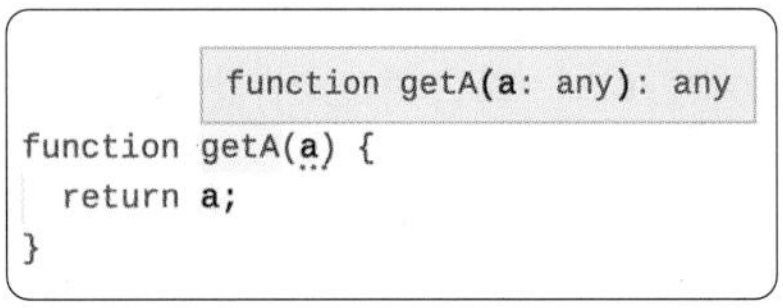

```
        function getA(a: any): any

function getA(a) {
  return a;
}
```

getA( ) 함수는 any로 지정되어 있는 파라미터를 그대로 반환해 주었기 때문에 파라미터 타입과 반환 타입이 모두 any로 지정되어 있는 것을 볼 수 있습니다. 이번에는 a 파라미터의 타입을 number로 바꾸어 보겠습니다.

```
function getA(a: number) {
  return a;
}
```

이 코드에서 getA( ) 함수에 마우스 커서를 올리면 다음과 같이 파라미터 타입과 반환 타입이 number로 추론되는 것을 볼 수 있습니다.

```
            function getA(a: number): number
function getA(a: number) {
  return a;
}
```

함수의 파라미터 타입은 함수 내부에서도 동일하게 추론되는데, a 파라미터를 그대로 반환했기 때문에 파라미터 타입과 반환 타입이 모두 number로 추론됩니다. 이번에는 파라미터에 기본값을 다음과 같이 지정해 보겠습니다.

```
function getA(a = 10) {
  return a;
}
```

이 코드의 a = 10은 getA( )라는 함수를 호출했을 때 인자가 비어 있으면 a에 10을 할당하라는 의미입니다. getA( )를 호출하면 결과는 10입니다.

```
var result = getA();
console.log(result); // 10
```

파라미터의 기본값을 지정한 경우 어떻게 타입이 추론될까요? getA( ) 함수에 마우스 커서를 올리면 다음과 같이 타입이 추론됩니다.

▼ **그림 12-12** 파라미터의 기본값으로 10이 주어졌을 때 getA( ) 함수 타입

```
            function getA(a?: number): number
function getA(a = 10) {
  return a;
}
```

기본값이 숫자 10이기 때문에 a 파라미터의 타입은 number로 추론됩니다. 그리고 함수의 파라미터에 값을 넘기거나 넘기지 않아도 되기 때문에 옵셔널 파라미터를 의미하는 ?가 붙습니다. 파라미터 타입이 number이므로 반환 타입 역시 number로 추론됩니다.

이번에는 함수 안에 변수를 선언하여 파라미터와 연산해 보겠습니다.

```
function getA(a: number) {
  let c = 'hi';
  return a + c;
}
```

getA()의 함수 안에 c라는 변수를 선언하고 문자열 hi를 할당했습니다. 이 변수도 함수 안에 정의되기는 했지만 선언하면서 문자열 값을 할당했기 때문에 문자열 타입으로 추론됩니다.

▼ **그림 12-13** getA() 함수 안의 c 변수가 초깃값 hi 때문에 문자열 타입으로 추론되는 모습

```
functi    let c: string    r) {
  let c = 'hi';
  return a + c;
}
```

이렇게 되면 이 getA() 함수의 반환 타입은 무엇일까요? 숫자 타입인 a 파라미터와 문자열 타입인 c 변수를 덧셈한 결과는 다음과 같이 문자열 타입입니다.

▼ **그림 12-14** getA() 함수 안 로직 때문에 반환 타입이 string으로 추론되는 모습

```
         function getA(a: number): string
function getA(a: number) {
  let c = 'hi';
  return a + c;
}
```

이와 같은 결과가 나오는 이유는 바로 자바스크립트 해석기의 동작 방식 때문입니다. 문자열과 숫자를 더할 때 자바스크립트 해석기 내부적으로 숫자를 문자열로 변환하여 문자열 2개를 합친 것과 결과가 같습니다. 마치 숫자 10과 문자열 20의 합은 문자열 1020이되는 것처럼 말이죠.

```
10 + '20'; // '1020'
```

이런 동작 방식은 처음 자바스크립트를 접하는 입문자에게는 다소 혼란스러운 부분입니다. 자바스크립트는 코드를 실행하는 시점에 타입이 결정되기 때문에 따로 학습하거나 경험하지 않으면 알기 어려운 사실이죠. 하지만 타입스크립트는 이렇게 타입을 명시함으로써 예상치 못한 결과를 미리 알아차릴 수 있습니다.

인터페이스와 제네릭의 추론 방식

변수와 함수의 타입 추론을 알아보았으니 상대적으로 좀 더 어렵게 느껴질 수 있는 다른 타입들의 추론을 알아보겠습니다. 인터페이스와 제네릭을 같이 사용할 때 어떻게 추론되는지 볼까요? 다음과 같은 코드가 있다고 합시다.

```
interface Dropdown<T> {
  title: string;
  value: T;
}
```

Dropdown이라는 인터페이스를 선언하고 제네릭으로 타입을 받을 수 있게 작성한 코드입니다. 제네릭으로 받은 타입은 인터페이스 속성 value에 연결됩니다. 이 인터페이스의 제네릭에 타입을 넘기면 어떻게 추론되는지 확인하기 위해 객체를 하나 선언해 보겠습니다.

```
let shoppingItem: Dropdown<number> = {

}
```

shoppingItem이라는 변수를 선언하고 Dropdown 인터페이스 타입으로 정의했습니다. 그리고 인터페이스의 제네릭 타입으로는 number를 정의했습니다. 이제 객체의 괄호 안에서 ctrl + space를 누르면 다음과 같이 자동 완성할 수 있는 속성들을 확인할 수 있습니다.

▼ **그림 12-15** shoppingItem 객체 괄호 안에서 ctrl + space를 눌렀을 때 안내되는 title과 value 속성

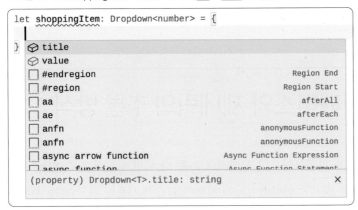

Dropdown 인터페이스에서 title 속성은 문자열 타입으로 선언했기 때문에 다음과 같이 string 타입으로 추론됩니다.

▼ **그림 12-16** title 속성이 문자열 타입으로 추론되는 모습

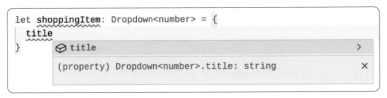

title 속성을 작성한 후 value 속성을 작성하려고 보면 다음과 같이 number 타입으로 추론되는 것을 볼 수 있습니다.

▼ **그림 12-17** value 속성이 숫자 타입으로 추론되는 모습

```
let shoppingItem: Dropdown<number> = {
  title: '길벗 책',
  value
}       ⊘ value
        (property) Dropdown<number>.value: number        ✕
```

Dropdown 인터페이스의 제네릭 타입으로 number를 넘겼기 때문에 Dropdown〈number〉 타입은 다음 타입과 같은 효과를 가져옵니다.

```
interface Dropdown {
  title: string;
  value: number;
}
```

이처럼 인터페이스에 제네릭을 사용할 때도 타입스크립트 내부적으로 적절한 타입을 추론해 줍니다.

12.6 복잡한 구조에서 타입 추론 방식
SECTION

이번에는 좀 더 복잡한 구조에서 타입 추론 방식을 알아보겠습니다. 인터페이스에 제네릭을 2개 연결해 볼 텐데요. 코드로 살펴보겠습니다.

```
interface Dropdown<T> {
  title: string;
  value: T;
}

interface DetailedDropdown<K> extends Dropdown<K> {
  tag: string;
  description: string;
}
```

이 코드는 앞서 살펴본 Dropdown 인터페이스와 이 인터페이스를 상속받는 Detailed Dropdown 인터페이스를 선언합니다. Dropdown 인터페이스에 제네릭을 선언했고 Detailed Dropdown 인터페이스에도 제네릭을 선언했습니다. 이제 DetailedDropdown 인터페이스를 사용하여 객체를 하나 정의해 보겠습니다.

```
let shoppingDetailItem: DetailedDropdown<number> = {

}
```

shoppingDetailItem이라는 변수를 객체로 선언하고 DetailedDropdown 인터페이스 타입을 지정했습니다. 그리고 DetailedDropdown 인터페이스의 제네릭에는 number 타입을 넘겼습니다. 12.5절에서 살펴보았듯이 객체 괄호 안에서 ctrl + space를 누르면 객체에서 사용할 수 있는 속성이 미리보기로 표시됩니다.

▼ **그림 12-18** shoppingDetailItem 객체에서 사용할 수 있는 속성 목록

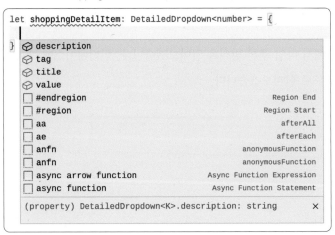

Dropdown 인터페이스를 상속받은 DetailedDropdown 인터페이스를 타입으로 정의했기 때문에 이와 같은 결과가 나옵니다. DetailedDropdown은 마치 다음 타입과 역할이 같습니다.

```
interface DetailedDropdown {
  tag: string;
  description: string;
  title: string;
  value: number;
}
```

6장에서 살펴보았듯이 인터페이스를 상속받으면 부모 인터페이스의 속성을 자식 인터페이스에서 사용할 수 있습니다. 따라서 Dropdown 인터페이스의 title과 value 속성은 모두 DetailedDropdown 인터페이스에서 사용할 수 있습니다.

▼ 그림 12-19 Dropdown 인터페이스와 DetailedDropdown 인터페이스 관계

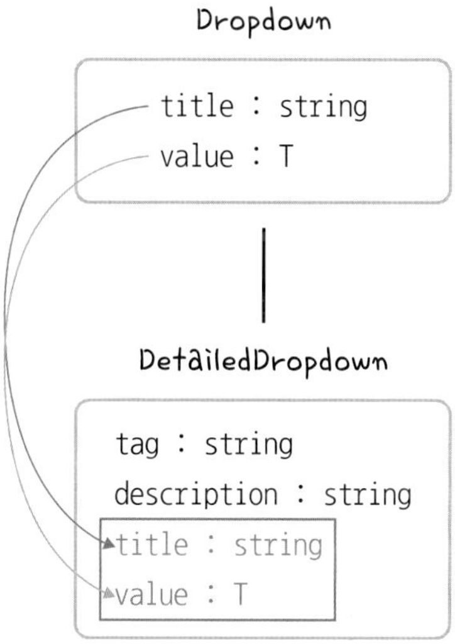

그런데 Dropdown 인터페이스의 value 속성은 왜 number 타입으로 추론되고 있을까요? 바로 DetailedDropdown 인터페이스에 넘긴 제네릭 타입이 Dropdown 인터페이스의 제네릭 타입으로 전달되었기 때문입니다. 다음과 같이 말이죠.

▼ **그림 12-20** DetailedDropdown 인터페이스에 정의한 제네릭 타입이 Dropdown 인터페이스의 제네릭 타입으로 전달되는 과정

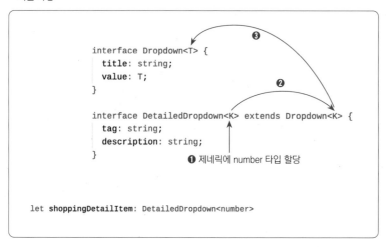

DetailedDropdown 인터페이스는 제네릭으로 타입을 받을 수 있게 선언했지만, 실제로 DetailedDropdown 인터페이스 내부에서는 제네릭으로 받은 타입을 사용하지 않습니다. 오히려 DetailedDropdown의 부모인 Dropdown 인터페이스의 제네릭 타입으로 넘겨주는 창구 역할을 하고 있죠. 그래서 DetailedDropdown 인터페이스를 선언할 때 제네릭 타입에 정의한 number가 Dropdown 인터페이스의 제네릭 타입으로 전달된 것입니다. 결과적으로 Dropdown 인터페이스의 value 속성은 number 타입을 갖게 되고 shoppingDetailItem 객체는 다음과 같이 선언할 수 있습니다.

```
let shoppingDetailItem: DetailedDropdown<number> = {
  title: '길벗 책',
  description: '쉽고 유용하다',
  tag: '타입스크립트',
  value: 1
}
```

이처럼 다소 복잡한 인터페이스 사이의 상속과 제네릭이 얽혀 있는 구조에서도 타입스크립트가 내부적으로 해당 타입들을 올바르게 추론해 주고 있는 것을 알 수 있습니다.

12.7 정리

이 장에서는 타입 추론을 살펴보았습니다. 기본이자 필수 문법인 변수와 함수의 타입 추론 과정도 살펴보았는데요. 변수를 선언할 때 초깃값을 할당해 놓으면 해당 초깃값을 바탕으로 타입이 추론된다는 점과 함수의 파라미터 타입이나 파라미터 기본값으로 반환 타입이 추론된다는 점도 살펴보았습니다. 인터페이스나 제네릭 타입 역시 주어진 타입 정보로 관련 타입이 정확하게 추론되는 것을 확인했습니다. 이 장에서 배운 내용이 익숙해지면 앞으로는 코드가 더 간결해질 것입니다. 실제 서비스를 제작할 때는 자동으로 타입이 추론되는 코드는 타입을 표기하지 않아도 되기 때문이죠.

타입 단언

타입 단언은 실무에서 꽤 유용하게 쓰는 문법입니다. 이미 운영되고 있는 자바스크립트 애플리케이션에 타입스크립트를 점진적으로 적용할 때나 타입스크립트에 아직 익숙하지 않아 타입을 정확히 정의할 줄 모를 때 주로 사용합니다. "타입스크립트, 너보다 내가 이 타입을 더 잘 알아. 그러니 넌 신경 꺼."라고 말하는 것 같은 타입 단언이란 과연 무엇일 까요?

13.1 / 타입 단언이란?

타입 단언(type assertion)은 타입스크립트의 타입 추론에 기대지 않고 개발자가 직접 타입을 명시하여 해당 타입으로 강제하는 것을 의미합니다. 개념을 이해하기 위해 바로 코드를 살펴보겠습니다.

```
var myName = '세호';
```

변수를 하나 선언하고 문자열을 할당했습니다. '12장 타입 추론'에서 배웠듯이 변수를 선언하는 시점의 초깃값으로 타입이 결정됩니다. myName 변수는 문자열을 할당했으므로 string 타입이 됩니다.

▼ **그림 13-1** string 타입으로 추론되는 myName 변수

```
    var myName: string
var myName = '세호';
```

여기에서 myName 변수에 타입 단언 문법을 적용해 보겠습니다. as라는 키워드를 이용합니다.

```
var myName = '세호' as string;
```

이 코드는 myName이라는 변수의 타입을 string 타입으로 간주한다는 의미입니다. as 키워드를 붙이면 타입스크립트가 컴파일할 때 해당 코드의 타입 검사는 수행하지 않습니다. 마치 타입스크립트에 "이 코드의 타입은 신경 쓰지 마. 타입은 내가 책임질게."라고 말하는 것과 같죠.

이 예시 코드는 타입 단언을 붙이지 않아도 어차피 올바른 타입으로 추론되고 있었으므로 as string을 붙이는 것은 무의미한 일입니다. 단지 타입 단언 문법이 이렇다는 것을 보여주려고 작성한 코드입니다. 그럼 좀 더 실용적인 예제를 살펴보겠습니다.

```
interface Person {
  name: string;
  age: number;
}

var joo = {};
```

이 코드는 사람을 의미하는 인터페이스 하나와 빈 객체 하나를 생성합니다. 여기에서 빈 객체에 인터페이스의 정의대로 이름(name)과 나이(age) 속성을 추가해 보겠습니다.

```
interface Person {
  name: string;
  age: number;
}

var joo = {};
joo.name = '형주';
joo.age = 31;
```

그러면 다음과 같이 에러가 발생합니다.

▼ **그림 13-2** 빈 객체를 선언한 후 name과 age 속성을 추가했을 때 타입 에러

```
interface Person {
  name: string;
  age: number;
}

var joo = {};
joo.name = '형주';
joo.age = 31;
```

빨간색 줄에 마우스 커서를 올리면 다음과 같은 에러 메시지를 확인할 수 있습니다.

▼ **그림 13-3** name과 age 속성의 타입 에러 정보

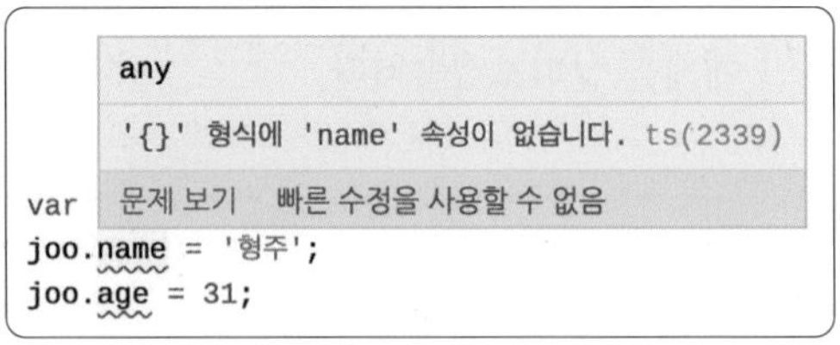
any
'{}' 형식에 'name' 속성이 없습니다. ts(2339)
var
문제 보기 빠른 수정을 사용할 수 없음
joo.name = '형주';
joo.age = 31;

이 에러가 발생하는 이유는 joo 변수를 선언할 때 빈 객체로 초기화했기 때문입니다. 타입스크립트 컴파일러 입장에서는 해당 객체에 어떤 속성이 들어갈지 알 수 없기 때문에 이후에 추가되는 속성들은 모두 있어서는 안 될 속성으로 간주하는 것이죠. 이 문제를 해결하려면 다음과 같이 객체를 선언하는 시점에 속성을 정의하면 됩니다.

```
var joo = {
  name: '형주',
  age: 31
};
```

한 발 더 나아가서 변수 타입을 Person 인터페이스로 정의할 수 있습니다.

```
var joo: Person = {
  name: '형주',
  age: 31
};
```

그런데 이미 운영 중인 서비스의 코드나 누군가가 만들어 놓은 코드라고 한다면 타입 에러를 해결하는 데 변경해야 할 코드가 많아질 것입니다. 이때 타입 단언을 이용해서 기존 코드를 변경하지 않고도 타입 에러를 해결할 수 있습니다. 다음과 같이 말이죠.

```
var joo = {} as Person;
joo.name = '형주';
joo.age = 31;
```

변수를 선언할 때 빈 객체로 선언했지만 이 객체에 들어갈 속성은 Person 인터페이스의 속성이라고 타입스크립트 컴파일러에 말해 주는 것과 같은 효과입니다. 빈 객체로 선언되었지만 아까와는 다르게 joo 타입은 Person으로 간주됩니다.

▼ **그림 13-4** Person 타입으로 인식되는 joo 변수와 사라진 타입 에러들

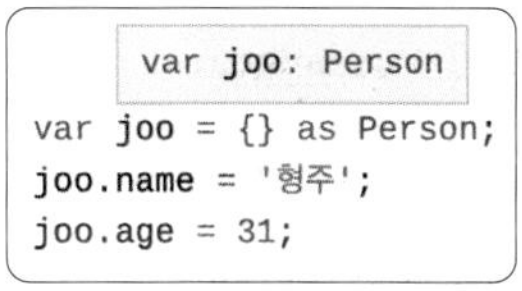

```
      var joo: Person
var joo = {} as Person;
joo.name = '형주';
joo.age = 31;
```

이 그림에서 볼 수 있듯이 joo 변수가 Person 타입으로 간주되므로 name과 age 속성을 에러 없이 추가할 수 있습니다. 이처럼 타입 단언을 이용하면 타입스크립트 컴파일러가 알기 어려운 타입에 대해 힌트를 제공할 수 있습니다. 또 앞의 코드처럼 선언하는 시점에 name과 age 속성을 모두 정의하지 않고 추후에 추가할 수 있는 유연함도 갖게 됩니다.

13.2 / 타입 단언 문법
SECTION

타입 단언의 문법을 좀 더 자세히 알아보겠습니다. 타입 단언 키워드인 as를 이용할 수 있는 대상을 알아보고, 타입 단언을 중첩해서 쓰는 방법과 단언을 사용할 때 유의할 점을 살펴보겠습니다.

13.2.1 타입 단언의 대상

먼저 타입 단언은 숫자, 문자열, 객체 등 원시 값뿐만 아니라 변수나 함수의 호출 결과에도 사용할 수 있습니다.

```
function getId(id) {
  return id;
}

var myId = getId('josh') as number;
```

이 코드는 as 키워드를 사용하여 getId('josh') 함수의 호출 결과를 number 타입으로 단언합니다. getId() 함수는 id를 받아서 그대로 반환해 주는데 파라미터 타입을 따로 정의하지 않았습니다. 파라미터 타입을 정의하지 않으면 기본적으로 모든 값을 받을 수 있도록 any 타입으로 추론됩니다.

▼ 그림 13-5 getId() 함수의 파라미터 타입과 반환 타입이 모두 any로 추론되는 모습

```
      function getId(id: any): any
function getId(id) {
  return id;
}
```

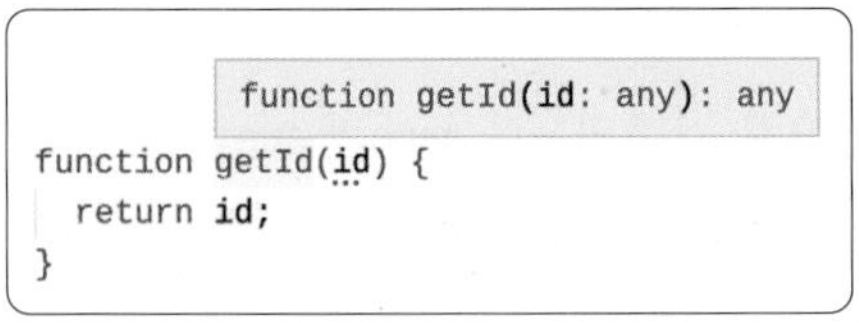

따라서 getId('josh')의 호출 결과는 다음과 같이 any 타입이 됩니다.

▼ 그림 13-6 getId('josh') 함수 호출 결과 타입이 any로 추론되는 모습

```
    var myId: any
var myId = getId('josh');
```

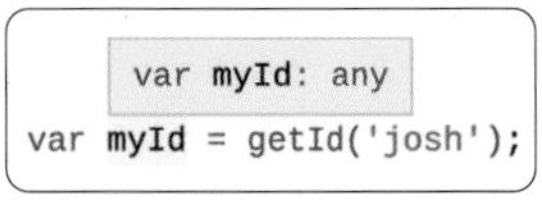

이제 getId('josh')에 as 키워드를 사용해서 number 타입으로 단언하면 myId 변수의 타입이 number로 추론됩니다.

▼ **그림 13-7** getId('josh') 함수의 호출 결과 값을 number 타입으로 단언한 결과

```
    var myId: number
var myId = getId('josh') as number;
```

이와 같이 원시 값뿐만 아니라 함수 호출 결과에도 as 키워드를 사용해서 타입을 단언할 수 있습니다.

13.2.2 타입 단언 중첩

타입 단언은 다음과 같이 여러 번 중첩해서 사용할 수 있습니다. 다음은 변수를 하나 선언하고 숫자 10을 할당한 코드에 타입 단언을 두 번 사용한 코드입니다.

```
var num = (10 as any) as number;
```

이 코드를 좀 더 자세히 살펴보겠습니다. 먼저 괄호 안 코드는 다음과 같이 숫자 10을 any 타입으로 단언합니다.

```
var num = 10 as any;
```

▼ **그림 13-8** 숫자 10을 any 타입으로 단언한 결과

```
    var num: any
var num = 10 as any;
```

숫자 10을 any 타입으로 단언했기 때문에 num 변수 타입은 any가 됩니다. 이 상태에서 다음과 같이 한 번 더 as 키워드를 사용하여 number 타입으로 단언합니다.

```
var num = (10 as any) as number;
```

▼ **그림 13-9** 숫자 10을 any 타입으로 단언한 후 다시 number 타입으로 단언한 결과

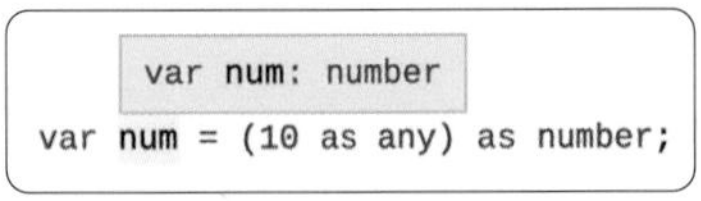

```
      var num: number
var num = (10 as any) as number;
```

num 변수는 any 타입으로 단언된 상태에서 다시 number 타입으로 단언되었기 때문에 최종적으로 number 타입이 됩니다.

이 예시 코드는 as를 여러 번 중첩해서 사용할 수 있다는 것을 보여 주려는 코드이지 타입 단언이 필요한 코드는 아닙니다. 다음과 같이 변수를 선언하고 숫자 10만 할당해도 정확하게 number 타입으로 추론됩니다.

```
var num = 10;
```

▼ **그림 13-10** 변수 초깃값으로 숫자 10을 선언했을 때 number 타입으로 추론되는 모습

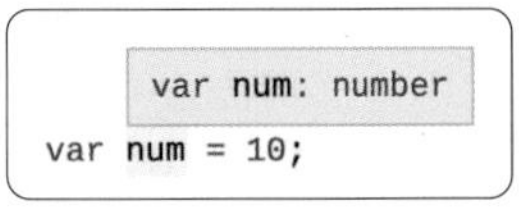

```
      var num: number
var num = 10;
```

다음 절에서 자세히 알아보겠지만 가급적 타입 단언보다는 타입 추론에 의지하는 것이 좋습니다.

13.2.3 타입 단언을 사용할 때 주의할 점

타입 단언을 사용할 때 주의해야 할 점을 알아보겠습니다.

as 키워드는 구문 오른쪽에서만 사용한다

타입 단언은 변수 이름에 사용할 수 없습니다. 그러면 다음과 같이 타입스크립트 컴파일러에서 코드를 인식할 수 없습니다.

```
var num as number = 10;
```

타입 단언은 다음과 같이 구문 오른쪽에서 사용할 수 있습니다.

```
var num = 10 as number;
```

그리고 이 코드는 단언보다 타입 표기로 타입을 정의해 주는 것이 좋습니다.

```
var num: number = 10;
```

호환되지 않는 데이터 타입으로는 단언할 수 없다

타입 단언을 이용하면 어떤 값이든 내가 원하는 타입으로 단언할 수 있을 것 같지만 실제로는 그렇지 않습니다. 다음과 같이 작성하면 타입 에러가 발생합니다.

▼ 그림 13-12 숫자 10을 string 타입으로 단언했을 때 발생하는 에러

```
var num = 10 as string;
        'number' 형식을 'string' 형식으로 변환한 작업은 실수일 수 있습니다. 두 형식이 서로 충
        분히 겹치지 않기 때문입니다. 의도적으로 변환한 경우에는 먼저 'unknown'으로 식을 변환합니
        다. ts(2352)
        문제 보기   빠른 수정... (⌘.)
```

에러 메시지를 보면 number 형식을 string 형식으로 변환할 수 없다고 나옵니다. 두 형식이 서로 충분히 겹치지 않는다는 표현도 나오는데, 타입 시스템 관점에서 number와 string 타입의 교집합이 없다는 의미입니다. 이해를 돕기 위해 다음 그림을 보겠습니다.

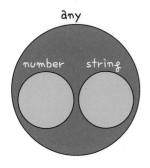

이 그림은 any, number, string 타입의 관계도입니다. any 타입은 다음과 같이 string 타입도 취급할 수 있고 number 타입도 취급할 수 있습니다.

```
var num: any = 10;
var num: any = 'hi';
```

3장에서 배웠듯이 any 타입은 어떤 데이터 타입도 모두 수용할 수 있습니다. 따라서 any 타입은 string 타입 관점에서도 교차점을 갖고 있고, number 타입 관점에서도 교차점을 갖고 있습니다. 여기에서 교차점을 갖고 있다는 의미는 그 타입으로 대체될 수 있다는 말입니다.

```
// bookName 변수는 string 타입과 any 타입 모두 선언할 수 있다.
var bookName: string = '길벗 타입스크립트';
var bookName: any = '길벗 타입스크립트';
```

이 코드의 bookName 변수에는 문자열이 할당됩니다. 변수 값이 문자열이기 때문에 string 타입으로 선언할 수도 있고 any 타입으로도 선언할 수 있습니다. 이렇게 타입끼리 대체가 가능하면 타입이 겹치는 부분이 있다고 보면 됩니다. 다시 다음 코드로 돌아와 보겠습니다.

```
var num = 10 as string;
```

이 코드 값은 숫자이기 때문에 강제로 문자열을 의미하는 string 타입이나 boolean 등 다른 데이터 타입으로 변환할 수 없습니다. 하지만 number 타입을 수용할 수 있는 any 타입으로는 단언할 수 있습니다.

```
var num = 10 as any;
```

생각해 보면 타입이라는 것은 해당 값에 대한 부가 정보지 타입을 as로 변경한다고 해서 값 자체가 바뀌지는 않습니다. 앞으로 타입 단언을 사용할 때 이 점에 유의하세요.

타입 단언 남용하지 않기

타입스크립트에 익숙하지 않을 때 타입 단언이 주는 편리함에 취할 수 있습니다. 코드에 정확한 타입을 선언하면서 타입을 맞추어 주기보다는 타입 단언이 훨씬 더 간편하고 쉽게 느껴지기 때문이죠.

하지만 타입 단언은 코드를 실행하는 시점에서 아무런 역할도 하지 않기 때문에 에러에 취약한 측면이 있습니다. 타입 에러를 쉽게 해결하려고 타입을 단언해서 타입 에러는 해결했지만 정작 실행 에러는 미리 방지하지 못하는 꼴이죠. 간단한 사례를 보겠습니다.

```
interface Profile {
  name: string;
  id: string;
}

function getProfile() {
  // ...
}

var myProfile = getProfile() as Profile;
renderId(myProfile.id);
```

서버에서 프로필을 하나 받아 오는 getProfile() 함수를 선언하고, 받아 온 프로필 아이디를 화면에 그리는 renderId() 함수를 작성했습니다. 여기에서 getProfile() 함수의 로직이 복잡해서 반환 타입을 정의하기 어렵다고 가정해 보겠습니다. 그 대신 getProfile() 함수 결과는 name과 id 속성을 갖는 객체로 알고 있다고 하겠습니다. 그래서 as 키워드를 사용해서 getProfile() 함수의 타입을 Profile 인터페이스 타입으로 단언하고 myProfile 변수에 할당했습니다. 타입 단언으로 myProfile 변수가 Profile 인터페이스로 간주되면서 renderId() 함수의 인자로 넘길 때 다음과 같이 id 속성에 접근할 수 있습니다.

▼ **그림 13-14** myProfile 변수가 Profile 타입으로 추론되기 때문에 제공되는 id, name 속성 자동 완성

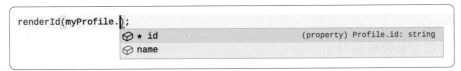

이러면 비주얼 스튜디오 코드상으로는 타입 에러도 발생하지 않고 아무런 문제없이 당연히 웹 애플리케이션이 정상적으로 동작한다고 기대할 것입니다. 하지만 실제로 코드를 실행해 보면 다음과 같은 실행 에러가 발생할 수 있습니다.

▼ **그림 13-15** myProfile.id에서 발생하는 실행 시점의 에러

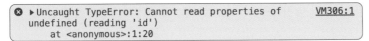

이런 에러가 발생하는 이유는 myProfile 변수가 객체가 아닌데 id 속성에 접근했기 때문입니다. getProfile() 함수의 로직과 결과 값을 제대로 확인하지 않고 as로 단언했기 때문에 타입 에러는 발생하지 않지만 실제로 실행하는 시점에 에러가 발생할 수 있습니다.

이처럼 구체적인 타입을 정의하고 로직을 보완하면서 타입 에러를 해결하지 않고 타입 단언을 남용하면 실행 시점의 에러에 취약해질 수 있습니다. 가급적 타입 단언보다는 타입스크립트 컴파일러가 정확하게 추론해 주는 타입에 기대 보세요.

13.3

null 아님 보장 연산자: !

null **아님 보장 연산자**(non null assertion)는 null 타입을 체크할 때 유용하게 쓰는 연산자입니다. 이는 타입 단언의 한 종류로 as 키워드와는 용도가 다릅니다. 값이 null이 아님을 보장해 주죠. 이 연산자를 알아보겠습니다. 먼저 null 처리가 왜 중요한지 자바스크립트 코드로 살펴보겠습니다.

```
function shuffleBooks(books) {
  var result = books.shuffle();
  return result;
}
```

이 코드는 책 목록을 받아 순서를 랜덤으로 섞는 함수입니다. 이 함수를 실행하면 함수의 파라미터 books에 shuffle이라는 메서드가 제공되어 책 목록이 랜덤하게 뒤바뀐다고 가정하겠습니다. 이 함수를 다음과 같이 호출하면 어떻게 될까요?

```
shuffleBooks();
```

인자를 넣어야 하는데, 그렇지 않고 그냥 호출했습니다. 이렇게 되면 함수를 실행할 때 books.shuffle(); 코드에서 다음 에러가 발생합니다.

▼ **그림 13-16** shuffleBooks()를 실행했을 때 발생하는 실행 에러

```
❌ ▶ Uncaught TypeError: Cannot read properties of        VM39:2
   undefined (reading 'shuffle')
       at shuffleBooks (<anonymous>:2:22)
       at <anonymous>:6:1
```

shuffleBooks() 함수에 shuffle() 메서드를 갖고 있는 객체를 넘겨야 하는데 아무것도 넘기지 않고 호출했기 때문에 발생한 에러입니다. 타입스크립트 파일이라면 다음과 같이 인자를 넘기라고 타입 에러라도 알려 줄 텐데 자바스크립트에서는 별다른 경고가 없습니다.

▼ 그림 13-17 shuffleBooks() 함수에 인자를 넣지 않고 호출했을 때 타입 에러

```
shuffleBooks();
  function shuffleBooks(books: any): any
  1개의 인수가 필요한데 0개를 가져왔습니다. ts(2554)
  12-4.ts(1, 23): 'books'의 인수가 제공되지 않았습니다.
  문제 보기   빠른 수정을 사용할 수 없음
```

그래서 예전부터 이런 상황을 방지하려고 다음과 같은 null 값 체크 코드를 작성해 왔습니다.

```
function shuffleBooks(books) {
  if (books === null || books === undefined) {
    return;
  }
  var result = books.shuffle();
  return result;
}
```

이 코드는 함수의 books 파라미터가 null이거나 undefined면 함수의 로직을 실행하지 않고 종료하라는 의미입니다. 이렇게 함으로써 예상치 못한 함수의 입력 값에 대처할 수 있습니다. 이번에는 앞의 코드에 타입을 입혀 보겠습니다.

```
interface Books {
  shuffle: Function
}

function shuffleBooks(books: Books) {
  var result = books.shuffle();
  return result;
}
```

Books라는 인터페이스를 선언하고 shuffleBooks() 함수의 파라미터 타입으로 지정했습니다. 인터페이스에 shuffle 속성이 있고 호출할 수 있는 형태인 Function 타입으로 정의

되어 있기 때문에 타입 관점에서는 문제없습니다. 그런데 shuffleBooks() 함수의 인자로 null 값도 들어올 수 있다고 하면 어떻게 될까요? 인자에 null 값이 오려면 파라미터 타입을 다음과 같이 유니언 타입으로 바꾸어 주어야 합니다.

```
function shuffleBooks(books: Books | null) {
  var result = books.shuffle();
  return result;
}
```

파라미터 타입을 Books 인터페이스와 null의 유니언 타입으로 바꾸면 다음과 같이 타입 에러가 발생합니다.

▼ **그림 13-18** null 타입이 추가되면서 발생하는 타입 에러

```
function shuffleBooks(books: Books | null) {
  var result = books.shuffle();
  return result;
}
```
⚙ GitHub에서 실제 예제 보기

(parameter) books: Books | null

개체가 'null'인 것 같습니다. ts(2531)

문제 보기   빠른 수정을 사용할 수 없음

books 파라미터에 null 값이 들어올 수도 있기 때문에 books.shuffle() 코드는 위험하다고 경고를 표시한 것입니다. 이 에러를 해결하려면 별도의 타입스크립트 지식 없이 조금 전에 살펴본 null 체크 코드를 추가하면 됩니다. 다음과 같이 말이죠.

```
function shuffleBooks(books: Books | null) {
  if (books === null || books === undefined) {
    return;
  }
  var result = books.shuffle();
  return result;
}
```

books 파라미터의 값이 null인 경우 함수 실행을 종료하기 때문에 books.shuffle() 코드
는 항상 Books 타입일 때만 실행됩니다. 따라서 실행할 때 에러가 발생하지 않습니다.

그러나 타입이 null인 경우를 처리하려고 매번 이렇게 코드를 작성하면 꽤 번거롭습니다.
타입스크립트의 타입 체크 레벨을 엄격(strict) 모드로 바꾸면 꽤 많은 웹 API가 null을 반
환하기 때문입니다.

▼ **그림 13-19** 호출 결과에 null 타입이 들어 있는 웹 API 코드

```
         var divElement: HTMLDivElement | null
var divElement = document.querySelector('div');
```

> **노트**
>
> 웹 API(web API)란 브라우저에서 지원하는 API를 의미합니다. DOM 조작 API, setTimeout API 등 개발
> 할 때 흔하게 사용되는 API입니다.

null 체크 로직을 넣는 것이 번거롭고 값이 null이 아니라는 확신이 있다면 다음과 같이
null 아님 보장 연산자(!)를 사용합니다.

```
function shuffleBooks(books: Books | null) {
  var result = books!.shuffle();
  return result;
}
```

함수 내부를 보면 books 파라미터의 shuffle() 메서드를 호출하기 직전에 !를 추가한 것
을 알 수 있습니다. 이때 !가 바로 'null 아님 보장 연산자(!)'입니다. 이 연산자를 붙이
면 'books 파라미터는 null이 아니야'라고 타입스크립트에 말해 주는 것과 같습니다. 이제
null 타입 때문에 생기던 타입 에러가 사라진 것을 볼 수 있습니다.

▼ **그림 13-20** null 아님 보장 연산자(!)를 사용해서 사라진 타입 에러

```
function shuffleBooks(books: Books | null) {
  var result = books!.shuffle();
  return result;
}
```

이처럼 null 아님 보장 연산자(!)를 사용하면 null 체크 로직을 일일이 추가해야 하는 수고를 덜 수 있습니다. 다만 타입 관점에서 null이 아니라고 보장하는 것이지 애플리케이션을 실행할 때 실제로 null 값이 들어오면 실행 에러가 발생하므로 주의해야 합니다.

이처럼 as나 !를 사용한 타입 단언이 편리하기는 하지만 실행 시점의 에러는 막아 주지 않기 때문에 가급적 타입 단언보다는 타입 추론에 의지하는 것이 좋습니다.

13.4 SECTION / 정리

이 장에서는 타입 치트키로 불리는 타입 단언을 알아보았습니다. 특정 값의 타입을 타입스크립트 컴파일러의 해석에 따르지 않고 개발자가 직접 정의하는 것이 타입 단언인데요. as 키워드와 null 아님 보장 연산자(!)를 사용해서 타입을 단언해 보았습니다. 타입 단언을 쓰면 타입 에러는 해결할 수 있지만 실제 실행 시점의 에러를 해결하지는 못한다는 것도 함께 살펴보았습니다. 타입 정의에 익숙하지 않을 때 타입 단언을 쓰면 꽤 유용하지만, 그만큼 주의해야 할 점도 많기에 타입스크립트 숙련도가 올라갈수록 타입 단언보다는 타입 추론에 의지하길 권장합니다.

타입 가드

이 장에서는 타입스크립트를 더 잘 쓰고 싶을 때 꼭 알아 두어야 하는 개념인 타입 가드를 알아보겠습니다. 여러 개의 타입으로 정의된 특정 값을 다룰 때 예기치 못한 곳에서 타입 에러가 많이 발생할 텐데요. 타입 가드를 알아 두면 이 에러들을 손쉽게 해결할 수 있습니다. 그럼 타입 가드란 어떤 개념이고 이를 잘 사용할 수 있는 문법에는 무엇이 있는지 함께 살펴보겠습니다.

14.1 / 타입 가드란?
SECTION

타입 가드(type guard)란 여러 개의 타입으로 지정된 값을 특정 위치에서 원하는 타입으로 구분하는 것을 의미합니다. 타입 시스템 관점에서는 넓은 타입에서 좁은 타입으로 타입 범위를 좁힌다는 의미로 볼 수 있습니다. 좀 더 쉽게 이야기하면, 여러 타입이 있을 때 내가 원하는 타입을 뽑기 위해 다른 타입들을 막아 낸다(가드한다)는 의미입니다. 이해를 돕고자 타입 가드를 그림으로 표현해 보겠습니다.

▼ **그림 14-1** number | string | boolean 타입으로 정의된 textInput 값에 가드를 적용하여 number 타입으로 구분한 모습

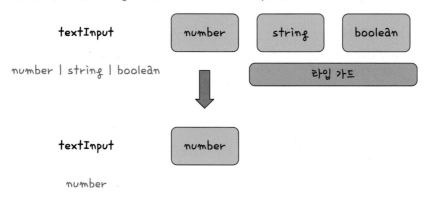

이 그림은 textInput이라는 값이 number | string | boolean의 유니언 타입으로 정의되어 있고, 이 타입에 타입 가드를 적용하여 number 타입으로 구분한 것입니다. 마치 number

| string | boolean 타입에서 string과 boolean 타입을 막고 number 타입만 뽑아낸 것과 같습니다. 이 그림을 코드로 표현해 보겠습니다.

```
function updateInput(textInput: number | string | boolean) {
  // 타입 가드
  if (typeof textInput === 'number') {
    textInput
  }
}
```

이 코드에서 함수 안 if 문이 타입 가드 역할을 합니다. if 문 안에서 textInput 파라미터는 number 타입으로만 간주되죠. 다음과 같이 말입니다.

▼ **그림 14-2** if 문 안에서 number 타입으로 간주되는 textInput 파라미터

```
function updateInput(textInput: number | string | boolean) {
  // 타입 가드
  if (typeof textInput === 'number') {
    (parameter) textInput: number
    textInput
  }
}
```

if 문 안에서 textInput 파라미터의 타입이 number이기 때문에 다음과 같이 number 타입이 제공하는 API를 미리 확인하고 자동 완성으로 사용할 수 있습니다.

▼ **그림 14-3** number 타입인 textInput에 제공되는 내장 API 목록

```
function updateInput(textInput: number | string | boolean) {
  // 타입 가드
  if (typeof textInput === 'number') {
    textInput.|
  }                  ✦ ★ toFixed        (method) Number.toFixed(fractionDigits?: num…
}                    ✦ ★ toPrecision
                     ✦ toExponential
                     ✦ toLocaleString
                     ✦ toString
                     ✦ valueOf
```

타입 가드를 사용하면 이처럼 특정 위치에서 여러 개의 타입 중 하나의 타입으로 걸러 낼 수 있습니다.

14.2 / 왜 타입 가드가 필요할까?

앞서 살펴본 코드를 다시 분석해 보면서 왜 타입 가드가 필요한지 알아보겠습니다. 다음 코드를 보겠습니다.

```
function updateInput(textInput: number | string | boolean) {
  textInput
}
```

이 코드에서 textInput 파라미터는 number, string, boolean의 유니언 타입입니다. 따라서 함수 안에서 textInput 파라미터에 접근하면 다음과 같이 타입이 추론됩니다.

▼ **그림 14-4** 함수 안에서 string | number | boolean 유니언 타입으로 추론되는 textInput 파라미터

```
function updateInput(textInput: number | string | boolean) {
    (parameter) textInput: string | number | boolean
  textInput
}
```

updateInput() 함수에 숫자를 넘겨 소수점 두 자리까지만 표기하고 싶다면 toFixed()라는 자바스크립트 내장 API를 사용합니다. 이 API는 숫자 타입에만 제공되기 때문에 다음과 같이 코드를 작성하려고 하면 에러가 발생합니다.

▼ **그림 14-5** textInput 파라미터가 유니언 타입이기 때문에 number 타입 API인 toFixed( )에서 에러가 발생하는 모습

▼ **그림 14-5** textInput 파라미터가 유니언 타입이기 때문에 number 타입 API인 toFixed( )에서 에러가 발생하는 모습

```
function updateInput(textInput: number | string | boolean) {
  textInput.toFixed(2);
}
        any

        'string | number | boolean' 형식에 'toFixed' 속성이 없습니다.
          'string' 형식에 'toFixed' 속성이 없습니다. ts(2339)

        문제 보기    빠른 수정을 사용할 수 없음
```

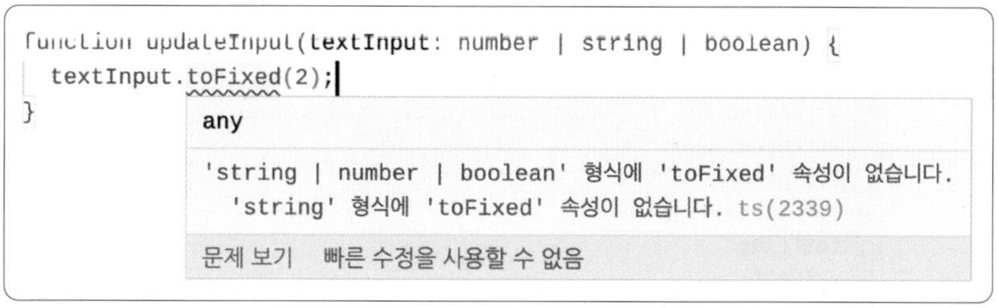

이 에러는 '6.3절 유니언 타입을 사용할 때 주의할 점'에서도 살펴보았듯이 textInput 파라미터에 지정된 number, string, boolean 타입에서 모두 사용할 수 있는 속성과 API만 접근해야 하는데 그렇지 않아 발생합니다. 이 에러를 해결하는 방법은 여러 가지가 있지만 가장 최근에 배운 타입 단언을 써 보겠습니다.

14.2.1 타입 단언으로 타입 에러 해결하기

다음과 같이 textInput 파라미터의 타입을 number로 강제합니다.

```
function updateInput(textInput: number | string | boolean) {
  (textInput as number).toFixed(2);
}
```

이렇게 코드를 작성하면 타입 에러가 발생하지 않습니다.

▼ **그림 14-6** textInput을 number 타입으로 단언하면 사라지는 타입 에러

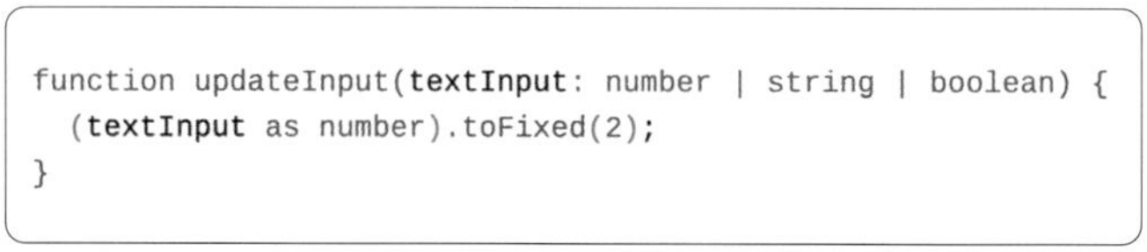

```
function updateInput(textInput: number | string | boolean) {
  (textInput as number).toFixed(2);
}
```

as 키워드를 사용해서 textInput의 타입을 number로 단언했기 때문에 기존 타입 에러가 사라질 뿐만 아니라 다음과 같이 number 타입의 API 목록도 볼 수 있습니다.

▼ **그림 14-7** number 타입으로 간주되기 때문에 제공되는 number 타입 내장 API 목록

```
function updateInput(textInput: number | string | boolean) {
  (textInput as number).
}                          ⬡ ★ toFixed        (method) Number.toFixed(fractionDigits?: num…
                           ⬡ ★ toPrecision
                           ⬡   toExponential
                           ⬡   toLocaleString
                           ⬡   toString
                           ⬡   valueOf
```

이렇게 하면 타입 에러는 해결되지만 다음 두 가지 문제가 발생합니다.

- 실행 시점의 에러는 막을 수 없다.
- 타입 단언을 계속해서 사용해야 한다.

14.2.2 타입 단언으로 해결했을 때 문제점

첫 번째 문제점은 실행 시점의 에러는 막을 수 없다는 것입니다. updateInput() 함수에 숫자가 아니라 다음과 같이 문자열을 넣으면 어떻게 될까요?

```
function updateInput(textInput: number | string | boolean) {
  (textInput as number).toFixed(2);
}

updateInput('hello');
```

현재 코드상으로는 함수 안에 문자열이 들어왔을 때의 대비가 되어 있지 않아 다음과 같이 실행 에러가 발생할 것입니다.

▼ **그림 14-8** updateInput('hello')의 실행 결과

```
⊗ ▶Uncaught TypeError: textInput.toFixed is not a function          VM44:2
     at updateInput (<anonymous>:2:13)
     at <anonymous>:5:1
```

toFixed() API는 숫자 데이터에서만 사용할 수 있는 API이기에 문자열 데이터에서는 지원되지 않아 이 그림과 같이 함수가 아니라는 에러가 발생합니다. 이 문제점은 타입 단언의 문제점이기도 합니다. '13.2.3절 타입 단언을 사용할 때 주의할 점'에서도 살펴보았지만 타입 단언은 실제 실행 에러를 방지해 주지는 않습니다. 결국 이 에러를 해결하려면 또 다른 코드를 추가해야 할 것입니다.

두 번째 문제점은 타입 단언을 계속해서 사용해야 한다는 것입니다. 다음과 같이 함수 안에 문자열 길이를 출력하는 코드를 추가한다고 합시다.

```typescript
function updateInput(textInput: number | string | boolean) {
  (textInput as number).toFixed(2);
  console.log((textInput as string).length);
}
```

숫자 API인 toFixed() API를 사용하려고 number로 한 번 타입을 단언하고, 문자열 속성인 length 속성에 접근하려고 string으로 타입을 한 번 더 단언했습니다. 이렇게 하면 매번 특정 타입으로 인식시킬 때 as 키워드를 사용하여 타입을 단언하는 코드를 작성해야 합니다. 번거로울 뿐만 아니라 반복적으로 똑같은 코드를 작성해야 하는 문제가 생깁니다. 이런 코드 작성 방식은 가급적 지양해야 합니다.

14.2.3 타입 가드로 문제점 해결하기

이렇게 타입 단언을 사용해서 생기는 문제점은 타입 가드로 쉽게 해결할 수 있습니다. 함수 안에서 타입별로 나누어 로직을 작성할 수 있습니다.

```typescript
function updateInput(textInput: number | string | boolean) {
  if (typeof textInput === 'number') {
    textInput.toFixed(2);
    return;
  }
```

```
  if (typeof textInput === 'string') {
    console.log(textInput.length);
    return;
  }
}
```

첫 번째 if 문 안의 textInput 타입은 number고, 두 번째 if 문 안의 textInput 타입은 string입니다. 이렇게 하면 소수점 둘째 자리까지만 표기하는 updateInput(1.0334)를 호출하거나 문자열 길이를 출력하는 updateInput('hello')를 호출해도 실행할 때 에러가 발생하지 않습니다. 타입 에러도 사라지고 실행 에러도 사라진 셈이죠. 확실히 이 경우에는 타입 단언보다 타입 가드를 사용하는 것이 유리해 보입니다.

▼ **그림 14-9** 타입 가드 덕택에 특정 위치에서 원하는 타입으로 구분되는 모습

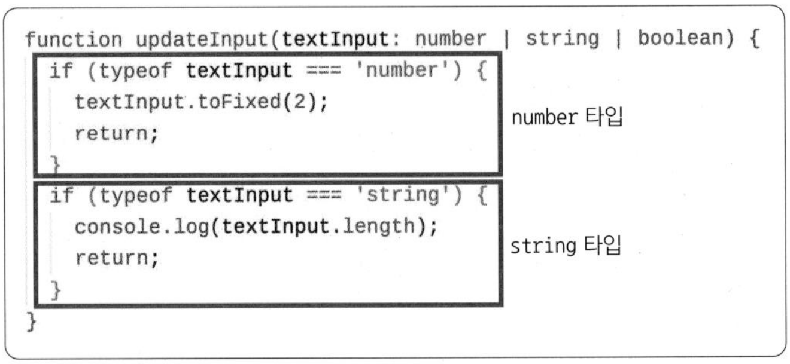

```
function updateInput(textInput: number | string | boolean) {
  if (typeof textInput === 'number') {
    textInput.toFixed(2);              number 타입
    return;
  }
  if (typeof textInput === 'string') {
    console.log(textInput.length);     string 타입
    return;
  }
}
```

14.3 타입 가드 문법

SECTION

타입 가드란 무엇이고 어떤 이점이 있는지 살펴보았으니 이제는 기본적인 문법들을 알아볼 차례입니다. 타입 가드에 사용하는 주요 연산자는 다음과 같습니다.

- typeof
- instanceof
- in

14.3.1 typeof 연산자

typeof 연산자는 타입스크립트가 등장하기 전부터 사용해 온 자바스크립트 연산자입니다. 다음과 같이 특정 코드의 타입을 문자열 값으로 반환해 줍니다.

```
typeof 10;            // 'number'
typeof 'hello';       // 'string'
typeof function() {} // 'function'
```

이 코드처럼 10이라는 숫자에 typeof를 사용하면 number라는 문자열이 반환되고, hello라는 문자열에는 string이라는 문자열이 반환됩니다. function() {}처럼 함수에도 사용할 수 있습니다. 이처럼 typeof 연산자는 특정 코드의 타입을 문자열로 반환해 줍니다.

그럼 이번에는 이 typeof 연산자가 어떻게 타입 가드 역할을 할 수 있는지 알아보겠습니다. 다음과 같은 함수가 있다고 합시다.

```
function printText(text: string | number) {
  // ...
}
```

이 함수는 텍스트를 입력받아 콘솔에 출력하는 함수라고 하겠습니다. 텍스트가 문자열일 수도 있고 숫자일 수도 있습니다. 문자열이면 앞뒤 공백을 제거해서 콘솔에 출력해야 한다고 합시다. 그럼 text 파라미터의 타입을 string 타입으로 구분해 주어야 합니다. 다음과 같이 말이죠.

▼ **그림 14-10** typeof 연산자로 number 타입을 가드한(걸러 낸) 코드

▼ **그림 14-10** typeof 연산자로 number 타입을 가드한(걸러 낸) 코드

```
function printText(text: string | number) {
  if (typeof text === 'string') {
    // 이 블록 안에서는 text의 타입이 string 타입으로 간주된다.

      (parameter) text: string

    text

  }
}
```

14.1절에서 타입 가드를 처음 이야기할 때 if 문이 타입 가드 역할을 한다고 했는데, 실질적으로 타입 가드 역할을 하는 코드는 바로 typeof 연산자입니다. text 파라미터의 타입은 string이나 number가 될 수 있는데, 타입이 string일 때만 특정 로직을 실행하게끔 if 문과 typeof 연산자를 조합한 것이죠. 이 그림에서 볼 수 있듯이 if 문 안에서는 text 파라미터의 타입이 string 타입이기 때문에 다음과 같이 문자열의 앞뒤 공백을 제거할 수 있는 trim() API를 API 미리보기 목록에서 확인할 수 있습니다(tab으로 자동 완성 가능).

▼ **그림 14-11** text 파라미터가 string 타입으로 간주되어 문자열 관련 API를 미리 확인할 수 있음

```
function printText(text: string | number) {
  if (typeof text === 'string') {
    // 이 블록 안에서는 text의 타입이 string 타입으로 간주된다.
    text.tr
           ⊗ trim
           ⊗ toString
           ⊗ ★ toLowerCase
  }        ⊗ toUpperCase
}          ⊗ substring
           ⊗ substr
           ⊗ toLocaleLowerCase
           ⊗ toLocaleUpperCase
           ⊗ charAt
           ⊗ charCodeAt

           (method) String.trim(): string            ✕

           Removes the leading and trailing white space and line terminator
           characters from a string.
```

최종적으로 다음과 같이 코드를 작성할 수 있습니다.

```
function printText(text: string | number) {
  if (typeof text === 'string') {
    // 이 블록 안에서는 text의 타입이 string 타입으로 간주된다.
    console.log(text.trim());
  }
}
```

같은 방식으로 이번에는 타입이 number로 추론될 수 있게 타입 가드를 작성해 보겠습니다.

```
function printText(text: string | number) {
  if (typeof text === 'string') {
    // 이 블록 안에서는 text의 타입이 string 타입으로 간주된다.
    console.log(text.trim());
  }

  if (typeof text === 'number') {
    // 이 블록 안에서는 text의 타입이 number 타입으로 간주된다.
  }
}
```

두 번째 if 문을 작성해서 typeof 연산자로 number 타입일 때만 로직이 실행되게끔 코드를 작성했습니다. text 파라미터가 숫자일 때만 두 번째 if 문으로 진입하기 때문에 두 번째 if 문 안에서는 text 파라미터가 number 타입으로 추론됩니다.

```
function printText(text: string | number) {
  if (typeof text === 'string') {
    // 이 블록 안에서는 text의 타입이 string 타입으로 간주된다.
    console.log(text.trim());
  }

  if (typeof text === 'number') {
    // 이 블록 안에서는 text의 타입이 number 타입으로 간주된다.
    text.
}         ⊙ ★ toFixed
}         ⊙ ★ toPrecision
          ⊙ toExponential
          ⊙ toLocaleString
          ⊙ toString
          ⊙ valueOf

          (method) Number.toFixed(fractionDigits?: number | undef  ×
          ined): string
```

이처럼 typeof 연산자를 사용하여 특정 위치에서 원하는 타입으로 구분할 수 있습니다.

14.3.2 instanceof 연산자

instanceof 연산자도 typeof 연산자와 마찬가지로 오래 전부터 사용해 온 자바스크립트 연산자입니다. 이 연산자는 변수가 대상 객체의 프로토타입 체인에 포함되는지 확인하여 true/false를 반환해 줍니다. 이해를 돕고자 다음 예시 코드를 보겠습니다.

```
function Person(name, age) {
  this.name = name;
  this.age = age;
}

var captain = new Person('캡틴', 100);
```

이 코드는 Person이라는 생성자 함수를 선언하고 captain이라는 변수에 사용합니다. 이름은 '캡틴'이고 나이는 '100'인 객체를 하나 생성하여 captain이라는 변수에 할당했습니다. 이 변수에 다음과 같이 instanceof를 사용해 보겠습니다.

```
captain instanceof Person; // true
```

captain 변수는 Person 생성자 함수의 인스턴스이기 때문에 true 값이 반환됩니다. 연관성이 없는 객체에 instanceof 연산자를 썼다면 다음과 같이 false 값이 반환될 것입니다.

```
var hulk = { name: '헐크', age: 79 };
hulk instanceof Person; // false
```

이 두 변수의 프로토타입 체인을 그려 보면 다음과 같습니다.

▼ **그림 14-13** captain 변수와 hulk의 프로토타입 체인 구조

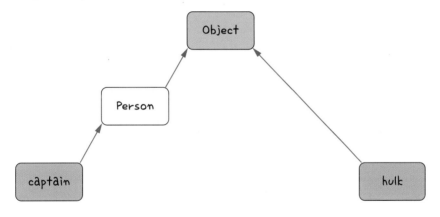

모든 객체는 기본적으로 Object를 프로토타입으로 상속받기 때문에 hulk 변수의 프로토타입은 Object가 되고, captain 변수는 생성자 함수로 생성된 객체이기 때문에 프로토타입이 Person이 됩니다. 여기에서 Person 생성자 함수의 프로토타입은 Object입니다.

그럼 instanceof 연산자의 역할을 알아보았으니 타입 가드 측면에서 활용 방법을 알아보겠습니다. 다음과 같은 코드가 있다고 하겠습니다.

```
class Person {
  name: string;
  age: number;

  constructor(name, age) {
    this.name = name;
    this.age = age;
  }
}

function fetchInfoByProfile(profile: Person | string) {
  // ...
}
```

조금 전에 살펴본 Person 생성자 함수를 class 문법으로 표현했습니다. 그리고
fetchInfoByProfile()이라는 함수의 파라미터에 Person 클래스와 string을 유니언 타입
으로 선언했습니다.

> **노트**
>
> 참고로 다음 생성자 함수와 클래스는 역할이 같습니다. '9장 클래스'를 참고하세요.
> ```
> function Person(name, age) {
>   this.name = name;
>   this.age = age;
> }
>
> class Person {
>   name: string;
>   age: number;
>
>   constructor(name, age) {
>     this.name = name;
>     this.age = age;
>   }
> }
> ```

이 fetchInfoByProfile() 함수는 파라미터의 값에 따라 다른 정보 데이터를 가져오는 함수라고 가정하겠습니다. 파라미터가 Person 클래스 모양의 객체라면 콘솔에 출력하고, string 타입이라면 경고창을 표시한다고 합시다. 그럼 다음과 같이 instanceof 연산자를 사용하여 Person 클래스로 생성된 객체인지 구분할 수 있습니다.

```
function fetchInfoByProfile(profile: Person | string) {
  if (profile instanceof Person) {
    // 이 블록 안에서는 profile의 타입이 Person 타입으로 간주된다.
  }
}
```

이 if 문 블록 안에서는 profile이 Person 타입으로 추론되기 때문에 다음과 같이 Person 타입의 name과 age 속성에 접근할 수 있습니다.

▼ **그림 14-14** if 문 블록 안에서 Person 타입으로 추론되는 profile 파라미터

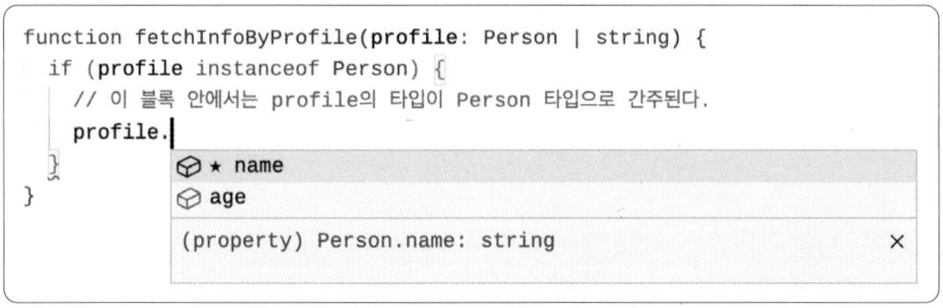

if 문 안에서 profile 파라미터에 마우스 커서를 올려 보면 Person 타입으로 추론되는 것을 확인할 수 있을 것입니다. 이처럼 instanceof는 주로 클래스 타입이 유니언 타입으로 묶여 있을 때 타입을 구분하기 위해 사용합니다.

14.3.3 in 연산자

in 연산자는 typeof, instanceof 연산자와 마찬가지로 자바스크립트 연산자이며 객체에 속성이 있는지 확인해 줍니다. 객체에 특정 속성이 있으면 true를, 그렇지 않으면 false를 반환해 줍니다. 코드로 확인해 볼까요?

```
var book = {
  name: '길벗 타입스크립트',
  rank: 1
};

console.log('name' in book); // true
```

이 코드는 name과 rank를 속성으로 갖는 book 객체를 하나 선언하고 in 연산자를 사용합니다. book 객체에 name 속성이 있는지 in 연산자로 확인하고 결과를 출력했습니다. book 객체에 name 속성이 있기 때문에 true 값이 반환되며, name 속성이 없다면 false 값이 반환됩니다. 다음 코드는 객체에 없는 속성을 in 연산자로 확인했기 때문에 false 값이 출력됩니다.

```
console.log('address' in book); // false
```

그럼 이 in 연산자를 사용하여 타입 가드를 적용해 볼까요? 다음과 같은 코드가 있다고 합시다.

```
interface Book {
  name: string;
  rank: number;
}

interface OnlineLecture {
  name: string;
  url: string;
}

function learnCourse(material: Book | OnlineLecture) {
  // ...
}
```

책(Book)과 온라인 강의(OnlineLecture)를 의미하는 인터페이스를 2개 선언하고, 수업을 듣는나는 의미인 learnCourse() 함수를 1개 신인했습니다. 이 learnCourse() 함수의 파라미터 타입은 Book 인터페이스와 OnlineLecture 인터페이스의 유니언 타입입니다. 수업을 듣는 방식이 책 또는 온라인 강의라고 가정하고 코드를 작성했습니다. 여기에서 온라인 강의의 URL 주소를 콘솔창에 출력할 때 별도의 타입 가드가 없다면 타입 에러가 발생합니다.

▼ **그림 14-15** 타입 가드가 없어 특정 인터페이스의 속성에 접근했을 때 발생하는 타입 에러

```
function learnCourse(material: Book | OnlineLecture) {
  material.url;
}
```
```
any

'Book | OnlineLecture' 형식에 'url' 속성이 없습니다.
  'Book' 형식에 'url' 속성이 없습니다. ts(2339)

문제 보기    빠른 수정을 사용할 수 없음
```

온라인 강의 URL에 접근하기 위해 다음과 같이 in 연산자를 사용해 보겠습니다.

```
function learnCourse(material: Book | OnlineLecture) {
  if ('url' in material) {
    // 이 블록 안에서는 material의 타입이 OnlineLecture 타입으로 간주된다.
  }
}
```

if 문에 in 연산자를 사용하여 material 파라미터에 url 속성이 있는지 체크하는 로직을 작성했습니다. 파라미터에 들어올 수 있는 객체의 속성은 다음 그림과 같이 총 3개인데 여기에서 url 속성이 있는 타입은 OnlineLecture밖에 없으므로 if 문 안에서 material 파라미터의 타입은 OnlineLecture로 추론됩니다.

▼ **그림 14-16** material 파라미터가 취급할 수 있는 name, rank, url 속성 3개

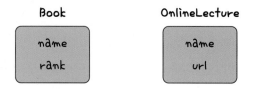

if 문 안에서 material을 작성하고 .을 찍으면 다음과 같이 OnlineLecture 타입의 name과 url 속성을 미리볼 수 있습니다.

▼ **그림 14-17** if 문 안에서 material 파라미터 타입이 OnlineLecture 타입으로 추론되는 모습

```
function learnCourse(material: Book | OnlineLecture) {
  if ('url' in material) {
    // 이 블록 안에서는 material의 타입이 OnlineLecture 타입으로 간주된다.
    material.
  }                  ⊘ name
}                    ⊘ url

                     (property) OnlineLecture.name: string        ×
```

이처럼 in 연산자를 사용하여 인터페이스 2개가 유니언 타입으로 연결되어 있을 때 특정 인터페이스로 구분할 수 있습니다.

그런데 여기에서 두 인터페이스의 공통 속성을 in 연산자로 체크하면 어떻게 될까요? 두 인터페이스에 공통으로 있는 name 속성을 in 연산자로 체크해 보겠습니다.

▼ **그림 14-18** 두 인터페이스의 공통 속성을 in 연산자로 체크했을 때 타입 추론 결과

```
function learnCourse(material: Book | OnlineLecture) {
  if ('name' in material) {

      (parameter) material: Book | OnlineLecture
    material

  }
}
```

이 그림에서 볼 수 있듯이 name이라는 속성은 Book 인터페이스와 OnlineLecture 인터페이스에 모두 공통으로 있으므로 특정 타입으로 구분해 주지 않습니다. 타입 가드 역할을

하지 못한다는 의미입니다. 타입 가드로 특정 타입을 걸러 내려면 해당 타입이 다른 타입과 구분되는 유일한 특징을 조건으로 걸어야 합니다. 다음과 같이 말이죠.

▼ **그림 14-19** Book 인터페이스에만 있는 rank 속성을 in 연산자로 체크했을 때 타입 추론 결과

```
function learnCourse(material: Book | OnlineLecture) {
  if ('rank' in material) {

       (parameter) material: Book
    material

  }
}
```

Book 인터페이스에만 있는 rank 속성을 in 연산자로 체크하면 if 문 안에서 material 파라미터의 타입은 Book 타입으로 추론됩니다.

14.4 / 타입 가드 함수
SECTION

타입 가드 함수란 타입 가드 역할을 하는 함수를 의미합니다. 주로 객체 유니언 타입 중하나를 구분하는 데 사용하며, in 연산자와 역할은 같지만 좀 더 복잡한 경우에도 사용할수 있습니다.

타입 가드 함수는 다음과 같이 is 연산자를 사용하여 여러 개의 타입 중 하나로 구분합니다.

```
function isPerson(someone: Person | Developer): someone is Person {
  // ...
}
```

이 코드는 Person 타입과 Developer 타입 중 Person 타입으로 구분하는 타입 가드 함수입니다.

14.4.1 타입 가드 함수 예시

타입 가드 함수를 어떻게 작성하고 활용할 수 있는지 알아보기 위해 간단한 코드를 살펴보겠습니다.

```typescript
interface Person {
  name: string;
  age: number;
}

interface Developer {
  name: string;
  skill: string;
}

function greet(someone: Person | Developer) {
  if ("age" in someone) {
    console.log("사람의 나이는 ", someone.age);
  } else {
    console.log("개발자의 스킬은 ", someone.skill);
  }
}
```

이 코드는 앞서 배운 in 연산자를 사용하여 타입 가드를 적용한 예시입니다. greet() 함수는 파라미터가 Person 타입일 때는 나이를 출력하고, Developer 타입일 때는 스킬을 출력합니다. 이 함수의 파라미터는 Person 인터페이스와 Developer 인터페이스의 유니언 타입이기 때문에 첫 번째 if 문 안에서 in 연산자로 Person 타입을 구분하고 else 문 안에서 나머지 타입인 Developer 타입으로 추론하여 각 속성에 접근하도록 했습니다.

이 코드에 isPerson()이라는 타입 가드 함수를 정의하여 사용해 보겠습니다. 먼저 isPerson() 함수는 다음과 같이 작성합니다.

```
function isPerson(someone: Person | Developer): someone is Person {
  return (someone as Person).age !== undetined;
}
```

이 함수의 파라미터는 Person 타입과 Developer 타입의 유니언 타입으로 정의되었습니다.
유니언 타입으로 정의된 파라미터는 별도의 타입 가드를 적용하지 않으면 함수 내부에서
다음과 같이 공통 속성만 접근할 수 있습니다.

▼ **그림 14-20** isPerson( ) 함수 안에서 someone 파라미터로 접근 가능한 속성 목록

```
function isPerson(someone: Person | Developer): someone is Person {

  someone.|
           ⬡ name                              (property) name: string
```

따라서 타입 단언 키워드인 as를 사용하여 Person 타입으로 추론을 강제한 후 age 속성에
접근합니다. 그리고 age 속성이 있는지 없는지를 !== undefined로 체크했습니다. 마지막
으로 이 함수의 반환 타입을 보면 is 연산자를 사용하여 someone 파라미터가 Person 타입
인지 체크합니다. 이것이 바로 타입 가드 함수입니다. 타입 가드 함수의 역할을 쉽게 풀어
보면 다음과 같습니다.

> **Person과 Developer 타입의 값을 받아 Person 타입의 속성이 있는지 확인한 후 속성이 있
> 다면 Person 타입으로 간주하라.**

이제 이 타입 가드 함수를 기존 예시 코드에 적용해 보겠습니다.

```
interface Person {
  name: string;
  age: number;
}

interface Developer {
  name: string;
```

```
    skill: string;
}

function isPerson(someone: Person | Developer): someone is Person {
  return (someone as Person).age !== undefined;
}

function greet(someone: Person | Developer) {
  if (isPerson(someone)) {
    console.log("사람의 나이는 ", someone.age);
  } else {
    console.log("개발자의 스킬은 ", someone.skill);
  }
}
```

greet() 함수의 if 문을 보면 isPerson() 타입 가드 함수를 사용했습니다. isPerson() 타입 가드 함수로 someone 파라미터의 타입이 Person 타입인지 아닌지 구분합니다. isPerson() 타입 가드 함수의 결과는 Person 타입이므로 if 문 안에서 someone 파라미터는 다음과 같이 Person 타입으로 추론됩니다.

▼ **그림 14-21** if 문 안에서 someone 파라미터의 타입이 Person 타입으로 구분되는 모습

```
function greet(someone: Person | Developer) {

  if (isPerson(someone)) {          (parameter) someone: Person
    console.log("사람의 나이는 ", someone.age);
  } else {
    console.log("개발자의 스킬은 ", someone.skill);
  }
}
```

마찬가지로 else 문에서는 isPerson() 함수 조건을 만족하지 않기 때문에 someone 파라미터의 타입이 Developer 타입으로 간주됩니다.

```
function greet(someone: Person | Developer) {
  if (isPerson(someone)) {
    console.log("사람의 나이는 ", someone.age);
  } else {                          ┌────────────────────────────────┐
    console.log("개발자의 스킬은 ", someone.skill);  (parameter) someone: Developer │
  }                                 └────────────────────────────────┘
}
```

이처럼 타입 가드 함수를 사용해서 객체 여러 개의 타입 중 하나의 타입으로 구분할 수 있습니다.

14.4.2 복잡한 경우의 타입 가드 예시

앞서 타입 가드 함수를 살펴보았습니다. 타입 가드 연산자 in과 역할이 달라 보이지 않는데 왜 굳이 함수로 정의해서 사용해야 할까요? 앞의 예시 코드는 타입 가드 함수를 알아보려고 작성한 코드였다면, 이번에는 타입 가드 함수가 꼭 필요한 상황을 제시해 보겠습니다.

```
interface Hero {
  name: string;
  nickname: string;
}

interface Person {
  name: string;
  age: number;
}

interface Developer {
  name: string;
  age: string;
  skill: string;
}
```

```
function greet(someone: Hero | Person | Developer) {
  // ...
}
```

이 코드는 Hero, Person, Developer 인터페이스 타입을 각각 선언하고, greet() 함수의 파라미터에 유니언 타입으로 연결합니다. 앞서 살펴본 예시 코드에 Hero 인터페이스 타입을 추가하고 Developer 타입에 문자열 타입의 age 속성을 하나 더 추가했습니다. 이 greet() 함수에서 파라미터가 Person 타입인 경우 나이를 출력한다고 해 보겠습니다. 그럼 어떻게 타입을 구분할 수 있을까요? 아마 in 연산자를 사용해서 다음과 같이 접근할 수 있을 것입니다.

```
function greet(someone: Hero | Person | Developer) {
  if ('age' in someone) {
    console.log(someone.age);
  }
}
```

Hero, Person, Developer 타입 3개 중 Person 타입이 그나마 유일하게 갖는 age 속성으로 in 연산자를 사용한 코드입니다. age 속성이 Developer 타입에도 있지만 name 속성은 오히려 타입 3개가 모두 갖는 공통 속성이기 때문에 in 연산자로 타입을 구분하기가 더 어렵습니다. 그래서 if 문 안에서 in 연산자와 age 속성을 이용하여 Person 타입으로 구분해 보면 다음과 같이 age 속성에 접근할 수 있습니다.

▼ **그림 14-23** if 문 안에서 접근할 수 있는 someone 파라미터의 age 속성

```
function greet(someone: Hero | Person | Developer) {

  if ('age' in someone)  (property) age: string | number

    console.log(someone.age);
  }

}
```

하지만 이 그림에서 볼 수 있듯이 age 속성은 string과 number의 유니언 타입이죠. 현재 if 문 안에서 someone 파라미터는 Person 타입이 아닌 Person과 Developer의 유니언 타입으로 추론되고 있습니다.

▼ **그림 14-24** if 문 안에서 Person과 Developer의 유니언 타입으로 추론되는 someone 파라미터

```
function greet(someone: Hero | Person | Developer) {

  if ('age' in s   (parameter) someone: Person | Developer
    console.log(someone.age);
  }

}
```

결국 age 속성을 출력할 수 있지만 Person 타입의 숫자형 age 속성이 아니기 때문에 숫자 관련 내장 API나 내장 속성을 사용할 수 없습니다.

▼ **그림 14-25** age 속성에서 제공되지 않는 number 타입의 API와 속성 목록

```
function greet(someone: Hero | Person | Developer) {

  if ('age' in someone) {
    console.log(someone.age.);
  }

}
                        toLocaleString
                        toString
                        valueOf              (method) valueOf(): string | number
```

결국 in 연산자로는 원하는 타입으로 구분해 낼 수 없다는 결론이 나옵니다. 이때 다음과 같이 타입 가드 함수를 선언합니다.

```
function isPerson(someone: Hero | Person | Developer): someone is Person {
  return typeof (someone as Person).age === 'number';
}
```

isPerson() 함수는 Hero, Person, Developer의 유니언 타입을 파라미터로 받고, Person 타입인지 아닌지를 결과 값(true/false)으로 반환해 줍니다. 함수 내부 코드를 보면 someone 파라미터를 Person 타입으로 단언한 후 age 속성에 접근했습니다. 그리고 typeof

연산자를 사용하여 age 속성의 타입이 number인지 아닌지 구분하고 그 결과를 반환합니다. 따라서 이 함수는 인자로 받은 객체의 age 속성 타입이 number면 Person 타입이라고 구분해 주는 타입 가드 함수입니다. 이 함수를 기존 코드에 적용하면 다음과 같습니다.

```
interface Hero {
  name: string;
  nickname: string;
}

interface Person {
  name: string;
  age: number;
}

interface Developer {
  name: string;
  age: string;
  skill: string;
}

function isPerson(someone: Hero | Person | Developer): someone is Person {
  return typeof (someone as Person).age === 'number';
}

function greet(someone: Hero | Person | Developer) {
  if (isPerson(someone)) {
    console.log(someone.age);
  }
}
```

이 if 문 안에서 someone 파라미터의 타입은 Person 타입으로 간주됩니다. 다음과 같이 말이죠.

```
function greet(someone: Hero | Person | Developer) {

  if (isPerson(s┌──────────────────────────────────┐
              │ (parameter) someone: Person      │
    console.log└──────────────────────────────────┘
  }

}
```

이제 if 문 안에서 someone 파라미터는 Person 타입으로 추론되기 때문에 age 속성의 타입이 number입니다. 따라서 age 속성으로 number 관련 내장 API와 내장 속성에 접근할 수 있습니다. 이처럼 타입 가드 함수를 사용하면 여러 가지 타입이 얽혀 있을 때 쉽게 타입을 구분할 수 있습니다.

14.5 / 구별된 유니언 타입

SECTION

구별된 유니언 타입(discriminated unions)이란 유니언 타입을 구성하는 여러 개의 타입을 특정 속성의 유무가 아니라 특정 속성 값으로 구분하는 타입 가드 문법을 의미합니다. 앞서 살펴본 in 연산자는 다음과 같이 특정 타입에 속성이 있는지 없는지 확인하여 하나의 타입으로 걸러 내 주었습니다.

```
interface Person {
  name: string;
  age: number;
}

interface Developer {
  name: string;
  skill: string;
}
```

```
function greet(someone: Person | Developer) {
  if ("age" in someone) {
    // 이 if 문 안에서 someone은 Person 타입
  }
}
```

이 코드처럼 age 속성의 유무로 Person 타입인지 아닌지 구분할 수 있죠. 이번에는 구별된 유니언 타입을 알아보기 위해 다음과 같이 코드를 변경해 보겠습니다.

```
interface Person {
  name: string;
  age: number;
  industry: 'common';
}

interface Developer {
  name: string;
  age: string;
  industry: 'tech';
}
```

이 코드는 Person 타입과 Developer 타입의 속성을 모두 동일하게 name, age, industry로 선언합니다. age 속성의 타입이 number, string으로 다르고 industry 속성의 타입은 문자열 타입으로 같지만 받을 수 있는 문자열 자체의 값은 다르게 되어 있습니다. 여기에서 주의할 점은 industry 속성에 문자열 타입이 구체적으로 common, tech라고 선언된 것이지 값이 선언된 것은 아니라는 것입니다. 타입을 선언한 것이지 실제로 객체에 연결해서 값을 선언한 것은 아닙니다.

자, 그럼 이 타입 2개를 갖는 유니언 타입은 어떻게 특정 타입으로 걸러 낼 수 있을까요? 이 두 타입의 속성 이름은 모두 같기 때문에 더 이상 in 연산자를 사용할 수 없습니다.

```
function greet(someone: Person | Developer) {

  if ('age' in someone) {

      (parameter) someone: Person | Developer

    someone



  }

}
```

이때 사용할 수 있는 것이 구별된 유니언 타입입니다. 두 타입에 모두 존재하면서 값으로 구분될 수 있는 속성이 바로 industry입니다. if 문 조건에 다음과 같이 Person 타입에 해당하는 industry 문자열 값을 비교해 보겠습니다.

```
function greet(someone: Person | Developer) {
  if (someone.industry === 'common') {
    // someone의 타입은 Person 타입으로 추론된다.
  }
}
```

먼저 이 greet() 함수 안에서 someone 파라미터에 접근하면 다음과 같이 두 타입에 모두 있는 속성을 미리볼 수 있습니다.

▼ **그림 14-28** 함수의 someone 파라미터에서 접근할 수 있는 속성 목록

이 그림을 보면 아직은 someone 파라미터가 함수 안에서 Person과 Developer의 유니언 타입으로 간주되기 때문에 age 속성의 타입도 두 타입이 갖고 있는 string, number의 유니언 타입으로 보입니다.

앞서 살펴본 코드처럼 if 문 안에서 industry 속성에 접근하면 다음과 같이 두 타입의 industry 문자열 타입 값이 보입니다.

▼ 그림 14-29 if 조건 문에서 industry 속성 값을 비교하려고 할 때 나타나는 값 목록

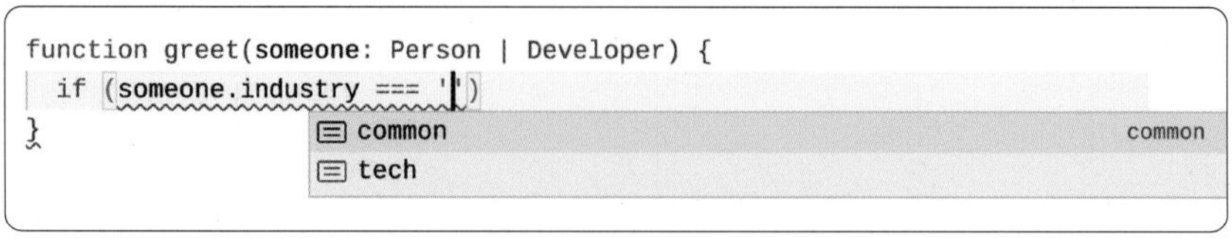

```
function greet(someone: Person | Developer) {
  if (someone.industry === '|')
}                    ▤ common                          common
                     ▤ tech
```

if 문 안에서 비교 연산자(===)를 넣고 작은따옴표('')를 쓰면 작성 가능한 값이 자동 완성 목록에 표시됩니다(이렇게 표시되지 않으면 작은따옴표 안에서 ctrl + space를 입력해 주세요). industry 값이 common이라면 Person 타입에 해당하므로 다음과 같이 if 문 안에서 someone 파라미터의 타입이 Person 타입으로 추론되는 것을 확인할 수 있습니다.

▼ 그림 14-30 if 문 안에서 Person 타입으로 추론되는 someone 파라미터

```
function greet(someone: Person | Developer) {
  if (someone.industry === 'common') {

      (parameter) someone: Person
    someone
  }
}
```

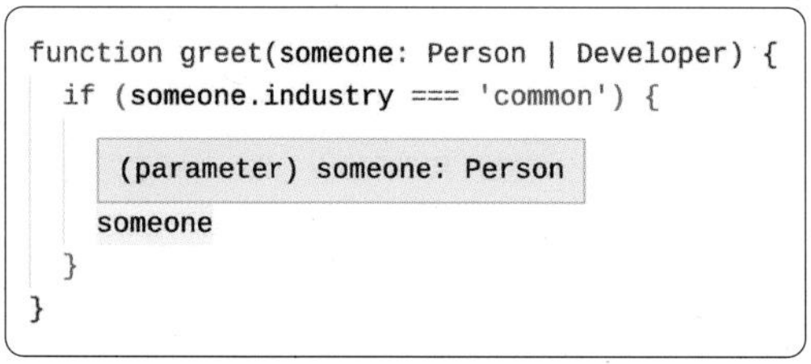

이처럼 속성 유무가 아니라 속성의 문자열 타입 값을 비교해서 타입을 구분해 내는 것이 구별된 유니언 타입입니다.

14.6 SECTION / switch 문과 연산자

앞서 타입 가드 개념을 익힐 때 모두 if 문을 사용했습니다. 타입 가드는 if 문 말고도 switch 문이나 비교 · 논리 연산자로도 적용할 수 있는데요. 각각 자세히 알아보겠습니다.

14.6.1 switch 문

switch 문으로 타입 가드를 적용하기 위해 다음 코드를 살펴보겠습니다.

```
interface Person {
  name: string;
  age: number;
  industry: 'common';
}

interface Developer {
  name: string;
  age: string;
  industry: 'tech';
}

function greet(someone: Person | Developer) {
  switch (someone.industry) {
    case 'common':
      console.log(someone.age.toFixed(2));
      break;
    case 'tech':
      console.log(someone.age.split(''));
      break;
  }
}
```

이 코드는 '14.5절 구별된 유니언 타입'에서 살펴본 예제입니다. Person 타입과 Developer 타입을 동일하게 사용하고 greet() 함수의 파라미터에 유니언 타입으로 연결했습니다. greet() 함수의 내용을 보면 if 문 대신 switch 문이 사용되었습니다. someone 파라미터의 industry 속성 값이 문자열 common인지 tech인지에 따라 각 case 블록 안 타입은 Person 또는 Developer로 구분됩니다. 다음과 같이 말이죠.

▼ 그림 14-31 industry 속성 값이 문자열 common일 때 Person 타입으로 구분되는 someone 파라미터

```
function greet(someone: Person | Developer) {
  switch (someone.industry) {
    case 'common':
                        (parameter) someone: Person
      console.log(someone.age.toFixed(2));
      break;
    case 'tech':
      console.log(someone.age.split(''));
      break;
  }
}
```

▼ 그림 14-32 industry 속성 값이 문자열 tech일 때 Developer 타입으로 구분되는 someone 파라미터

```
function greet(someone: Person | Developer) {
  switch (someone.industry) {
    case 'common':
      console.log(someone.age.toFixed(2));
      break;
    case 'tech':    (parameter) someone: Developer
      console.log(someone.age.split(''));
      break;
  }
}
```

switch 문의 첫 번째 case에서는 industry 속성 값이 common인지 체크합니다. common
에 해당하는 타입은 Person이기 때문에 그림 14-31과 같이 case 구문 안에서 파라미터
someone이 Person 타입으로 추론되는 것을 볼 수 있습니다. 따라서 age 속성이 number 타
입으로 추론되므로 toFixed()와 같은 number 타입의 내장 API를 사용할 수 있습니다.

마찬가지로 switch 문의 두 번째 case에서는 industry 속성 값이 tech인지 체크합니다.
tech에 해당하는 타입은 Developer 타입이기 때문에 그림 14-32와 같이 Developer 타입
으로 추론됩니다. Developer 타입의 age 속성은 문자열 타입이기 때문에 문자열 내장 API
인 split()을 사용할 수 있습니다.

타입 추론이 제대로 되지 않았다면 다음과 같이 에러가 발생했을 것입니다.

```
function greet(someone: Person | Developer) {
  switch (someone.industry) {
    case 'nothing':
      console.log(someone.age.toFixed(2));
      break;
    case 'financial':
      console.log(someone.age.split(''));
      break;
  }
}
```

이 케이스 2개는 모두 Person과 Developer 타입 중 어느 타입에도 해당되지 않는 조건 값입니다. 따라서 각각의 케이스 안에서는 다음과 같이 어느 타입에도 해당될 수 없다는 의미의 never가 추론되는 것을 볼 수 있습니다.

▼ 그림 14-34 case 조건 값에 해당하지 않으면 someone 파라미터가 never 타입으로 추론되는 모습

```
function greet(someone: Person | Developer) {
  switch (someone.industry) {
    case 'nothing':
                    (parameter) someone: never
      console.log(someone.age.toFixed(2));
      break;
    case 'financial':
      console.log(someone.age.split(''));
      break;
  }
}
```

never 타입에는 속성이 존재할 수 없기 때문에 이 그림에서 볼 수 있듯이 age 속성에 접근했을 때 에러가 발생합니다.

14.6.2 논리·비교 연산자

앞서 배운 typeof, instanceof, in 연산자 외에도 단순 논리 · 비교 연산자로 타입 가드를 적용할 수 있습니다. 다음 코드를 보겠습니다.

```
function sayHi(message: string | null) {
  if (message.length >= 3) {
    console.log(message);
  }
}
```

이 코드는 함수에 입력받은 문자열 길이가 3 이상일 때 해당 문자열을 출력해 주는 함수입니다. 함수의 파라미터 타입은 string과 null의 유니언 타입으로 정의되어 있습니다. 현재 코드만 보았을 때는 딱히 문제없어 보이지만, 프로젝트의 타입스크립트 타입 검사 레벨(strict)을 올리면 다음과 같이 에러가 발생합니다.

> **노트**
>
> 타입스크립트의 타입 검사 레벨을 올리는 방법은 19장에서 안내합니다.

▼ **그림 14-35** message의 타입이 null일 수 있어 .length에 접근하면 발생하는 타입 에러

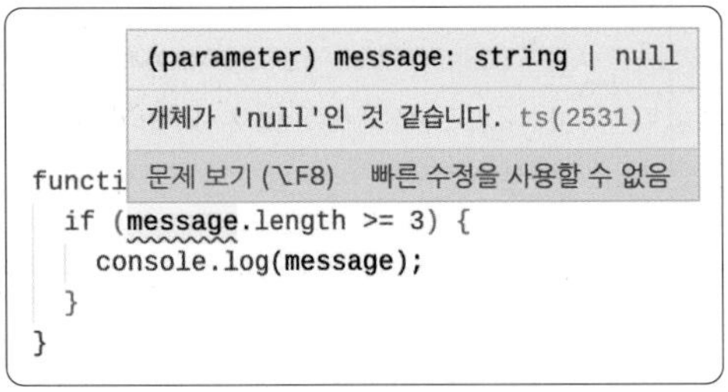

이 그림에서 에러가 발생하는 이유는 파라미터 타입이 string과 null의 유니언 타입인데 null 타입이라면 length 속성에 접근할 수 없기 때문입니다. 이때 다음과 같이 if 문을 쓰거나 타입 단언 문법인 !를 사용할 수 있습니다.

```
function sayHi(message: string | null) {
  // if 구문을 쓰는 경우
  if (message === null) {
    return;
  }
```

```
    if (message.length >= 3) {
      console.log(message);
    }
  }
```

이처럼 message가 null일 때 함수를 반환해 주면 첫 번째 if 문 아래에서는 모두 message
가 string 타입으로 추론됩니다. 다음과 같이 말이죠.

▼ **그림 14-36** message가 null 타입일 때를 처리한 후 string 타입으로만 추론되는 모습

```
function sayHi(message: string | null) {
  // if 구문을 쓰는 경우
  if (message === null) {
    return;
  }

  (parameter) message: string
  message

  if (message.length >= 3) {
    console.log(message);
  }
}
```

이렇게 if 문으로 null 처리를 한 번 더 하거나 다음과 같이 null 아님 보장 연산자(!)를 사
용할 수도 있습니다.

```
function sayHi(message: string | null) {
  if (message!.length >= 3) {
    console.log(message);
  }
}
```

message 값이 null이 아니라는 의미의 ! 연산자를 붙였기 때문에 string 타입으로 간주됩
니다. string 타입으로 간주되면 length 속성에 접근할 수 있죠. 이처럼 if 문과 ! 연산자
를 사용할 수도 있지만 다음과 같이 논리 연산자를 사용할 수도 있습니다.

```
function sayHi(message: string | null) {
  if (message && message.length >= 3) {
    console.log(message);
  }
}
```

이 코드를 보면 if 문에 && 연산자를 추가했습니다. && 연산자는 AND 연산자로 A이면서 B일 때 true를 반환한다는 의미의 논리 연산자인데요. 이 if 문은 message가 있으면 message의 length 속성이 3 이상인지 체크하라는 의미입니다. 이처럼 논리 연산자를 사용해도 마치 타입 가드를 적용한 효과를 볼 수 있습니다.

14.7 / 정리

SECTION

이 장에서는 타입 가드의 기본 개념과 문법을 알아보았습니다. 타입스크립트로 작성하는 코드양이 많아질수록 복잡한 타입도 늘어날 텐데요. 특정 위치에서 타입 여러 개 중 하나로 걸러 내는 타입 가드의 역할과 타입 가드를 사용했을 때 장점들을 살펴보았습니다. 그리고 typeof, instanceof, in 연산자 등을 사용하여 원하는 타입으로 구분하는 방법을 살펴보았고, 타입 가드 함수와 구별된 유니언 타입 등 고급 문법도 배웠습니다. 타입 추론과 단언, 타입 가드 등을 배우면서 타입스크립트가 어떤 식으로 타입을 해석하는지 감을 잡았을 것입니다. 그럼 다음 장에서는 더 재미있는 것을 배워 보겠습니다.

타입 호환

이 장에서는 타입스크립트로 코딩할 때 에러를 더 정확히 분석할 수 있는 개념인 타입 호환을 알아보겠습니다. 여러 개의 타입을 정의해서 사용하다 보면 의도치 않은 빨간색 에러를 많이 마주하게 될 텐데요. 왜 이런 에러가 발생하는지, 어떻게 해결해야 하는지 실마리를 잡을 수 있을 것입니다.

15.1 / 타입 호환이란?

SECTION

타입 호환(type compatibility)이란 서로 다른 타입이 2개 있을 때 특정 타입이 다른 타입에 포함되는지를 의미합니다. 코드로 확인해 보겠습니다.

```
var a: string = 'hi';
var b: number = 10;

b = a;
```

이 코드에서 a 변수는 문자열 타입이고 b 변수는 숫자 타입입니다. 각 타입에 맞는 초깃값인 hi와 10을 넣어 주었는데요. 이렇게 선언된 변수들을 이용하여 b = a라는 코드를 작성하면 다음과 같이 에러가 발생합니다.

▼ **그림 15-1** 문자열 타입 a를 숫자 타입 b에 할당했을 때 발생하는 타입 에러

```
b = a;
  var b: number
  'string' 형식은 'number' 형식에 할당할 수 없습니다. ts(2322)
  문제 보기 (⌥F8)   빠른 수정을 사용할 수 없음
```

이 에러 메시지에 안내되었듯이 문자열 타입은 숫자 타입에 할당할 수 없습니다. 다음과 같이 타입스크립트 코드가 아니라 자바스크립트 코드였다면 별도의 에러가 표시되지 않았을 것입니다.

```
var a = 'hi';
var b = 10;

b = a;
```

자바스크립트는 미리 변수의 타입을 지정하지 않아도 실행하는 시점에 적절한 타입으로 변환해 주기 때문이죠. 자바스크립트 관점에서 이 코드의 b 변수는 처음에 숫자 타입이었다가 b = a가 실행되고 나면 문자열 'hi'가 할당되면서 문자 타입으로 변환될 것입니다. 이것을 보통 타입 캐스팅(type casting)이라고 합니다.

다시 타입스크립트 코드로 돌아와서 b = a에서 할당할 수 없다고 에러가 발생했을 때 b의 타입과 a의 타입은 서로 호환되지 않는다고 표현할 수 있습니다.

이번에는 반대로 타입이 서로 호환되는 경우를 살펴보겠습니다.

```
var a: string = 'hi';
var b: 'hi' = 'hi';

a = b;
```

이 코드는 이전 코드와 동일하게 a 변수에 문자열 타입을 선언하고 b 변수에는 문자열 타입보다 좀 더 구체적인 'hi' 문자열 타입을 지정했습니다. b 변수는 여러 문자열 중에서도 hi 문자열만 취급합니다. 그리고 이번에는 b 변수를 a 변수에 할당했더니 별도의 타입 에러가 발생하지 않는 것을 볼 수 있습니다.

▼ **그림 15-2** 문자열 hi 타입인 b를 문자열 타입인 a에 할당했을 때 에러가 발생하지 않는 모습

```
var a: string = 'hi';
var b: 'hi' = 'hi';

a = b;
```

b 변수를 a 변수에 할당했을 때 별도의 타입 에러가 발생하지 않았으므로 a와 b의 타입
은 서로 호환된다고 볼 수 있습니다. 이처럼 타입 에러가 발생하지 않는 이유는 string
타입이 'hi' 타입보다 더 큰 타입이고 string 타입이 'hi'를 포함할 수 있는 관계이기
때문입니다.

▼ **그림 15-3** string 타입과 'hi' 타입의 포함 관계를 나타내는 도식

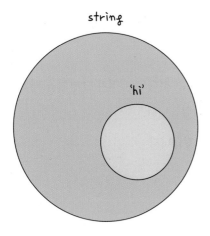

반대로 b = a로 코드를 변경하면 다음과 같이 에러가 발생합니다.

▼ **그림 15-4** string 타입을 'hi' 타입에 할당했을 때 발생하는 에러

```
b = a;
 var b: "hi"
 'string' 형식은 '"hi"' 형식에 할당할 수 없습니다. ts(2322)
 문제 보기 (⌥F8)    빠른 수정을 사용할 수 없음
```

'hi' 타입은 문자열 중에서도 'hi'만 받을 수 있기 때문에 string 타입이 받을 수 있는 'hello', 'hello world', 'what up' 등 무한한 개수의 문자열은 수용할 수 없습니다. 그래서 이렇게 타입 에러가 발생합니다.

이처럼 타입 간 할당 가능 여부로 '타입이 호환된다' 혹은 '호환되지 않는다'고 표현할 수 있습니다.

15.2 SECTION / 다른 언어와 차이점

타입스크립트의 타입 호환이라는 개념은 다른 언어와 차이가 있습니다. 다음 코드로 살펴보죠.

```typescript
interface Ironman {
  name: string;
}

class Avengers {
  name: string;
}

let i: Ironman;
i = new Avengers();
```

이 코드는 문자열 타입의 name 속성을 갖는 인터페이스와 클래스를 각각 선언합니다. i 변수를 선언하고 인터페이스 타입 Ironman으로 지정한 후 Avengers 클래스를 하나 생성하여 i 변수에 할당했습니다. 이렇게 하면 다음과 같이 아무 에러도 발생하지 않습니다.

```
interface Ironman {
  name: string;
}

class Avengers {
  name: string;
}

let i: Ironman;
i = new Avengers();
```

타입스크립트로 처음 타입이 있는 언어를 배우는 입장에서는 이 코드가 그렇게 어색해 보이지 않을 수 있지만 C#이나 Java를 경험한 사람들은 매우 어색하게 생각할 것입니다. Avengers 클래스가 명시적으로 Ironman 인터페이스를 상속받아 구현하지 않았기 때문 이죠.

이런 코드에서 따로 타입 에러가 발생하지 않는 이유는 타입스크립트의 '구조적 타이핑' 특성 때문입니다.

15.2.1 구조적 타이핑

구조적 타이핑(structural typing)이란 다음과 같이 타입 유형보다는 타입 구조로 호환 여부 를 판별하는 언어적 특성을 의미합니다. 이해를 돕기 위해 다음 코드를 보겠습니다.

```
type Captain = {
  name: string;
}

interface Antman {
  name: string;
}

var a: Captain = {
  name: '캡틴',
```

```
  };
  var b: Antman = {
    name: '앤트맨',
  };

  b = a;
```

이 코드는 문자열 타입의 name 속성을 갖는 타입 별칭과 인터페이스를 선언합니다. 타입 별칭은 앞서 중복된 타입 코드를 줄이는 데 사용하는 타입이라고 배웠고, 인터페이스는 객체 타입을 정의하는 데 사용하는 타입이라고 배웠습니다. 서로 다른 목적을 가진 다른 타입입니다. 하지만 이 타입 2개는 서로 호환됩니다. Captain 타입 별칭을 a 변수에 선언하고, 인터페이스 타입인 Antman을 b 변수에 선언한 후 b = a라고 코드를 작성해도 에러가 발생하지 않습니다.

▼ **그림 15-6** 타입 별칭과 인터페이스 타입이 호환되는 모습

```
type Captain = {
  name: string;
}

interface Antman {
  name: string;
}

var a: Captain = {
  name: '캡틴',
};
var b: Antman = {
  name: '앤트맨',
};

b = a;
```

타입 호환이라는 관점에서 보았을 때 타입 별칭이 인터페이스와 호환되는지 먼저 생각해 볼 수도 있겠지만, 타입스크립트는 해당 타입이 어떤 타입 구조를 갖고 있는지로 타입 호환 여부를 판별합니다. 이 타입 별칭과 인터페이스는 모두 문자열 타입의 name 속성을 갖

고 있기 때문에 타입 구조가 같다고 볼 수 있습니다. 그리고 타입 호환 여부를 판별할 때는 단순히 문자열 타입의 특정 속성 유무만 보지 않고 속성 이름까지 일치하는지 확인합니다. 다음과 같이 Antman 인터페이스 타입의 속성 이름을 nickname으로 변경하면 에러가 발생하는 것을 볼 수 있습니다.

```typescript
type Captain = {
  name: string;
};

interface Antman {
  nickname: string;
}

var a: Captain = {
  name: '캡틴',
};
var b: Antman = {
  nickname: '앤트맨',
};

b = a;
```

▼ **그림 15-7** 속성 이름이 다를 때 발생하는 타입 호환 에러

```
b = a;

var b: Antman

'nickname' 속성이 'Captain' 형식에 없지만 'Antman' 형식에서 필수입니
다. ts(2741)

14-2.ts(40, 3): 여기서는 'nickname'이(가) 선언됩니다.

문제 보기 (⌥F8)   빠른 수정을 사용할 수 없음
```

이렇게 타입스크립트는 타입의 정의된 생김새와 구조로 타입 호환 여부를 판별합니다.

15.3 / 객체 타입의 호환

가장 흔한 데이터 유형인 객체 타입의 호환성을 알아보겠습니다. 앞서 구조적 타이핑이란 개념을 배울 때 살펴보았지만 객체 타입은 타입 유형에 관계없이 동일한 이름의 속성을 갖고 있고 해당 속성의 타입이 같으면 호환 가능합니다.

```
type Person = {
  name: string;
};

interface Developer {
  name: string;
}

var joo: Person = {
  name: '형주'
};

var capt: Developer = {
  name: '캡틴'
};

capt = joo;
joo = capt;
```

이 코드는 Person 타입 별칭과 Developer 인터페이스가 모두 동일한 이름의 속성을 갖고 있고, 해당 속성 타입이 같기 때문에 호환 가능합니다.

▼ **그림 15-8** joo와 capt를 서로 바꾸어서 할당해도 타입 에러가 표시되지 않는 모습

```
capt = joo;
joo = capt;
```

두 타입 간 동일한 타입을 가진 속성이 1개라도 있다면 호환 가능합니다. 다음과 같이 말이죠.

```
type Person = {
  name: string;
};

interface Developer {
  name: string;
  skill: string;
}

var joo: Person = {
  name: '형주',
};

var capt: Developer = {
  name: '캡틴',
  skill: '방패 던지기'
};

joo = capt;
```

이 코드는 앞서 살펴본 코드에서 Developer 인터페이스에 skill이라는 속성을 추가로 정의합니다. 타입 별칭과 인터페이스를 각각 joo, capt라는 변수에 선언하고 초깃값을 할당했습니다. capt 변수는 속성이 하나 더 많이 정의된 Developer 인터페이스로 타입을 정의했기 때문에 skill 속성을 추가로 정의해 주었습니다. 이 capt 변수를 joo 변수에 할당해도 다음과 같이 타입 에러가 발생하지 않습니다.

▼ **그림 15-9** capt 변수를 joo 변수에 할당해도 발생하지 않는 타입 에러

```
joo = capt;
```

이처럼 타입 에러가 발생하지 않는 이유는 Developer 타입이 Person 타입에 호환되기 때문입니다. Developer 타입에 skill 속성이 하나 더 선언되어 있지만 Person 타입 입장에서는 호환하는 데 필요한 조건인 문자열 타입의 name 속성이 정의되어 있기 때문에 호환되는 것으로 간주합니다.

이번에는 반대로 capt 변수에 joo 변수를 할당하면 어떻게 될까요? 다음과 같은 타입 에러가 발생합니다.

▼ **그림 15-10** capt 변수에 joo 변수를 할당했을 때 발생하는 타입 에러

```
joo = capt;
capt = joo;

  var capt: Developer

  'skill' 속성이 'Person' 형식에 없지만 'Developer' 형식에서 필수입니다. ts(2741)

  14-3.ts(27, 3): 여기서는 'skill'이(가) 선언됩니다.

  문제 보기 (⌥F8)   빠른 수정을 사용할 수 없음
```

이 그림은 capt 변수 밑에 표시된 빨간색 줄에 마우스를 올리면 나타나는 타입 에러 메시지입니다. capt 변수는 Developer 타입으로 선언되었기 때문에 최소한 name과 skill 속성이 모두 선언되어야 합니다. 하지만 joo 변수는 Person 타입으로 선언되어 있어 name 속성밖에 갖고 있지 않으므로 Developer 타입이 되는 최소 조건을 만족하지 못합니다. 그래서 에러가 발생합니다.

이 타입 에러를 해결하고 싶다면 호환을 위한 최소 조건을 달성하기 위해 Person 타입에 다음과 같이 Developer 타입의 skill 속성을 추가하거나 Developer 타입의 skill 속성을 옵셔널로 바꿉니다.

```
// #1 - Person 타입에 skill 속성을 추가 정의
type Person = {
  name: string;
  skill: string;
};

interface Developer {
  name: string;
```

```
    skill: string;
  }

  var joo: Person = {
    name: '형주',
    skill: '웹 개발',
  };

  var capt: Developer = {
    name: '캡틴',
    skill: '방패 던지기',
  };

  joo = capt;
  capt = joo;
```

이 코드는 Person 타입에 Developer 타입의 skill 속성을 동일한 문자열 타입으로 추가하여 타입 에러를 해결합니다.

▼ **그림 15-11** Person 타입에 Developer 타입의 skill 속성을 추가하여 타입 에러를 해결한 코드

```
// #1 - Person 타입에 skill 속성을 추가 정의
type Person = {
  name: string;
  skill: string;
};

interface Developer {
  name: string;
  skill: string;
}

var joo: Person = {
  name: '형주',
  skill: '웹 개발',
};

var capt: Developer = {
  name: '캡틴',
  skill: '방패 던지기',
};

joo = capt;
capt = joo;
```

혹은 다음과 같이 Developer 타입의 skill 속성을 옵셔널(옵션 속성)로 변경하여 타입 에러를 해결할 수 있습니다.

```
// #2 - Developer 타입의 skill 속성을 옵셔널로 변경
type Person = {
  name: string;
};

interface Developer {
  name: string;
  skill?: string;
}

var joo: Person = {
  name: '형주',
};

var capt: Developer = {
  name: '캡틴',
  skill: '방패 던지기'
};

joo = capt;
capt = joo;
```

이 코드도 다음과 같이 별도의 타입 에러가 발생하지 않습니다.

▼ 그림 15-12 Developer 타입의 skill 속성을 옵셔널로 변경하여 타입 에러를 해결한 모습

```typescript
// #2 - Developer 타입의 skill 속성을 옵셔널로 변경
type Person = {
  name: string;
};

interface Developer {
  name: string;
  skill?: string;
}

var joo: Person = {
  name: '형주',
};

var capt: Developer = {
  name: '캡틴',
  skill: '방패 던지기'
};

joo = capt;
capt = joo;
```

이처럼 객체 타입은 인터페이스, 타입 별칭 등 타입 유형이 아니라 최소한의 타입 조건을 만족했는지에 따라 호환 여부가 판별됩니다.

15.4 함수 타입의 호환
SECTION

함수 타입의 호환을 알아보겠습니다. 다음과 같이 함수가 2개 있다고 합시다.

```typescript
var add = function(a: number, b: number) {
  return a + b;
};
```

```
var sum = function(x: number, y: number) {
  return x + y;
};
```

이 함수는 모두 함수 표현식으로 작성되었습니다. 함수를 선언하는 방식에는 **함수 선언문**(function declaration)과 **함수 표현식**(function expression)이 있는데, 여기에서는 함수의 타입 호환을 설명하려고 함수 표현식으로 정의했습니다.

> **노트**
>
> 함수 표현식은 함수 값을 변수에 할당하는 형태로 함수를 선언하는 방식이고, 함수 선언문은 `function sum() {}` 형태로 선언하는 방식입니다. 자세한 내용은 다음 문서를 참고하세요.
> URL https://bit.ly/3VB26qy

이 코드에서 add()와 sum() 함수는 모두 파라미터를 2개 정의했고, 각 파라미터는 number 타입으로 정의했습니다. 함수 안 로직 역시 파라미터를 2개 더해서 반환해 주는 형태로 동일하게 선언했습니다. 두 함수의 다른 점은 함수 이름과 파라미터 이름입니다. 이제 이 두 함수를 다음과 같이 할당해 보면 문제없이 할당되는 것을 볼 수 있습니다.

```
add = sum;
sum = add;
```

▼ **그림 15-13** sum() 함수와 add() 함수가 서로 타입 에러 없이 할당되는 모습

```
add = sum;
sum = add;
```

add()에 sum() 함수를 할당하거나 반대로 sum()에 add() 함수를 할당해도 타입 에러가 발생하지 않는 것으로 보아 두 함수의 타입은 서로 호환된다는 것을 알 수 있습니다. 이처럼 함수 타입도 구조적 타이핑 관점에서 함수 구조가 유사하면 호환된다는 것을 알 수 있습니다.

이번에는 반대로 함수가 호환되지 않는 경우를 살펴보겠습니다. 다음 두 함수를 봅시다.

```
var getNumber = function(num: number) {
  return num;
};

var sum = function(x: number, y: number) {
  return x + y;
};
```

이는 숫자를 하나 받아 반환해 주는 getNumber() 함수와 숫자 2개를 받아 합을 반환해 주는 sum() 함수를 작성한 코드입니다. 앞의 예제와는 다르게 일부러 구조가 다른 두 함수를 선언했습니다. 이제 이 두 함수의 호환 여부는 어떻게 될까요? 다음과 같이 getNumber() 함수에 sum() 함수를 할당해 보겠습니다.

```
getNumber = sum;
```

▼ **그림 15-14** getNumber( ) 함수에 sum( ) 함수를 할당했을 때 발생하는 타입 에러

```
getNumber = sum;
```
```
var getNumber: (num: number) => number

'(x: number, y: number) => number' 형식은 '(num: number) => number'
형식에 할당할 수 없습니다. ts(2322)
```
```
문제 보기 (⌥F8)    빠른 수정을 사용할 수 없음
```

함수의 파라미터가 2개인 sum() 함수를 함수의 파라미터가 1개인 getNumber() 함수에 할당하자 이처럼 에러가 발생합니다. 에러가 발생하는 이유는 다음과 같은 경우에서 함수 역할이 달라져 버리기 때문입니다.

```
var getNumber = function(num) {
  return num;
};
```

```
var sum = function(x, y) {
  return x + y;
};

console.log(getNumber(10)); // 10
getNumber = sum;
console.log(getNumber(10)); // NaN
```

이 코드는 앞의 getNumber()와 sum() 함수를 자바스크립트로 작성합니다. getNumber(10)
코드의 호출 결과를 보면 인자로 넘긴 10을 받아 그대로 반환해 줍니다. 그리고 sum()
함수를 getNumber() 함수에 할당하고 나서 다시 getNumber(10)을 실행하면 이번에는
10이 아니라 NaN 결과가 출력됩니다. 자바스크립트 관점에서 보면 sum() 함수의 로직이
getNumber() 함수에 대입되면서 getNumber()는 마치 다음과 같이 작성된 것과 같은 효과
가 나타납니다.

```
var getNumber = function(x, y) {
  return x + y;
}
```

그런데 sum() 함수를 getNumber() 함수에 할당하고 난 이후에도 동일하게 인자를 1개 넘
겨서 실행하면 다음과 같이 10 + undefined의 결과를 반환하는 것과 같아집니다.

▼ **그림 15-15** sum() 함수가 할당된 getNumber(10);을 호출했을 때 함수 내부 로직

```
var getNumber = function(x, y) {
  return x + y;
}
```

결론적으로 getNumber() 함수의 로직을 보장하고자 타입 레벨에서 에러를 표시해 주어야
합니다.

이번에는 반대로 파라미터가 더 많이 정의된 함수에 파라미터가 더 적은 함수를 할당해 보겠습니다.

```
sum = getNumber;
```

▼ **그림 15-16** sum( ) 함수에 getNumber( ) 함수를 할당했을 때 발생하지 않는 에러

```
var sum: (x: number, y: number) => number
sum = getNumber;
```

sum( ) 함수에 getNumber( ) 함수를 할당하면 이처럼 타입 에러가 발생하지 않습니다. 이 그림은 sum( ) 함수에 마우스를 올렸을 때 함수 타입이 미리보기 레벨에서 표시됩니다.

이 코드에서 타입 에러가 발생하지 않는 이유를 sum( ) 함수의 역할 관점에서 살펴보겠습니다. 앞 예제와 동일하게 다음과 같이 자바스크립트 코드를 작성했습니다.

```
var getNumber = function(num) {
  return num;
}

var sum = function(x, y) {
  return x + y;
};

console.log(sum(10, 20)); // 30
sum = getNumber;
console.log(sum(10, 20)); // 10
```

getNumber() 함수와 sum() 함수를 타입스크립트와 동일한 구조로 작성하고 sum(10, 20); 을 실행하면 콘솔에 30이 출력됩니다. 그러고 나서 getNumber() 함수를 sum() 함수에 할당하면 sum() 함수의 로직은 마치 다음과 같게 됩니다.

▼ **그림 15-17** sum() 함수에 getNumber() 함수가 할당되었을 때 내부 로직

```
var sum = function(num) {
  return num;
};
```

따라서 다시 sum(10, 20);을 호출하더라도 함수의 동작이 깨지지 않고, 첫 번째로 받은 인자를 그대로 반환하여 10을 출력해 줍니다. 두 번째로 받은 인자 20은 사용하지 않고 말이죠.

이처럼 함수의 타입 호환은 '기존 함수 코드의 동작을 보장해 줄 수 있는가?'라는 관점에서 이해하는 것이 좋습니다. 특정 함수 타입의 부분 집합에 해당하는 함수는 호환되지만, 더 크거나 타입을 만족하지 못하는 함수는 호환되지 않습니다.

▼ **그림 15-18** sum() 함수와 getNumber() 함수 간 타입 호환 관계

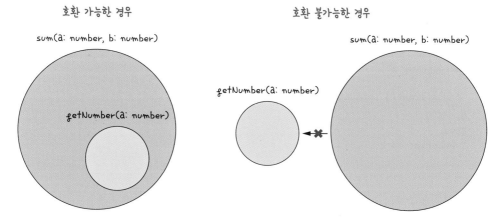

이넘 타입의 호환

이넘 타입의 호환을 알아보겠습니다. 먼저 이넘(enum)을 잠시 복습해 보겠습니다.

이넘 타입은 값 여러 개를 하나로 묶어서 사용해야 할 때 활용되는 타입입니다. 8장에서 살펴보았듯이 다음과 같이 이넘을 선언하면 기본적으로 숫자 값을 갖습니다.

```
enum Language {
  C,         // 0
  Java,      // 1
  TypeScript // 2
}
```

이 코드는 프로그래밍 언어를 의미하는 Language라는 이넘을 선언하고 속성으로 C, Java, TypeScript를 순서대로 선언합니다. 이넘 값은 별도의 속성 값을 정의하지 않으면 첫 번째 속성부터 숫자 0 값을 갖고 1씩 증가됩니다. 다음과 같이 말이죠.

▼ **그림 15-19** 첫 번째 이넘 속성 C의 값이 0으로 추론되는 모습

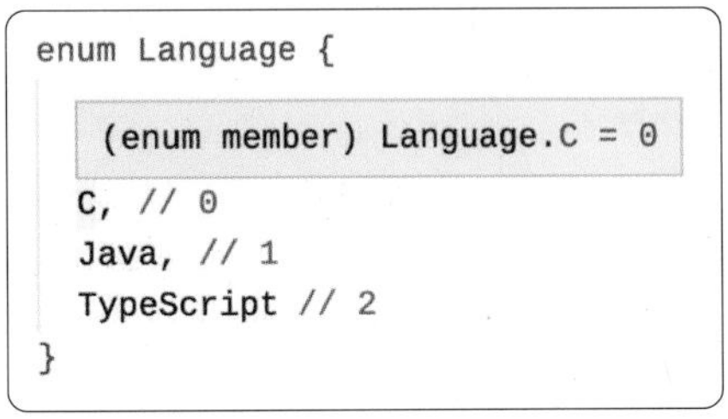

```
enum Language {

    (enum member) Language.C = 0

  C, // 0
  Java, // 1
  TypeScript // 2
}
```

이넘의 첫 번째 속성 C에 마우스 커서를 올리면 이처럼 미리보기가 표시됩니다. Language. C의 값이 0이라고 나오는데, 이런 이넘의 유형을 숫자형 이넘이라고 배웠습니다. 기억나지 않는다면 8.2절을 참고하세요.

15.5.1 숫자형 이넘과 호환되는 number 타입

이 숫자형 이넘은 숫자와 호환됩니다. 다음 코드를 보겠습니다.

```
var a: number = 10;
a = Language.C;
```

이 코드는 숫자 타입의 a 변수를 선언하고 초깃값으로 10을 할당한 후 Language 이넘의 첫 번째 속성 C를 할당합니다. 이넘 속성의 값을 숫자형 변수에 할당해도 다음과 같이 에러가 발생하지 않습니다.

▼ **그림 15-20** 숫자형 이넘의 속성이 숫자형 타입과 호환되는 모습

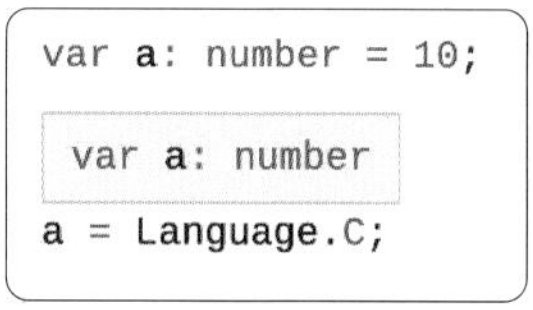

```
var a: number = 10;
    var a: number
a = Language.C;
```

이처럼 숫자형 이넘은 숫자 타입과 호환됩니다.

15.5.2 이넘 타입 간 호환 여부

이넘에도 구조적 타이핑 개념이 적용될까요? 이넘 코드 2개를 할당해 보면서 서로 호환되는지 확인해 보겠습니다.

```
enum Language {
  C,
  Java,
  TypeScript,
}

enum Programming {
  C,
  Java,
```

```
    TypeScript,
}
```

이 코드는 좀 전에 살펴본 이넘인 Language를 선언하고, 이와 동일한 타입 구조를 갖는 이넘 Programming을 선언합니다. 이넘 속성 개수와 속성 순서까지 모두 동일하고 이넘 이름만 다릅니다. 이 이넘 타입 2개를 사용해서 다음과 같이 코드를 작성해 보겠습니다.

```
var langC: Language.C;
langC = Programming.C;
```

langC 변수를 선언하고 이넘 Language 타입의 C 속성을 타입으로 선언했습니다. 그리고 이 변수에 이넘 Programming의 속성 C를 할당하면 다음과 같이 타입 에러가 발생합니다.

▼ **그림 15-21** langC 변수에 이넘 타입 Programming의 C 속성을 할당했을 때 발생하는 타입 에러

```
langC = Programming.C;
var langC: Language.C
'Programming.C' 형식은 'Language.C' 형식에 할당할 수 없습니다. ts(2322)
문제 보기 (⌥F8)    빠른 수정을 사용할 수 없음
```

이처럼 이넘 타입은 같은 속성과 값을 가졌더라도 이넘 타입 간에는 서로 호환되지 않습니다.

15.6 SECTION / 제네릭 타입의 호환

제네릭의 타입 호환은 제네릭으로 받은 타입이 해당 타입 구조에서 사용되었는지에 따라 결정됩니다. 예를 들어 보겠습니다.

```
interface Empty<T> {

}

var empty1: Empty<string>;
var empty2: Empty<number>;
```

이 코드는 Empty라는 빈 인터페이스를 선언하고 제네릭으로 타입을 넘겨받을 수 있게 정의합니다. 제네릭으로 받은 타입이 Empty 인터페이스의 타입 구조에 전혀 영향을 미치지 않습니다. 이 Empty 인터페이스를 이용하여 empty1과 empty2 변수를 선언했고 각각 string과 number를 제네릭 타입으로 넘겼습니다. 여기까지만 보면 인터페이스에 각각 string과 number라는 다른 타입을 넘겼으니 호환되지 않을 것이라고 생각할 수 있지만, 실제로는 다음과 같이 두 타입은 서로 호환됩니다.

```
empty2 = empty1;
empty1 = empty2;
```

▼ **그림 15-22** empty1과 empty2가 에러 없이 상호 호환되는 모습

```
empty2 = empty1;
empty1 = empty2;
```

empty1과 empty2 변수를 서로 바꾸어서 할당해도 이와 같이 타입 에러가 발생하지 않습니다. 여기에서 알 수 있는 사실은 다음과 같습니다.

> **제네릭으로 받은 타입이 해당 타입 구조에서 사용되지 않는다면 타입 호환에 영향을 미치지 않는다.**

앞의 예제에서 변수를 선언하고 초깃값을 할당하지 않은 상태로 코드를 작성하면 다음과 같이 타입 에러가 발생합니다.

▼ **그림 15-23** empty1과 empty2 변수에 초깃값을 지정하지 않아 발생하는 타입 에러

```
                 var empty2: Empty<number>

                 'empty2' 변수가 할당되기 전에 사용되었습니다. ts(2454)

                 문제 보기 (⌥F8)    빠른 수정을 사용할 수 없음
empty1 = empty2;
```

이 에러는 초깃값이 없어서 발생하는 타입 에러이므로 무시하거나 다음과 같이 초깃값을 할당해서 해결할 수 있습니다.

```
var empty1: Empty<string> = '';
var empty2: Empty<number> = 0;
```

이번에는 반대로 제네릭으로 받은 타입을 타입 구조 안에서 사용한 경우를 살펴보겠습니다.

```
interface NotEmpty<T> {
  data: T;
}

var notEmpty1: NotEmpty<string>;
var notEmpty2: NotEmpty<number>;
```

이 코드는 앞서 살펴본 예제 코드에서 인터페이스 타입 정의만 바꾼 예제입니다. 제네릭으로 받은 타입을 data라는 속성의 타입으로 사용하도록 정의했습니다. 이 인터페이스에 string과 number 타입을 각각 넘겨서 notEmpty1과 notEmpty2 변수를 정의했습니다. 이 변수 2개를 사용하여 다음과 같이 바꾸어서 할당하면 에러가 발생합니다.

```
notEmpty1 = notEmpty2;
notEmpty2 = notEmpty1;
```

▼ **그림 15-24** notEmpty1과 notEmpty2 변수가 서로 호환되지 않아 발생하는 타입 에러 메시지

```
var notEmpty1: NotEmpty<string>

'NotEmpty<number>' 형식은 'NotEmpty<string>' 형식에 할당할 수 없습니다.
  'number' 형식은 'string' 형식에 할당할 수 없습니다. ts(2322)

문제 보기 (⌥F8)   빠른 수정을 사용할 수 없음
notEmpty1 = notEmpty2;
notEmpty2 = notEmpty1;
```

이 에러는 notEmpty1과 notEmpty2 변수의 타입이 서로 호환되지 않아 발생합니다. 두 변수에 각각 string과 number를 제네릭 타입으로 넘기게 되면 인터페이스의 타입 구조가 다음과 같이 달라집니다.

▼ **그림 15-25** notEmpty1과 notEmpty2 변수의 타입 구조

```
var notEmpty1: NotEmpty<string>;    ──────▶    interface NotEmpty {
                                                  data: string;
                                               }


var notEmpty2: NotEmpty<number>;    ──────▶    interface NotEmpty {
                                                  data: number;
                                               }
```

이 그림에서 볼 수 있듯이 결과적으로 notEmpty1 변수의 타입과 notEmpty2 변수의 타입 구조가 다르기 때문에 서로 타입이 호환되지 않습니다. 이처럼 제네릭의 타입 호환 여부를 살펴볼 때는 제네릭으로 받은 타입이 해당 타입 구조 내에서 사용되었는지 확인하면 됩니다.

15.7 / 정리

이 장에서는 타입 호환을 알아보았습니다. 타입스크립트가 다른 타입 언어와 다르게 타입 구조와 생김새로 타입을 구분한다는 사실을 배웠고, 이를 구조적 타이핑이라고 배웠습니다. 타입이 정의된 변수를 서로 할당해 보면서 타입이 호환되는지 여부를 확인해 보았습니다. 객체 타입과 함수 타입이 호환되려면 각 타입의 최소 조건을 만족해야 한다는 사실도 알게 되었습니다. 이넘 타입은 이넘끼리 호환되지 않고 숫자형 이넘은 숫자 타입과 호환된다는 점, 제네릭 타입은 받은 타입의 사용 여부에 따라 타입 호환이 구분된다는 점도 확인했습니다. 앞으로 타입 코드를 작성할 때 타입 에러가 발생한다면 이 장에서 배운 내용들을 떠올리며 에러를 해결해 봅시다. ☺

타입 모듈

이 장에서는 타입스크립트의 모듈을 알아보겠습니다. 애플리케이션 규모가 커질수록 모듈을 잘 이해하고 사용할 줄 알아야 하는데요. 수많은 함수와 변수, 클래스 등을 논리적인 단위로 구분하여 필요할 때 가져다 쓸 수 있는 개념이 모듈입니다. 타입스크립트의 모듈은 자바스크립트의 모듈에 대한 기본적인 이해가 필요하기 때문에 이 장에서는 자바스크립트의 모듈 개념부터 같이 알아보겠습니다.

16.1 모듈이란?

SECTION

모듈(module)은 프로그래밍 관점에서 특정 기능을 갖는 작은 단위의 코드를 의미합니다. 제작할 애플리케이션 크기가 작아 파일 1개와 적은 숫자의 코드만 있다면 모듈이라는 개념이 필요 없지만, 수십 개의 파일과 많은 수의 코드 라인을 갖고 있다면 이야기가 다릅니다. 집에 물건과 가구들이 용도와 역할에 따라 정리되어 있듯이 코드도 역할과 목적에 따라서 구분되어 있는 것이 좋습니다. 그렇지 않으면 어디에 어떤 기능이 있는지 머리 속으로 다 외워야 할 테니까요.

▼ **그림 16-1** 모듈 관점에서 바라본 현실 세계와 자바스크립트의 모듈 예시

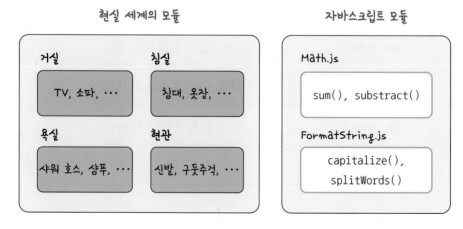

이 그림은 모듈이라는 개념을 이해하기 위해 현실 세계의 가정집과 자바스크립트를 도식화한 것입니다. 일반 가정집에는 서실, 침실, 욕실, 현관 등이 있고 각 방에는 필요한 물건과 가구가 배치되어 있을 것입니다. 방(구역)의 목적에 따라 필요한 물건과 가구가 배치되듯이 자바스크립트도 파일 목적에 따라 변수, 함수 등을 배치할 수 있습니다. 이 그림에서는 Math.js와 FormatString.js 등 파일이 각각 하나의 모듈 역할을 합니다. 그리고 그 하나의 모듈에는 외부에서 가져다 쓸 수 있는 기능들이 존재합니다. 예를 들어 숫자의 연산과 관련된 파일인 Math.js에는 덧셈용 함수 sum()과 뺄셈용 함수 substract()가 있고, 문자열 형식을 다듬어 주는 파일인 FormatString.js에는 대문자화 함수인 capitalize()와 단어를 분리해 주는 함수인 splitWords()가 있습니다. 숫자 연산과 문자열 형식 정리라는 목적으로 모듈을 각각 분리하고 해당 모듈과 관련 있는 기능들을 분류했습니다. 이처럼 특정 목적을 가지는 기능들이 모인 작은 단위의 코드를 모듈이라고 합니다.

16.2 / 자바스크립트 모듈

SECTION

자바스크립트 모듈을 이해하기 앞서, 모듈 문법을 지원하지 않았던 자바스크립트의 태생적 한계와 자바스크립트에 모듈화 개념을 도입하려는 여러 시도에 관해 이야기해 보겠습니다.

16.2.1 자바스크립트의 태생적 한계

자바스크립트는 태생적으로 모듈이라는 개념이 없던 프로그래밍 언어입니다. 파일 단위로 변수나 함수가 구분되지 않아 문제점이 많았죠. 예를 들어 다음과 같은 코드가 있다고 합시다.

```
<!-- index.html -->
<body>
  <script src="a.js"></script>
  <script src="b.js"></script>
  <script>
    getTotal();
  </script>
</body>

// a.js
var total = 100;
function getTotal() {
  return total;
}

// b.js
var total = 200;
```

이 코드는 a.js와 b.js 파일을 불러와서 getTotal()이라는 함수를 실행하는 HTML 코드입니다. a.js 파일에는 total 변수와 getTotal() 함수가 있고, b.js에는 total 변수가 있습니다. 이 HTML 파일을 실행하면 결과는 어떻게 될까요? 결과는 200이 반환됩니다.

a.js 파일만 놓고 보았을 때는 당연히 total 변수 값이 100이므로 100이 출력될 것이라고 생각할 수 있지만, 스크립트의 로드 순서에 따라 b.js의 total 변수 값이 a.js의 total 변수 값을 덮어쓰므로 200이 출력됩니다.

이렇게 파일별로 변수나 함수를 구분해서 정의하더라도 기본적으로 모두 **전역 유효 범위**(global scope)를 갖는 것이 자바스크립트의 특징입니다. 전역 유효 범위는 이처럼 예상치 못한 결과를 야기합니다. 그래서 이름이 서로 충돌하지 않게 유일한 변수나 함수 이름을 고민할 필요가 있습니다. 애플리케이션의 덩치가 커지고 코드가 많아질수록 이 문제점은 더욱 부각됩니다.

16.2.2 자바스크립트 모듈화를 위한 시도들

초창기 자바스크립트는 모듈을 지원하지 않았는데 이에 불편함을 느낀 사용자들은 모듈화를 지원하려는 시도를 했습니다. 대표적인 두 가지가 바로 Common.js와 Require.js입니다.

Common.js는 브라우저뿐만 아니라 브라우저 이외의 환경인 서버, 데스크톱에서도 자바스크립트를 활용하려고 고안된 스펙이자 그룹입니다. 현재는 서버 런타임 환경인 Node.js에서 가장 활발하게 사용되고 있는 스펙인데요. 다음과 같은 문법으로 자바스크립트 모듈화를 지원합니다.

```javascript
// math.js
function sum(a, b) {
  return a + b;
}

module.exports = {
  sum
};

// app.js
var math = require('./math.js');

console.log(math.sum(10, 20)); // 30
```

이 코드는 Common.js 문법을 이용하여 math.js를 모듈화합니다. 먼저 math.js라는 파일에 두 수의 합을 구하는 sum() 함수를 선언하고 외부에서 사용할 수 있도록 module.exports라는 문법을 지정해 주었습니다. 그리고 app.js 파일에서 require(); 문법을 이용하여 math.js 파일 내용을 가져와 exports로 지정되어 있는 sum() 함수를 꺼내서 사용했습니다. app.js를 실행하면 30이라는 결과가 출력됩니다.

이처럼 Node.js가 설치되어 있다면 별도의 도구나 라이브러리 없이도 이와 같은 문법을 이용하여 자바스크립트의 모듈화를 실현할 수 있습니다.

또 다른 시도는 Require.js 라이브러리입니다. Require.js는 AMD(Asynchronous Module Definition)라는 비동기 모듈 정의 그룹에서 고안된 라이브러리 중 하나입니다. 비동기 모듈은 애플리케이션이 시작되었을 때 모든 모듈을 가져오는 것이 아니라 필요할 때 순차적으로 해당 모듈을 가져온다는 의미입니다. Require.js는 Common.js와 다르게 다음과 같이 라이브러리를 로드해서 사용해야 합니다.

```
<body>
  <!-- 라이브러리 파일 다운로드 후 다음과 같이 연결 -->
  <script src="require.js"></script>
  <script>
    require(["https://unpkg.com/vue@3/dist/vue.global.js"], function () {
      console.log('vue is loaded')
    });
  </script>
</body>
```

이 코드는 Require.js 라이브러리를 내려받은 후 script 태그를 이용하여 로딩하고 require() 문법으로 외부 라이브러리를 가져옵니다. require()라는 문법을 이용하여 외부 라이브러리를 마치 모듈처럼 가져오는 형태로 사용할 수 있습니다. 'vue is loaded'라는 메시지는 외부 라이브러리인 Vue.js 라이브러리가 모두 로드되면 출력됩니다.

16.3 자바스크립트 모듈화 문법

SECTION

앞서 살펴본 것처럼 언어 레벨에서 지원되지 않는 모듈화 개념을 자바스크립트 생태계에서 풀려는 시도가 많아지자 2015년에 처음으로 언어 레벨에서 지원되었습니다. 그것이 바로 import/export 문법입니다.

16.3.1 import와 export

2015년 자바스크립트를 의미하는 ES6(ECMAScript 2015의 줄임말)부터 import와 export 문법을 지원합니다. 다음 코드를 보겠습니다.

> **노트**
>
> ECMAScript는 자바스크립트 표준을 의미합니다.

```
// math.js
function sum(a, b) {
  return a + b;
}

export { sum }
```

이 코드는 math.js 파일에 두 수의 합을 구하는 sum( ) 함수를 선언하고 export로 해당 함수를 모듈화했습니다. export로 함수를 지정했기 때문에 다른 파일에서 이 함수를 불러와 사용할 수 있습니다. 다음과 같이 import 문법으로 말이죠.

```
// app.js
import { sum } from './math.js';
console.log(sum(10, 20));
```

이 코드는 app.js라는 파일에서 math.js의 sum( ) 함수를 가져와 사용합니다. 앞서 export한 함수를 import로 불러왔습니다. 가져온 sum( ) 함수에 10과 20을 넘겨 결과 값 30을 출력했습니다.

16.3.2 export default 문법

export 문법은 앞서 살펴본 방식 이외에도 다음과 같이 default 구문을 사용할 수 있습니다.

```
// math.js
function sum(a, b) {
  return a + b;
}

export default sum;
```

이 코드는 앞서 살펴본 math.js 파일에 default 구문을 적용합니다. export에 default를 붙이면 해당 파일에서 하나의 대상만 내보내겠다는 말과 같습니다. 따라서 export default sum;을 하면 다음과 같이 import 구문으로 sum() 함수 하나만 가져올 수 있습니다.

```
// app.js
import sum from './math.js';
console.log(sum(10, 20));
```

이 코드의 import 구문을 보면 math.js 파일에서 default로 sum() 함수를 꺼냈기 때문에 import 구문에 {}를 붙이지 않아도 됩니다. 앞서 살펴보았던 기본 문법과는 다음과 같은 차이가 있습니다.

```
// default를 사용하지 않았을 때
import { sum } from './math.js';

// default를 사용했을 때
import sum from './math.js';
```

이처럼 default 구문은 하나의 대상만 모듈에서 내보내고 싶을 때 사용합니다.

16.3.3 import as 문법

import 구문에 as 키워드를 이용하면 가져온 변수나 함수의 이름을 해당 모듈 내에서 변경하여 사용할 수 있습니다. 다음 코드를 보겠습니다.

```javascript
// math.js
function sum(a, b) {
  return a + b;
}

export { sum }

// app.js
import { sum as add } from './math.js';
console.log(add(10, 20));
```

이 코드는 앞서 살펴보았던 예제 코드에 as 키워드를 사용합니다. math.js 파일에서는 동일하게 sum() 함수를 내보내고 있고, app.js 파일에서는 이 함수를 import 구문으로 가져오는 데 as 키워드를 사용했습니다. import { sum as add }는 sum 함수를 가져와 이 파일 안에서는 add라는 이름으로 쓰겠다는 의미입니다. 그럼 sum(10, 20);이 하던 역할을 add(10, 20);이 그대로 수행하게 됩니다.

참고로 app.js 파일에서 sum() 함수의 이름을 add()로 바꾸어 사용했다고 해서 math.js 파일의 sum() 함수 이름 자체가 바뀌는 것은 아닙니다. 다른 파일에서는 여전히 다음과 같이 임포트해서 사용해야 합니다.

```javascript
// math.js
function sum(a, b) {
  return a + b;
}

export { sum }
```

```javascript
// app.js
import { sum as add } from './math.js';
console.log(add(10, 20));

// main.js
import { sum } from './math.js';
console.log(sum(10, 20));
```

이처럼 as로 임포트한 변수나 함수의 이름을 바꾸어서 사용할 수 있습니다.

> **노트**
>
> import 구문 안에서 사용한 as 키워드는 타입 단언의 as 키워드와 다릅니다. 사용하는 위치에 따라 키워드 역할이 달라지니 주의하세요. :)

16.3.4 import * 문법

특정 파일에서 내보낸 기능이 많아 import 구문으로 가져와야 할 것이 많다면 * 키워드를 사용하여 편리하게 가져올 수 있습니다. 다음 코드를 보겠습니다.

```javascript
// math.js
function sum(a, b) {
  return a + b;
}

function substract(a, b) {
  return a - b;
}

function divide(a, b) {
  return a / b;
}

export { sum, substract, divide }
```

```
// app.js
import * as myMath from './math.js'
console.log(myMath.sum(10, 20));      // 30
console.log(myMath.substract(30, 10)); // 20
console.log(myMath.divide(4, 2));      // 2
```

이 코드는 math.js 파일에서 sum() 함수를 비롯한 함수 3개를 내보낸 후 app.js 파일에서
* as myMath라는 문법으로 모두 가져와 사용합니다. import * as myMath from './math.
js'는 math.js 파일에서 export 키워드로 지정한 모든 변수와 함수를 myMath라는 이름을
붙여 사용하겠다는 의미입니다. 이때 myMath를 **네임스페이스**(namespace)라고 봐도 되고 다
음과 같이 객체라고 생각해도 됩니다.

```
var myMath = {
  sum: function() {
    // ...
  },
  substract: function() {
    // ...
  },
  divide: function() {
    // ...
  }
};
```

이렇게 익스포트할 대상이 많거나 별도의 네임스페이스를 지정하여 사용하고 싶을 때는 *
키워드를 사용합니다.

16.3.5 export 위치

export는 특정 파일에서 다른 파일이 가져다 쓸 기능을 내보낼 때 사용하는 키워드입니
다. 변수나 함수, 클래스에 모두 사용할 수 있습니다.

```
const pi = 3.14;
const getHi = () => {
  return 'hi'
};
class Person {
  // ...
}

export { pi, getHi, Person }
```

이 코드는 변수, 함수, 클래스를 선언하고 export로 다른 모듈에서 사용할 수 있게 내보냅니다. 이렇게 각 변수, 함수, 클래스 등 코드를 작성하고 파일의 맨 마지막 줄에 export로 내보낼 대상을 정의하는 것이 관례입니다. 하지만 다음과 같이 내보낼 대상 앞에 바로 export를 붙여도 상관없습니다.

```
export const pi = 3.14;
export const getHi = () => {
  return 'hi'
};
export class Person {
  // ...
}
```

이와 같이 작성하면 맨 아래 줄에 별도로 export 구문을 추가할 필요가 없어 직관적인 부분도 있지만, 반대로 내보낼 대상이 많아지면 export라는 단어를 일일이 붙여야 하기 때문에 코드 반복이 많아집니다. 개인 취향에 따라 어느 방식을 선택하든 크게 상관없지만 다음과 같이 섞어 쓰는 패턴은 지양하는 것이 좋습니다.

```
export const pi = 3.14;
const getHi = () => {
  return 'hi';
```

```
};
export class Person {
  // ...
}


export { getHi }
```

어떤 모듈이 익스포트 대상인지 분간하기가 어렵기 때문입니다. 앞서 안내한 두 가지 방식 중 한 가지로 일관되게 코드를 작성하는 것을 추천합니다. 이 책에서는 파일의 맨 마지막 줄에 export 구문을 추가하는 방식으로 작성하겠습니다.

16.4 타입스크립트 모듈

타입스크립트의 모듈은 지금까지 배운 모듈화 개념과 문법을 그대로 적용하면 됩니다. 타입스크립트 파일에 작성된 변수, 함수, 클래스 등 기능을 import, export 문법으로 내보내거나 가져올 수 있습니다. 다음과 같이 말이죠.

```
// math.ts
function sum(a: number, b: number) {
  return a + b;
}

export { sum }

// app.ts
import { sum } from './math';
console.log(sum(10, 20));
```

이 코드는 16.3절에서 살펴본 자바스크립트 예시 코드를 모두 타입스크립트 기반으로 작성합니다. math.js와 app.js 파일을 모두 ts 확장자로 변환하고 sum() 함수의 파라미터에 number 타입을 선언해 주었습니다. 이처럼 타입스크립트의 모듈도 import와 export 구문을 동일하게 사용할 수 있습니다.

타입스크립트 모듈을 다룰 때 추가로 알아야 할 점은 타입을 내보내고 가져올 수 있다는 것입니다. 예시 코드를 보겠습니다.

```typescript
// hero.ts
interface Hulk {
  name: string;
  skill: string;
}

export { Hulk }

// app.ts
import { Hulk } from './hero';

var banner: Hulk = {
  name: '배너',
  skill: '화내기'
}
```

이 코드는 hero.ts 파일에 인터페이스를 하나 선언하고 export로 내보낸 후 app.ts 파일에서 인터페이스를 import하여 사용합니다. 이처럼 자바스크립트의 변수, 함수, 클래스를 export로 내보내듯이 타입스크립트의 인터페이스, 타입 별칭 등을 내보내어 사용할 수 있습니다.

16.5 / 타입스크립트 모듈 유효 범위

타입스크립트 모듈을 다룰 때는 변수나 함수의 유효 범위를 알아 두어야 합니다. 자바스크립트가 변수를 선언할 때 기본적으로 전역 변수로 선언되듯이 타입스크립트 역시 전역 변수로 선언됩니다. 예를 들어 타입스크립트 프로젝트가 하나 있고 다음과 같이 파일이 2개 있다고 하겠습니다.

▼ **그림 16-2** 타입스크립트 파일을 2개 갖고 있는 타입스크립트 프로젝트 폴더 구조

이 그림은 다음 단계를 거쳐 만든 ts-app 폴더의 구조입니다.

1. ts-app 폴더 생성
2. `npm init -y` 명령어로 package.json 파일 생성
3. `npm install typescript` 명령어로 타입스크립트 파일 설치
4. `node ./node_modules/.bin/tsc --init`으로 타입스크립트 설정 파일 생성
5. src 폴더 생성 후 app.ts와 util.ts 파일 생성

이와 같이 폴더와 파일 구조를 만든 후 app.ts와 util.ts 파일에 각각 다음과 같이 코드를 작성합니다.

```
// util.ts
var num = 10;

// app.ts
var a = num;
```

util.ts 파일에 num이라는 변수를 하나 선언하고 초깃값으로 10을 주었습니다. 그리고 app.
ts 파일에서 a 변수를 선언한 후 util.ts 파일의 num 변수를 할당하더라도 타입스크립트에
서 다음과 같이 정상적으로 인식합니다.

▼ **그림 16-3** util.ts 파일의 num 변수를 인식하는 app.ts 파일

이처럼 다른 파일에 선언된 변수들이 모두 타입스크립트의 모듈 관점에서 전역으로 등록
되어 있기 때문에 같은 이름으로 함수나 타입 별칭 등 재선언이 불가능한 코드를 작성하
면 에러가 발생합니다. 이해를 돕기 위해 다음 예시 코드를 보겠습니다.

```typescript
// util.ts
type Person = {
  name: string;
}

// app.ts
var capt: Person = {
  name: '캡틴'
};

type Person = {
  name: string;
  skill: string;
}
```

이 코드는 util.ts 파일에 Person이라는 타입 별칭을 선언하고 app.ts에서 이 타입 별칭을
사용하여 capt 변수를 정의합니다. capt 변수에는 util.ts 파일에 선언한 Person 타입 별칭
의 정의에 따라 name 속성만 정의해 주어도 정상적으로 정의됩니다. 그리고 capt 변수 아
래쪽에 다시 Person이라는 타입 별칭을 정의하면 다음과 같이 에러가 발생합니다.

▼ **그림 16-4** app.ts 파일에서 중복으로 정의된 타입 별칭 Person에 표시된 타입 에러

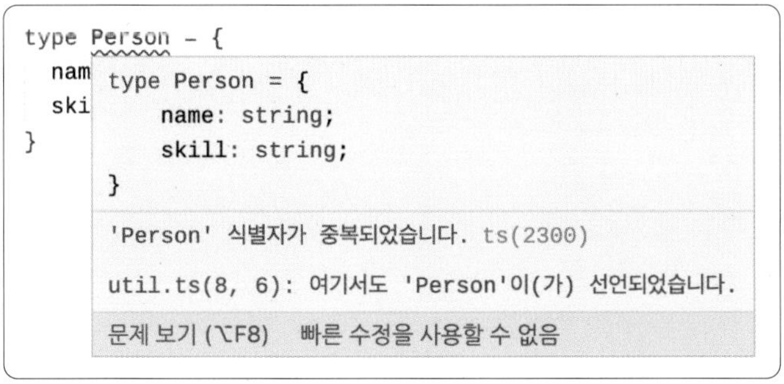

```
type Person - {
    nam  type Person = {
    ski      name: string;
}            skill: string;
         }

         'Person' 식별자가 중복되었습니다. ts(2300)

         util.ts(8, 6): 여기서도 'Person'이(가) 선언되었습니다.

         문제 보기 (⌥F8)    빠른 수정을 사용할 수 없음
```

타입스크립트 입장에서는 어느 파일에서 변수나 타입을 선언하든 전역 변수로 간주하기 때문에 같은 프로젝트 내에서는 이미 선언된 이름을 사용할 수 없습니다. 다만 전역 변수로 유효 범위가 정의되어 있다 하더라도 var나 interface 등 재선언이나 병합 선언이 가능한 코드는 별도로 에러가 표시되지 않습니다. 이번에는 앞서 살펴본 코드를 다음과 같이 바꾸어 보겠습니다.

```
// util.ts
interface Person {
  name: string;
}

// app.ts
var capt: Person = {
  name: '캡틴',
  skill: '방패'
};

interface Person {
  name: string;
  skill: string;
}
```

이 코드는 util.ts와 app.ts 파일에 모두 Person이라는 인터페이스를 선언하고 capt 변수에 지정합니다. 7.3.2절에서 배웠듯이 인터페이스는 같은 이름으로 여러 개 선언되면 해당

인터페이스의 정의가 병합됩니다. 따라서 util.ts 파일의 Person 인터페이스와 app.ts 파일의 Person 인터페이스의 정의가 병합되어 최종적으로 다음과 같이 정의됩니다.

```
interface Person {
  name: string;
  skill: string;
}
```

그래서 app.ts 파일의 capt 변수를 선언할 때 name과 skill 속성을 모두 정의해 주어야 합니다.

이처럼 타입스크립트 프로젝트 내에서 자바스크립트 코드나 타입 코드를 작성하면 기본적으로 전역 유효 범위를 갖기 때문에 주의가 필요합니다.

16.6 / 타입스크립트 모듈화 문법

SECTION

타입스크립트 모듈을 배웠으니 이제 타입스크립트 프로젝트에서 타입 코드를 모듈로 내보내고 가져올 때 알아 두면 좋은 두 가지 문법을 살펴보겠습니다.

16.6.1 import type 문법

앞서 배운 것처럼 타입을 가져올 때도 자바스크립트 모듈과 동일하게 import 구문을 사용할 수 있지만, 타입 코드일 때는 type이라는 키워드를 추가로 사용할 수 있습니다. 다음 코드를 보겠습니다.

```
// hero.ts
interface Hulk {
  name: string;
  skill: string;
}

export { Hulk };

// app.ts
import type { Hulk } from './hero';

var banner: Hulk = {
  name: '배너',
  skill: '화내기',
};
```

이 코드는 '16.4절 타입스크립트 모듈'에서 살펴본 예제 코드에 import type 문법을 적용합니다. hero.ts 파일에서 Hulk 인터페이스를 export로 내보낸 후 app.ts 파일에서 import type으로 Hulk 타입을 가져와 사용한 코드입니다. 이처럼 타입을 다른 파일에서 import로 가져오는 경우 import type을 사용하여 타입 코드인지 아닌지 명시할 수 있습니다.

16.6.2 import inline type 문법

import inline type 문법은 변수, 함수 등 실제 값으로 쓰는 코드와 타입 코드를 같이 가져올 때 사용할 수 있습니다. 여러 개를 가져올 때 어떤 코드가 타입인지 구분할 수 있는 장점이 있습니다. 코드로 살펴보겠습니다.

```
// hero.ts
interface Hulk {
  name: string;
  skill: string;
}
```

```
function smashing() {
  return '';
};

var doctor = {
  name: '스트레인지'
};

export { Hulk, smashing, doctor };

// app.ts
import { type Hulk, doctor, smashing } from './hero';

var banner: Hulk = {
  name: '배너',
  skill: '화내기',
};
```

이 코드는 hero.ts 파일에서 인터페이스, 함수, 변수를 모두 export로 내보낸 후 app.ts 파일에서 import 구문으로 가져옵니다. 여기에서는 import 구문 3개를 가져오는데, 타입인 경우 앞에 type을 붙여 명시적으로 타입이라는 것을 강조해 주었습니다. 이처럼 한 파일에서 import로 여러 개의 값과 코드를 가져올 때 import { type } 형태를 이용하여 가져온 코드가 타입인지 아닌지 명시할 수 있습니다.

16.6.3 import와 import type 중 어떤 문법을 써야 할까?

import 문과 import type 문 중에 어떤 것을 써야 할까요? 정답은 팀에서 정의된 **코딩 컨벤션**(coding convention)에 따르는 것입니다. 혼자서 진행하는 프로젝트라면 스스로 규칙을 정하고 일관적으로 작성하면 됩니다.

모듈 문법뿐만 아니라 타입스크립트 코드를 작성할 때 추가적으로 알아 두면 좋은 점은 바로 앞서 배웠던 코드 자동 완성입니다. 다음과 같이 export만 제대로 지정해 둔다면 이

것을 import하는 쪽에서는 별도로 파일 위에 일일이 import 구문을 작성하지 않고 ctrl +
space를 사용하여 자동 완성으로 코드를 완성하는 것이 더 좋습니다.

```ts
// hero.ts
interface Hulk {
  name: string;
  skill: string;
}


export { Hulk }
```

이와 같이 인터페이스를 내보낸 경우에는 다른 파일에서 인터페이스를 가져올 때 다음과
같이 코드를 작성하는 것을 추천합니다.

```ts
// app.ts
var banner: Hulk
```

▼ **그림 16-5** export한 코드를 사용할 때 코드 자동 완성 기능을 사용하는 모습

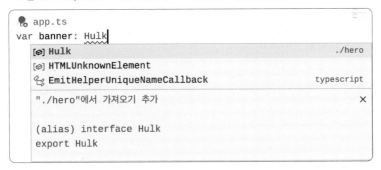

타입스크립트 프로젝트에서 모듈을 내보내고 다른 파일에서 이 모듈을 사용할 때 내부적
으로 해당 모듈에 대한 정보를 이와 같이 표시해 줍니다. 'Hul'까지만 입력하더라도 외부
에서 export로 내보낸 대상을 가리키면서 '가져오기 추가'라는 미리보기 메뉴가 생깁니다.
혹은 'Hulk'까지 모두 입력하고 나서 ctrl + space로 미리보기 메뉴를 보아도 동일합니다.

미리보기 메뉴에서 제시한 '가져오기 추가' 기능을 선택하면 다음과 같이 코드가 파일 위에 추가된 것을 확인할 수 있습니다.

```
import { Hulk } from './hero';
```

이처럼 자동 완성으로 작성된 import 구문에는 type 키워드가 별도로 붙지 않습니다. 실제로 실무에서 많은 코드가 import 구문 안에서 변수/함수와 타입을 구분하지 않는데요. 자동 완성이 주는 편리함을 따라간다면 type을 붙이지 않고, 코드 역할을 좀 더 명확하게 하겠다면 type을 붙이면 됩니다.

16.7 / 모듈화 전략: Barrel
SECTION

여러 개의 파일에서 모듈을 정의하여 가져올 때 **배럴**(Barrel)이라는 전략을 사용하면 좋습니다. 배럴이란 여러 개의 파일에서 가져온 모듈을 마치 하나의 통처럼 관리하는 방식입니다. 이해를 돕기 위해 코드로 살펴보겠습니다.

```
// ./hero/hulk.ts
interface Banner {
  name: string;
}

export { Banner }

// ./hero/ironman.ts
interface Tony {
  name: string;
}
```

```
export { Tony }

// ./hero/captain.ts
interface Steve {
  name: string;
}

export { Steve }

// app.ts
import { Banner } from './hero/hulk';
import { Tony } from './hero/ironman';
import { Steve } from './hero/captain';

var banner: Banner = { name: '배너' };
var tony: Tony = { name: '토니' };
var steve: Steve = { name: '스티브' };
```

이 코드는 hero 폴더에 있는 파일 3개에서 각각 인터페이스를 하나씩 내보내고 app.ts 파일에서 모두 가져옵니다. app.ts 파일의 import 구문을 보면 여러 개의 파일에서 각각 1개씩 인터페이스를 들고 왔습니다.

이런 식으로 여러 개의 모듈을 들고 와서 사용하면 비슷한 성격의 코드임에도 import 구문 숫자가 많아져 가독성이 떨어지는 경향이 있습니다. 이때 hero 폴더에 다음과 같이 파일 3개 모듈을 한곳에 모아 주는 중간 파일을 생성해 볼 수 있습니다.

```
// ./hero/index.ts
import { Banner } from './hulk';
import { Tony } from './ironman';
import { Steve } from './captain';

export { Banner, Tony, Steve };
```

이 코드는 hero 폴더 아래에 index.ts라는 파일을 생성하고 hero 폴더 아래에 있는 hulk.ts, ironman.ts, captain.ts 파일의 모듈을 가져와 다시 내보냅니다. 이렇게 하면 앞서 살펴본 app.ts 코드가 다음과 같이 단순화됩니다.

```ts
// app.ts
import { Banner, Tony, Steve } from './hero';

var banner: Banner = { name: '배너' };
var tony: Tony = { name: '토니' };
var steve: Steve = { name: '스티브' };
```

좀 전에 살펴본 app.ts 코드와는 다르게 import 구문이 1줄만 있습니다. './hero'는 실제로 ./hero/index.ts 파일을 가리킵니다. 그리고 index.ts 파일에서 내보낸 Banner, Tony, Steve 타입을 모두 정상적으로 가져옵니다.

./hero/index.ts 파일에서 코드를 다음과 같이 수정해서 간결하게 만들 수 있습니다.

```ts
// ./hero/index.ts
export { Banner } from './hulk';
export { Tony } from './ironman';
export { Steve } from './captain';
```

이 코드는 hulk.ts를 비롯한 파일 3개에서 export된 Banner, Tony, Steve 타입을 각각 가져온 후 다른 파일에서 사용할 수 있게 바로 내보내겠다는 의미입니다. 이렇게 내보내진 모듈은 방금 전과 동일하게 import하여 사용할 수 있습니다.

```ts
// app.ts
import { Banner, Tony, Steve } from './hero';

var banner: Banner = { name: '배너' };
var tony: Tony = { name: '토니' };
var steve: Steve = { name: '스티브' };
```

이처럼 여러 개의 모듈을 다룰 때는 마치 하나의 통에 가지런히 정리하듯이 배럴 모듈화 전략을 사용하여 코드 가독성을 높일 수 있습니다.

16.8 SECTION 정리

이 장에서는 타입스크립트의 모듈 기능을 사용하는 데 필요한 개념을 학습해 보았습니다. ES6+부터 도입된 자바스크립트의 모듈화 문법인 import, export를 배우면서 여러 가지 문법도 알아보았습니다. 그러면서 타입스크립트의 모듈이 자바스크립트의 모듈에서 확장된 개념이라는 것과 type이라는 키워드를 추가로 이용할 수 있다는 사실도 알게 되었습니다. 특히 많은 숫자의 모듈을 다룰 때 배럴이라는 모듈화 전략을 이용하여 비슷한 성격의 모듈을 모아 하나의 파일로 내보낼 수 있다는 것도 배웠습니다. 이제 복잡한 규모의 애플리케이션을 개발할 수 있는 준비가 되었네요. 수많은 파일과 모듈을 다룰 때 이 장에서 배운 내용이 유용하게 사용될 것입니다.

유틸리티 타입

이 장에서는 유틸리티 타입을 알아보겠습니다. 유틸리티 타입은 이미 정의된 타입을 변형하여 사용할 때 유용하게 쓰입니다. 유틸리티 타입은 커뮤니티에서 제네릭 타입이라고도 할 만큼 제네릭을 잘 알고 있어야 합니다. 이 장에서는 여러 개의 유틸리티 타입 중 실무에서 자주 사용되는 유틸리티 타입 위주로 살펴보겠습니다.

17.1
SECTION / 유틸리티 타입이란?

유틸리티 타입(utility type)은 이미 정의되어 있는 타입 구조를 변경하여 재사용하고 싶을 때 사용하는 타입입니다. 타입스크립트에서 미리 정의해 놓은 내장 타입이기 때문에 타입스크립트를 설치한 후 타입스크립트 설정 파일의 lib 속성만 변경해 주면 바로 사용할 수 있습니다. 다음과 같이 타입스크립트 설정 파일의 compilerOptions 속성에 lib 속성을 추가합니다.

```
{
  "compilerOptions": {
    "lib": ["ESNext"]
  }
}
```

lib 속성은 타입스크립트에서 미리 정의해 놓은 타입 선언 파일을 사용할 때 쓰는 옵션입니다. Math.floor() 등 자바스크립트 내장 API나 브라우저 DOM API 등을 스펙에 맞게 미리 정의해 두어 사용자가 가져다 쓸 수 있습니다. 최신 자바스크립트 문법을 의미하는 ESNext를 추가하고 나면 타입스크립트 파일에서 다음과 같이 유틸리티 타입이 지원되는 것을 볼 수 있습니다.

```
interface Profile {
  id: string;
  address: string;
}

type ProfileId = Pick<Profile, 'id'>;
```

이 코드는 Pick이라는 간단한 유틸리티 타입을 이용하여 Profile 인터페이스의 id 속성을
추출해서 ProfileId라는 새로운 타입으로 정의합니다. 이처럼 타입스크립트 설정 파일에
lib 속성 옵션을 추가하여 이미 정의되어 있는 유틸리티 타입을 활용할 수 있습니다.

17.2 / Pick 유틸리티 타입

유틸리티 타입이 무엇인지 알아보았으니 웹 서비스를 개발할 때 주로 사용되는 유틸리티
타입 몇 개를 함께 보면서 이해도를 높여 보겠습니다. 먼저 Pick 유틸리티 타입을 알아보
겠습니다.

17.2.1 Pick 타입 예시

Pick 유틸리티 타입은 특정 타입의 속성을 뽑아서 새로운 타입을 만들어 낼 때 사용합니
다. 앞서 살펴본 예시 코드를 다시 보겠습니다.

```
interface Profile {
  id: string;
  address: string;
```

```
}

type ProfileId = Pick<Profile, 'id'>;
```

이 코드는 id와 address 속성을 갖는 인터페이스를 하나 선언하고 이 인터페이스의
id 속성을 뽑아 ProfileId라는 새로운 타입을 정의합니다. 비주얼 스튜디오 코드에서
ProfileId 타입에 마우스 커서를 올리면 다음과 같이 타입 구조가 표시됩니다.

▼ **그림 17-1** ProfileId 타입에 마우스 커서를 올렸을 때 표시되는 타입 정보

```
type ProfileId = {
    id: string;
}
type ProfileId = Pick<Profile, 'id'>;
```

이 그림에서 볼 수 있듯이 ProfileId 타입은 Profile 인터페이스의 id 속성만 뽑아 객체
형태로 새롭게 생성된 타입입니다. ProfileId 타입은 마치 다음과 같이 정의된 것처럼 보
입니다.

```
// 유틸리티 타입이 적용된 결과
type ProfileId = {
  id: string;
};
```

Pick이라는 유틸리티 타입을 사용하면 결과적으로 이 코드처럼 타입 별칭을 정의한 것과
같은 효과가 나타납니다. 이 ProfileId 타입을 이용해서 다음과 같이 id 속성을 갖는 객체
를 정의할 수 있습니다.

```
interface Profile {
  id: string;
  address: string;
}
```

```
type ProfileId = Pick<Profile, 'id'>;

var captProfile: ProfileId = {
  id: '캡틴 아이디'
};
```

이처럼 Pick 타입으로 이미 존재하는 타입의 특정 속성만 추출해서 새로운 타입으로 정의할 수 있습니다.

그리고 Pick 타입으로 속성을 추출할 때 1개가 아니라 여러 개를 추출해서 타입을 정의할 수 있습니다. 다음과 같이 말이죠.

```
interface UserProfile {
  id: string;
  name: string;
  address: string;
}

type HulkProfile = Pick<UserProfile, 'id' | 'name'>;

var hulk: HulkProfile = {
  id: '1',
  name: '헐크',
};
```

이 코드는 앞서 살펴본 Profile 인터페이스의 속성을 3개로 늘려 UserProfile 인터페이스로 정의한 후 Pick 유틸리티 타입을 적용합니다. UserProfile 인터페이스에 id, name, address 속성 3개가 정의되어 있고, Pick으로 id와 name 속성을 뽑아 HulkProfile이라는 타입으로 정의했습니다. HulkProfile 타입에 마우스 커서를 올려 보면 다음과 같이 타입 구조가 정의된 것을 볼 수 있습니다.

```
type HulkProfile = {
    id: string;
    name: string;
}
type HulkProfile = Pick<UserProfile, 'id' | 'name'>;
```

17.2.2 Pick 타입 문법

여기까지 살펴본 내용을 종합하면 Pick은 다음과 같은 문법을 갖고 있다는 것을 알 수 있습니다.

```
Pick<대상 타입, '대상 타입의 속성 이름'>
Pick<대상 타입, '대상 타입의 속성 1 이름' | '대상 타입의 속성 2 이름'>
```

속성을 추출할 타입을 괄호의 첫 번째에 넣고 콤마를 찍은 후 두 번째 위치에 추출할 대상 타입의 속성 이름을 하나만 적거나 유니언 타입 형태로 여러 개를 적어도 됩니다.

> **노트**
>
> Pick 타입의 화살 괄호는 앞서 배운 제네릭 문법을 의미합니다. 첫 번째로 넘긴 타입과 두 번째로 넘긴 타입으로 결과 타입이 정의되는 구조입니다. 자세한 내용은 다음 장 맵드 타입에서 알아보겠습니다.

이처럼 이미 정의해 놓은 타입의 속성을 추출하여 새로운 타입을 정의하고 싶을 때는 Pick 타입을 사용합니다.

17.3 / Omit 유틸리티 타입

Omit 타입은 특정 타입에서 속성 몇 개를 제외한 나머지 속성으로 새로운 타입을 생성할 때 사용하는 유틸리티 타입입니다. 앞서 배운 Pick 타입이 특정 속성을 몇 개 뽑아서 타입을 생성하는 반면, Omit 타입은 특정 타입에서 속성 몇 개만 제외하고 나머지 타입으로 새로운 타입을 생성해 줍니다.

17.3.1 Omit 타입 문법

문법 역시 Pick 타입과 크게 다르지 않습니다. Omit을 선언한 후 첫 번째 제네릭 타입에 대상 타입을 넘기고, 두 번째 제네릭 타입으로 제외할 속성 이름을 문자열 타입 또는 문자열 유니언 타입으로 선언해 주면 됩니다.

```
Omit<대상 타입, '대상 타입의 속성 이름'>
Omit<대상 타입, '대상 타입의 속성 1 이름' | '대상 타입의 속성 2 이름'>
```

17.3.2 Omit 타입 예시

Omit 타입을 적용한 예시 코드를 살펴보겠습니다.

```
interface UserProfile {
  id: string;
  name: string;
  address: string;
}

type User = Omit<UserProfile, 'address'>;
```

이 코드는 id, name, address 속성을 갖는 인터페이스를 하나 선언하고, address 속성을
제외한 나머지 속성들을 Omit 타입으로 새롭게 선언합니다. Omit 타입을 적용한 결과인
User 타입에 마우스 커서를 올리면 다음과 같이 타입 구조가 표시됩니다.

▼ **그림 17-3** User 타입에 마우스 커서를 올렸을 때 표시되는 타입 정보

```
type User = {
    id: string;
    name: string;
}
type User = Omit<UserProfile, 'address'>;
```

Omit 타입으로 UserProfile 인터페이스의 address 속성을 제외했기 때문에 결과 타입인
User는 이 그림과 같이 id와 name 속성을 갖는 타입이 됩니다. User 타입은 마치 다음과
같이 정의된 것과 같죠.

```
// 유틸리티 타입이 적용된 결과
type User = {
  id: string;
  name: string;
};
```

17.3.3 Omit 타입과 Pick 타입 비교

Omit 타입과 Pick 타입은 정확히 반대의 역할을 합니다. 앞서 살펴본 예시 코드에 다음과
같이 Omit과 Pick을 적용해 보겠습니다.

```
interface UserProfile {
  id: string;
  name: string;
```

```
    address: string;
}

type User1 = Omit<UserProfile, 'address'>;
type User2 = Pick<UserProfile, 'id' | 'name'>;
```

이 코드는 UserProfile 인터페이스에 Omit과 Pick 타입을 이용하여 id와 name 속성을 갖는 타입을 생성합니다. User1과 User2의 타입은 모두 다음과 같이 타입 구조가 동일합니다.

▼ **그림 17-4** Omit 타입으로 생성한 User1의 타입 정보

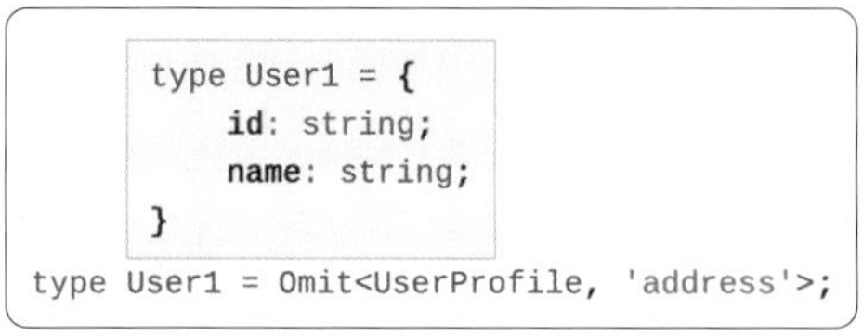

```
type User1 = {
    id: string;
    name: string;
}
type User1 = Omit<UserProfile, 'address'>;
```

▼ **그림 17-5** Pick 타입으로 생성한 User2의 타입 정보

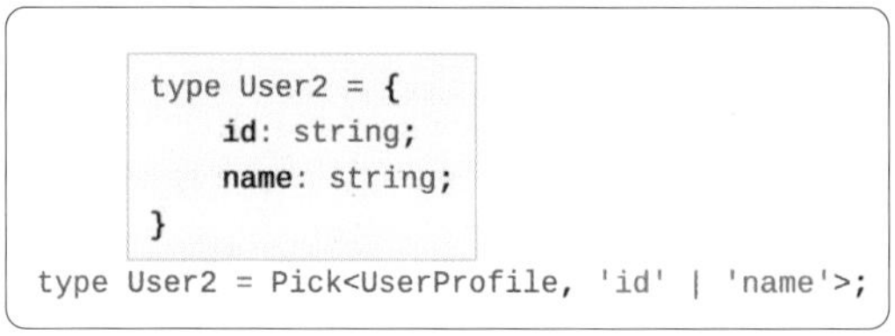

```
type User2 = {
    id: string;
    name: string;
}
type User2 = Pick<UserProfile, 'id' | 'name'>;
```

이처럼 속성 3개를 갖는 인터페이스에서 Omit 타입으로 1개를 빼든 Pick 타입으로 2개를 선택하든 결과적으로는 새로운 타입을 만들어 낼 수 있습니다. 어떤 유틸리티 타입을 쓸지는 개인의 취향이나 선호도에 따라 정할 수 있겠지만 이때는 Omit 타입을 사용하는 것이 더 유리합니다. 두 번째 제네릭 타입에 속성 이름을 여러 개 넣지 않고 1개만 넣어도 되기 때문입니다. 코드를 덜 작성해도 같은 결과가 나오기 때문에 가급적이면 코드를 줄이는 방향으로 유틸리티 타입을 정해서 사용하는 것이 좋습니다.

17.4 / Partial 유틸리티 타입

Partial 타입은 특정 타입의 모든 속성을 모두 옵션 속성으로 변환한 타입을 생성해 줍니다. 주로 HTTP PUT처럼 데이터를 수정하는 **REST API**를 전송할 때 종종 사용되는 타입입니다.

> **노트**
>
> REST는 'REpresentational State Transfer'의 약어로, REST API란 클라이언트인 브라우저에서 서버로 데이터를 요청할 때 흔히 사용하는 API를 의미합니다.

17.4.1 Partial 타입 문법

Partial 타입은 Pick 타입, Omit 타입과는 다르게 다음과 같이 대상 타입만 넘기면 됩니다.

```
Partial<대상 타입>
```

Pick 타입, Omit 타입과 마찬가지로 객체 형태의 타입만 대상 타입으로 취급할 수 있습니다. 간단한 예시 코드를 보겠습니다.

```
interface Todo {
  id: string;
  title: string;
}

type OptionalTodo = Partial<Todo>;
```

이 코드는 id와 title 속성을 가지는 인터페이스를 하나 선언하고 Partial 유틸리티 타입을 적용합니다. Partial 타입을 적용한 결과를 OptionalTodo 타입이라고 정의했습니다. OptionalTodo 타입에 마우스 커서를 올리면 다음과 같이 타입 구조가 표시됩니다.

```
type OptionalTodo = {
    id?: string;
    title?: string;
}
```
type OptionalTodo = Partial<Todo>;

이 그림에서 볼 수 있듯이 Todo 인터페이스의 id와 title 속성에 옵션 속성 표시인 ?가 붙어 있는 것을 볼 수 있습니다. 따라서 OptionalTodo 타입을 이용하면 다음과 같이 id와 title 속성을 선택적으로 적용하여 객체를 생성할 수 있습니다.

```
var nothing: OptionalTodo = {};
var onlyId: OptionalTodo = { id: '아이디만' };
var onlyTitle: OptionalTodo = { title: '제목만' };
var todo: OptionalTodo = { id: '1', title: 'Partial 배우기' };
```

이 코드는 OptionalTodo 타입을 이용하여 여러 가지 형태의 객체를 정의합니다. id와 title 속성이 모두 옵션 속성이기 때문에 빈 객체부터 id나 title 속성 하나씩만 들어간 객체, 둘 다 모두 들어간 객체를 선언할 수 있습니다.

17.4.2 Partial 타입 예시

Partial 타입은 특정 타입의 속성을 모두 선택적으로 사용할 수 있으므로 보통 데이터 수정 API를 다룰 때 사용합니다. 다음과 같이 할 일을 의미하는 인터페이스와 이 할 일 데이터를 변경하는 함수가 있다고 합시다.

```
interface Todo {
  id: string;
  title: string;
  checked: boolean;
}
```

```
function updateTodo(todo: Todo) {
  // ...
}
```

할 일을 의미하는 Todo 인터페이스에는 할 일 아이디를 의미하는 id 속성과 할 일 텍스트를 의미하는 title 속성, 할 일의 완료 여부를 알 수 있는 checked 속성이 있습니다. updateTodo() 함수는 할 일 정보를 변경하여 서버에 전달해 주는 함수라고 가정하겠습니다. 그럼 서버 쪽에서는 id, title, checked 속성 중 변경된 속성만 넘겨 달라고 할 수도 있고, 데이터 전체를 넘겨 달라고 할 수도 있습니다. 이런 부분이 바로 실무에서 프런트엔드 개발자와 백엔드 개발자가 주고받을 데이터의 규격(인터페이스)을 정의하는 설계 작업입니다. 설계에 따라 다음과 같이 여러 방식으로 updateTodo() 함수 파라미터의 타입을 정의해 볼 수 있습니다.

```
// id 속성만 넘기는 경우
function updateTodo(todo: { id: string }) {
  // ...
}

// id와 checked 속성만 넘기는 경우
function updateTodo(todo: { id: string; checked: string }) {
  // ...
}

// 할 일 데이터에 정의된 값을 모두 넘기는 경우
function updateTodo(todo: { id: string; checked: string; title: string }) {
  // ...
}
```

세 가지 함수의 파라미터는 각 설계 방식에 따라 Todo 인터페이스의 타입 코드를 재활용하지 않고 일일이 정의해 주었습니다. 이때 앞서 배운 Pick과 Omit 유틸리티 타입을 이용하면 다음과 같이 정의할 수도 있습니다.

```
// id 속성만 넘기는 경우
function updateTodo(todo: Pick<Todo, 'id'>) {
  // ...
}

// id와 checked 속성만 넘기는 경우
function updateTodo(todo: Omit<Todo, 'checked'>) {
  // ...
}

// 할 일 데이터에 정의된 값을 모두 넘기는 경우
function updateTodo(todo: Todo) {
  // ...
}
```

이처럼 서버에 어떤 값을 넘기느냐에 따라 함수의 파라미터 타입을 정의해 볼 수 있겠지만 다음과 같이 Partial 타입을 쓰면 이 세 가지 케이스를 모두 만족시킬 수 있습니다.

```
interface Todo {
  id: string;
  title: string;
  checked: boolean;
}

function updateTodo(todo: Partial<Todo>) {
  // ...
}
```

이 함수의 파라미터 타입은 Partial<Todo>이기 때문에 id, title, checked 속성이 모두 옵션 속성으로 변경됩니다. 따라서 updateTodo() 함수의 인자로 다음과 같이 다양한 형태의 값을 넘길 수 있습니다.

```
updateTodo({ id: '1' });
updateTodo({ id: '1', title: 'Partial 학습' });
updateTodo({ id: '1', title: 'Partial 학습', checked: true });
```

이처럼 Partial 타입은 특정 타입의 속성을 모두 옵션 속성으로 변경해 줍니다. 따라서 데이터를 수정하는 API를 호출하거나 이미 정해진 데이터 타입을 다른 곳에서 선택적으로 재사용할 때 주로 쓰입니다.

17.5 Exclude 유틸리티 타입
SECTION

Exclude 타입은 유니언 타입을 구성하는 특정 타입을 제외할 때 사용합니다. 앞서 살펴본 Pick, Omit, Partial 타입이 모두 객체 타입의 형태를 변형하여 새로운 객체 타입을 만드는 반면 Exclude 타입은 유니언 타입을 변형합니다.

17.5.1 Exclude 타입 문법

문법을 먼저 살펴보겠습니다. Exclude 타입은 첫 번째 제네릭 타입에 변형할 유니언 타입을 넣고, 두 번째 제네릭 타입으로 제외할 타입 이름을 문자열 타입으로 적거나 문자열 유니언 타입으로 넣어 주면 됩니다.

```
Exclude<대상 유니언 타입, '제거할 타입 이름'>
Exclude<대상 유니언 타입, '제거할 타입 이름 1' | '제거할 타입 이름 2'>
```

17.5.2 Exclude 타입 예시

Exclude 타입이 적용된 예시 코드를 살펴보겠습니다. 다음 코드는 C, Java, TypeScript, React 문자열 타입을 유니언 타입으로 갖는 Languages 타입에 Exclude 유틸리티 타입을 적용합니다.

```
type Languages = 'C' | 'Java' | 'TypeScript' | 'React';
type TrueLanguages = Exclude<Languages, 'React'>;
```

C, Java, TypeScript는 언어고 React는 언어가 아닌 프레임워크이기 때문에 Exclude로 React 타입을 제거했습니다. TrueLanguages 타입에 마우스 커서를 올려 보면 다음과 같이 C, Java, TypeScript만 유니언 타입으로 표시되는 것을 볼 수 있습니다.

▼ **그림 17-7** Exclude 타입이 적용된 TrueLanguages 타입 정보

```
       type TrueLanguages = "C" | "Java" | "TypeScript"
type TrueLanguages = Exclude<Languages, 'React'>;
```

또는 제외할 타입을 하나가 아니라 여러 개 넘길 수 있습니다. 다음 코드처럼 말이죠.

```
type Languages = 'C' | 'Java' | 'TypeScript' | 'React';
type WebLanguage = Exclude<Languages, 'C' | 'Java' | 'React'>;
```

이 코드는 앞서 살펴본 코드에서 TypeScript 문자열 타입만 남겨 놓고 나머지 문자열 타입을 모두 유니언 타입으로 제외합니다. WebLanguage 타입 정보를 확인해 보면 다음과 같이 표시됩니다.

▼ **그림 17-8** Exclude 타입이 적용된 WebLanguage 타입 정보

```
       type WebLanguage = "TypeScript"
type WebLanguage = Exclude<Languages, 'C' | 'Java' | 'React'>;
```

이처럼 유니언 타입에서 특정 타입을 제거하고 싶으면 Exclude 타입을 사용합니다.

17.6 / Record 유틸리티 타입
SECTION

Record 타입은 타입 1개를 속성의 키(key)로 받고 다른 타입 1개를 속성 값(value)으로 받아 객체 타입으로 변환해 줍니다. 마치 배열을 다룰 때 자주 사용하는 map( ) API와 역할이 비슷합니다. 다만 실제 값을 변경하는 것이 아니라 타입만 map( ) API처럼 변환해 주죠.

17.6.1 Record 타입 첫 번째 예시

이해를 돕기 위해 바로 예시 코드를 살펴보겠습니다.

```
type HeroProfile = {
  skill: string;
  age: number;
};
type HeroNames = 'thor' | 'hulk' | 'capt';

type Heroes = Record<HeroNames, HeroProfile>;
```

이는 영웅 정보를 의미하는 HeroProfile 타입과 영웅 이름을 문자열 유니언 타입으로 지정한 HeroNames 타입에 Record 유틸리티 타입을 적용한 코드입니다. Record 타입의 첫 번째 제네릭 타입으로 속성의 키 값인 HeroNames 타입을 넣고, 두 번째 제네릭 타입에 속성 값이 될 HeroProfile 타입을 넣었습니다. Record 타입이 적용된 Heroes 타입에 마우스 커서를 올려 정보를 확인해 보면 다음과 같이 표시됩니다.

```
type Heroes = {
    thor: HeroProfile;
    hulk: HeroProfile;
    capt: HeroProfile;
}
type Heroes = Record<HeroNames, HeroProfile>;
```

Heroes 타입의 형태는 객체고 키 값은 모두 첫 번째 제네릭 타입으로 받았던 HeroNames의 문자열 타입 thor, hulk, capt입니다. 속성 값의 타입은 모두 두 번째 제네릭 타입으로 받았던 HeroProfile 타입의 형태를 갖습니다. 따라서 이 Heroes 타입을 이용하면 다음과 같이 객체를 선언할 수 있습니다.

```
type Heroes = Record<HeroNames, HeroProfile>;

var avengers: Heroes = {
  capt: {
    skill: '방패',
    age: 100
  },
  thor: {
    skill: '해머',
    age: 3000
  },
  hulk: {
    skill: '괴성',
    age: 47
  }
};
```

avengers 변수가 Heroes 타입의 정의에 맞게 각 속성 이름과 값이 정의된 것을 볼 수 있습니다.

17.6.2 Record 타입 두 번째 예시

앞서 살펴본 예시처럼 문자열 유니언 타입과 객체 타입을 Record 타입의 입력 값으로 써도 되지만 다음과 같이 좀 더 단순한 형태의 데이터 타입을 활용해도 됩니다.

```
type PhoneBook = Record<string, string>;
```

이 코드는 Record 타입의 첫 번째와 두 번째 제네릭 타입으로 모두 문자열을 넘겨서 PhoneBook이라는 타입을 생성합니다. 이 타입 정보를 확인해 보면 다음과 같이 인덱스 시그니처(5.6.4절 참고)로 정의되어 있습니다.

▼ **그림 17-10** Record 타입이 적용된 Phonebook 타입 정보

```
type PhoneBook = {
    [x: string]: string;
}
type PhoneBook = Record<string, string>;
```

이 그림에 표시된 타입 정보가 의미하는 바는 문자열 키를 여러 개 정의할 수 있다는 것입니다. 키도 문자열로 선언하고 값도 문자열로 선언하면 되겠죠. 다음과 같이 말입니다.

```
var familyPhones: PhoneBook = {
  dad: '010-2837-105x',
  mom: '010-1774-492x'
};
```

이 코드는 가족 전화번호부로 아빠 핸드폰과 엄마 핸드폰을 정의합니다. 인덱스 시그니처로 정의되었기 때문에 다음과 같이 키, 값을 더 넣거나 하나만 정의해도 됩니다.

```
var myPhone: PhoneBook = {
  me: '010-9383-823x',
};
```

```
var companyPhones: PhoneBook = {
  ceo: '010-2727-488x',
  hr: '010-5960-348x',
  engineering: '010-9624-848x'
};
```

17.6.3 Record 타입 문법

앞서 살펴본 예시들을 기준으로 Record 타입 문법을 정리해 보면 다음과 같습니다.

> Record〈객체 속성의 키로 사용할 타입, 객체 속성의 값으로 사용할 타입〉

Record 타입의 첫 번째 제네릭 타입에는 객체 속성의 키(key)로 사용할 타입을 넘기고, 두 번째 타입에는 객체 속성의 값(value)으로 사용할 타입을 넘기면 됩니다. 첫 번째 제네릭 타입에는 string, number, string 유니언, number 유니언 등이 들어갈 수 있고, 두 번째 제네릭 타입에는 아무 타입이나 넣을 수 있습니다.

17.7 / 그 외의 유틸리티 타입
SECTION

지금까지 살펴본 유틸리티 타입 이외에도 더 많은 유틸리티 타입이 있습니다. 이 책에서는 유틸리티 타입을 쉽게 익힐 수 있는 타입과 실무에서 주로 마주치는 타입 위주로 몇 가지 살펴보았습니다. 유틸리티 타입이 익숙해지고 더 다양한 경우의 타입을 지원하고 싶다면 타입스크립트 공식 문서를 참고하세요(그림 17-11 참고).

▼ **그림 17-11** 타입스크립트 공식 문서의 유틸리티 타입 페이지(https://www.typescriptlang.org/docs/handbook/
utility-types.html)

그림 오른쪽에 표시된 목록이 바로 타입스크립트 내장 유틸리티 타입 목록입니다. 앞서
살펴본 Pick, Omit, Partial, Exclude, Record 이외에도 더 많은 유틸리티 타입이 있습니
다. 타입스크립트 코드를 많이 작성하면서 익숙해지다 보면 자연스럽게 이 책에서 살펴보
지 않은 유틸리티 타입을 하나씩 알게 될 것입니다. 필요할 때마다 이 웹 사이트의 내용을
참고하길 바랍니다.

> **노트**
>
> 공식 문서보다 더 친절하고 자세한 설명이 필요하다면 다음 지은이의 블로그를 방문해 보세요.
> URL https://joshua1988.github.io/ts/usage/utility.html

17.8 / 정리
SECTION

이 장에서는 타입스크립트 코드를 효과적으로 줄여 주는 유틸리티 타입을 알아보았습니다. 유틸리티 타입은 타입스크립트 라이브러리에 내장되어 있어 타입 설정 파일의 lib 속성만 추가하면 쉽게 사용할 수 있습니다.

이미 정의되어 있는 타입을 일부 변형해서 사용해야 할 때 유틸리티 타입으로 간편하게 타입을 정의할 수 있었습니다. Pick, Omit, Partial, Exclude, Record 등 실무에서 사용 빈도수가 높은 유틸리티 타입을 자세히 알아보았지만 경우에 따라 더 많은 유틸리티 타입을 사용할 수 있다는 점을 기억하세요.

다음 장에서는 유틸리티 타입을 더 잘 이해하고 사용할 수 있는 문법인 맵드 타입을 배워 보겠습니다. 맵드 타입은 유틸리티 타입을 만드는 핵심 문법이기도 하니 빠르게 다음 장으로 넘어가 봅시다.

맵드 타입

맵드 타입(mapped type)은 이미 정의된 타입을 가지고 새로운 타입을 생성할 때 사용하는 타입 문법을 의미합니다. 앞서 배운 유틸리티 타입은 모두 내부적으로 맵드 타입을 이용해서 구현되었습니다. 맵드 타입을 이해하면 타입스크립트에서 이미 정의해 놓은 유틸리티 타입을 잘 사용할 수 있을 뿐만 아니라 직접 나만의 유틸리티 타입을 구현해서 사용할 수 있습니다.

18.1 _{SECTION} 맵드 타입 첫 번째 예시: in

맵드 타입이 무엇인지 알아보기 위해 간단한 예제를 살펴보겠습니다.

```
type HeroNames = 'capt' | 'hulk' | 'thor';
type HeroAttendance = {
  [Name in HeroNames]: boolean;
};
```

이 코드는 HeroNames 타입에 맵드 타입 문법을 적용하여 HeroAttendance라는 새로운 타입을 정의합니다. HeroNames 타입은 영웅(Hero) 이름을 의미하는 문자열 capt, hulk, thor 3개의 유니언 타입입니다. HeroAttendance 타입은 이 영웅 이름을 속성 이름(key)으로 하고 영웅 출석 여부를 해당 속성 값(value)으로 정의합니다. HeroAttendance 타입에 마우스 커서를 올리면 다음과 같이 타입 정보가 표시됩니다.

▼ **그림 18-1** 맵드 타입으로 생성한 HeroAttendance 타입 정보

```
type HeroAttendance = {
  [Na  type HeroAttendance = {
}         capt: boolean;
          hulk: boolean;
          thor: boolean;
       }
```

이와 같이 이미 정의된 타입으로 새로운 타입을 생성하려면 [Name in HeroNames] 형태의 문법을 사용해야 힙니다. 이 문법은 5.6.3절에서 배운 인덱스 시그니처 문빕과 유사합니다. 마치 자바스크립트의 for in 반복문을 사용한 것처럼 HeroNames에 있는 타입을 하나씩 순회하여 속성 값 타입과 연결한 것과 같죠.

for in 반복문은 객체의 키, 값 쌍을 순회할 때 흔히 사용되는 문법입니다. 다음과 같이 객체에 정의된 키 값을 순회하여 접근할 수 있습니다.

```
var obj = { a: 10, b: 20, c: 30 };
for (var key in obj) {
  console.log(key); // a, b, c가 순서대로 출력된다.
}
```

이 코드에서 객체의 키가 3개이므로 for in 반복문은 세 번 순회합니다. 따라서 a, b, c가 순서대로 출력됩니다.

비슷한 원리로 다시 HeroAttendance 타입의 선언 부분을 보면 [Name in HeroNames]: boolean; 코드가 왜 다음과 같은 타입으로 정의되는지 이해할 수 있을 것입니다.

```
{
  capt: boolean;
  hulk: boolean;
  thor: boolean;
}
```

18.2 SECTION / map( ) API로 이해하는 맵드 타입

맵드 타입의 역할이나 목적을 좀 더 쉽게 기억하고자 자바스크립트 map( ) API를 살펴보겠습니다. map( ) API는 자바스크립트 배열에서 사용할 수 있는 내장 API입니다. map( ) API는 특정 배열의 각 요소를 변환하여 새로운 배열로 만들어 줍니다. 코드로 보겠습니다.

```
var arr = [1,2,3];
var doubledArr = arr.map(function(num) {
  return num * 2;
});
```

이 코드는 숫자 1,2,3을 요소로 갖는 arr 배열에 map( ) API를 적용하여 새로운 doubledArr 배열을 생성합니다. map( ) API는 이와 같이 인자로 함수를 하나 넘기고 각 요소를 어떻게 변환할지 정의합니다. 이 코드에서는 각 요소에 * 2를 했으므로 arr 배열의 요소가 각각 2배가 된 [2,4,6]이 생성됩니다. 생성된 doubledArr 배열을 콘솔로 출력하면 다음 결과가 나옵니다.

```
var arr = [1,2,3];
var doubledArr = arr.map(function(num) {
  return num * 2;
});
console.log(doubledArr); // [2,4,6]
```

map( ) API의 특징은 기존 배열 값을 변경하지 않고 새로운 배열을 생성한다는 것입니다. 따라서 map( ) API를 실행한 arr 배열의 값은 변하지 않습니다.

앞서 살펴본 맵드 타입 예시를 map( ) API로 비슷하게 구현해 보겠습니다. 여기에서 주의할 점은 맵드 타입은 타입을 변환하는 것이고 map( ) API는 실제 값을 변환한다는 것입니다. 배열로 선언된 영웅의 이름을 이용하여 영웅의 출석 여부를 나타내는 배열로 변환해 보겠습니다.

```
var heroes = ['capt', 'hulk', 'thor'];
var heroAttendance = heroes.map(function(hero) {
  return {
    [hero]: true
  }
});
```

heroes 배열은 앞서 살펴본 영웅 세 명의 이름이 담겨 있는 배열입니다. 이 배열에 map() API를 사용하여 이름을 키로 갖고 출석 여부를 값으로 갖는 객체로 변환했습니다. 새로 정의된 heroAttendance 배열을 출력하면 다음 결과가 나옵니다.

▼ **그림 18-2** heroes 배열에 map() API를 적용한 결과: heroAttendance 배열 정보

```
▼ (3) [{…}, {…}, {…}] ⓘ
  ▶ 0: {capt: true}
  ▶ 1: {hulk: true}
  ▶ 2: {thor: true}
    length: 3
  ▶ [[Prototype]]: Array(0)
```

이 그림은 앞의 코드를 크롬 브라우저 콘솔창에서 실행한 결과입니다. heroAttendance 배열은 마치 다음과 같이 정의된 것과 같습니다.

```
var heroAttendance = [
  { capt: true },
  { hulk: true },
  { thor: true }
];
```

이처럼 맵드 타입이나 map() API나 기존에 정의된 타입 또는 값을 변환하여 새로운 타입 또는 값을 생성한다는 점에서는 성격이 동일합니다.

18.3 / 맵드 타입 두 번째 예시: keyof

SECTION

맵드 타입에 익숙해지기 위해 또 다른 예시를 살펴보겠습니다. 이번에는 문자열 유니언 타입으로 새로운 타입을 생성하는 것이 아니라 기존에 정의된 타입 일부분을 맵드 타입으로 변경해 보겠습니다.

```
interface Hero {
  name: string;
  skill: string;
}

type HeroPropCheck = {
  [H in keyof Hero]: boolean;
};
```

이 코드는 name과 skill 속성을 갖는 Hero 인터페이스에 맵드 타입을 적용하여 각 속성의 유무를 나타내는 HeroPropCheck 타입을 선언합니다. 결과만 놓고 보자면 HeroPropCheck 타입의 정보는 다음과 같습니다.

▼ **그림 18-3** 맵드 타입으로 생성한 HeroPropCheck 타입 정보

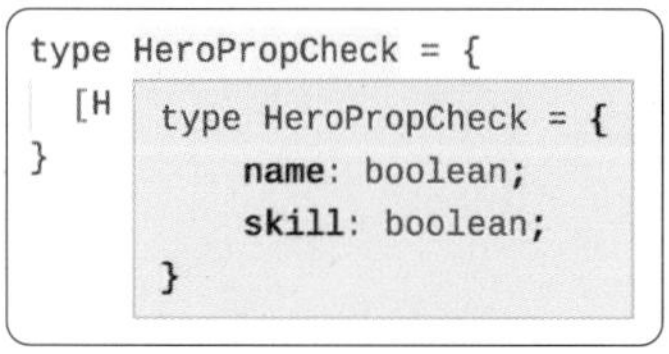

```
type HeroPropCheck = {
  [H
      type HeroPropCheck = {
}         name: boolean;
          skill: boolean;
      }
```

Hero 인터페이스의 속성들 타입이 원래 string이었는데 맵드 타입을 적용하여 마치 boolean으로 바뀐 것과 같은 효과가 나타납니다. 물론 맵드 타입을 적용했기 때문에 Hero 인터페이스의 타입 정의를 바꾸는 것이 아니라 HeroPropCheck라는 새로운 타입을 생성한 것이죠.

여기에서 주목해야 할 부분은 바로 `HeroPropCheck`의 속성 선언 부분인 [H in keyof Hero]입니다. 앞서 살펴본 H in Hero 구조에서 keyof라는 키워드가 추가되었습니다. keyof는 특정 타입의 키 값만 모아 문자열 유니언 타입으로 변환해 주는 키워드입니다. 다음 코드를 봅시다.

```typescript
interface Hero {
  name: string;
  skill: string;
}

type HeroNames1 = keyof Hero;
type HeroNames2 = 'name' | 'skill';
```

이 코드의 HeroNames1 타입과 HeroNames2 타입은 같은 타입입니다. Hero 인터페이스의 키인 name과 skill 속성을 문자열 유니언 타입으로 변환한 타입이 HeroNames1입니다. HeroNames2 타입은 HeroNames1 타입의 결과를 눈으로 더 쉽게 확인할 수 있도록 keyof Hero의 결과를 일일이 나열했습니다. 이 내용을 예제 코드에 다시 적용해 보면 다음과 같이 코드를 작성할 수 있습니다.

```typescript
interface Hero {
  name: string;
  skill: string;
}

type HeroPropCheck = {
  [H in keyof Hero]: boolean;
};

type HeroPropCheck = {
  [H in 'name' | 'skill']: boolean;
};
```

첫 번째 HeroPropCheck 타입과 두 번째 HeroPropCheck 타입은 같은 역할을 합니다. 다만 두 번째 HeroPropCheck 타입은 keyof Hero를 좀 더 보기 쉽게 문자열 유니언 타입으로 풀어 쓴 것뿐입니다.

이처럼 맵드 타입을 이용하면 문자열 유니언 타입을 이용하여 객체 형태의 타입으로 변환할 수 있을 뿐만 아니라, 객체 형태의 타입에서 일부 타입 정의만 변경한 새로운 객체 타입을 정의할 수 있습니다.

18.4 / 맵드 타입을 사용할 때 주의할 점
SECTION

맵드 타입을 사용할 때 알아 두어야 할 점이 있습니다. 먼저 인덱스 시그니처 문법 안에서 사용하는 in 앞의 타입 이름은 개발자 마음대로 지을 수 있습니다. 예를 들어 18.1절에서 살펴본 맵드 타입 첫 번째 예시를 다음과 같이 변경할 수 있습니다.

```
type HeroNames = 'capt' | 'hulk' | 'thor';
type HeroAttendance = {
  [Name in HeroNames]: boolean;
};


// #1
type HeroAttendance = {
  [heroName in HeroNames]: boolean;
};
// #2
type HeroAttendance = {
  [name in HeroNames]: boolean;
};
```

이 코드를 보면 HeroAttendance 타입의 속성 선언 부분에 타입 변수가 Name, heroName, name 등 다양한 이름으로 선언된 것을 볼 수 있습니다. in 뒤에 오는 타입은 이미 정의되어 있는 타입이기 때문에 HeroNames로 고정되고, in 앞에 오는 타입 변수는 순회할 타입 변수이므로 개발자 마음대로 작명할 수 있습니다. 그렇다고 해서 의미 없이 이름을 짓는 것보다는 최대한 역할을 나타낼 수 있는 이름으로 짓는 것이 좋습니다. 여기에서는 Name이나 heroName이면 충분할 것 같네요.

두 번째로 살펴볼 내용은 맵드 타입의 대상이 되는 타입 유형입니다. 첫 번째와 두 번째 예시에서는 문자열 유니언 타입과 인터페이스만 살펴보았지만 다음과 같이 타입 별칭으로 정의된 타입도 맵드 타입으로 변환할 수 있습니다.

```
// 인터페이스 타입으로 맵드 타입을 생성
interface Hero {
  name: string;
  skill: string;
}

type HeroPropCheck = {
  [H in keyof Hero]: boolean;
};

// 타입 별칭으로 맵드 타입을 생성
type Hero = {
  name: string;
  skill: string;
};

type HeroPropCheck = {
  [H in keyof Hero]: boolean;
};
```

Hero 인터페이스든 타입 별칭 Hero든 간에 모두 동일하게 HeroPropCheck 타입에서 활용될 수 있는 것을 볼 수 있습니다.

그리고 다음과 같이 string 타입에 맵드 타입 문법을 적용하여 새로운 타입을 생성할 수도 있습니다.

```
type UserName = string;
type AddressBook = {
  [U in UserName]: number;
};
```

이 코드는 UserName이라는 string 타입을 이용하여 AddressBook이라는 타입을 생성합니다. in 앞의 타입 변수는 조금 전에 살펴본 내용을 적용하여 Name이나 User가 아니라 임의의 이름 U로 정의해 보았습니다. AddressBook 타입에 마우스 커서를 올리면 다음과 같이 타입 정보가 표기됩니다.

▼ **그림 18-4** 맵드 타입으로 생성한 AddressBook 타입 정보

```
        type AddressBook = {
            [x: string]: number;
        }
type AddressBook = {
  [U in UserName]: number;
};
```

이 AddressBook 타입으로 정의된 객체의 속성 키에는 어떤 문자열이든 들어갈 수 있고 속성 값만 number 타입이 되면 됩니다.

```
var heroAddress: AddressBook = {
  capt: 12312341234,
  hulk: 91045678901
};
```

반대로 다음과 같은 경우에는 맵드 타입을 사용할 수 없습니다.

```
type Login = boolean;
type LoginAuth = {
  [L in Login]: string;
};
```

이 코드를 입력하면 다음과 같이 LoginAuth 타입의 속성 부분에 에러가 발생합니다.

▼ **그림 18-5** LoginAuth 타입의 속성 키에서 발생하는 에러

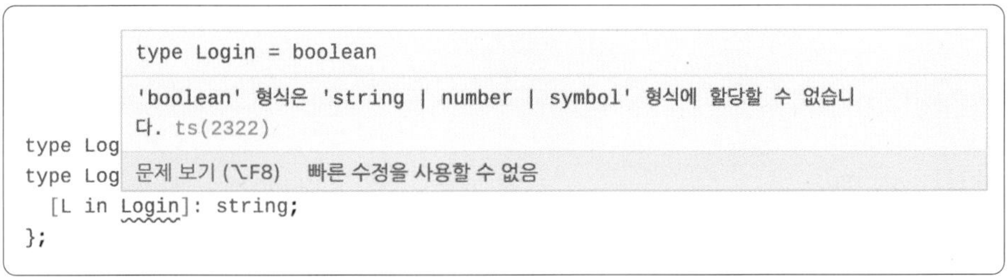

객체의 속성 이름(key)은 문자, 숫자 등으로 선언할 수 있고 true, false 형태의 boolean 타입으로는 선언할 수 없기 때문에 이렇게 타입 에러가 발생합니다. 이 에러 메시지의 symbol이라는 타입은 다른 값과 구분하는 데 사용하는 유일한 식별 값을 의미합니다. 따라서 여기에서는 boolean 타입을 속성 이름으로는 사용할 수 없기 때문에 객체 타입의 키 부분에는 사용할 수 없다고 이해하면 됩니다.

이처럼 맵드 타입은 문자열 유니언 타입이나 인터페이스 타입 이외에도 여러 가지 타입을 이용해서 변환하여 사용할 수 있습니다.

> **노트**
>
> symbol은 ES6+ 문법인 자바스크립트 심벌을 의미합니다.

18.5 / 매핑 수정자

매핑 수정자(mapping modifier)는 맵드 타입으로 타입을 변환할 때 속성 성질을 변환할 수 있도록 도와주는 문법입니다. 예를 들어 필수 속성 값을 옵션 속성 값으로 변환하거나 읽기 전용 속성을 내용을 변경할 수 있는 일반 속성으로 변환해 줍니다. 매핑 수정자는 +, -, ?, readonly 등이 있습니다. 이해를 돕기 위해 먼저 ? 매핑 수정자를 코드로 살펴보겠습니다.

```
type Hero = {
  name: string;
  skill: string;
};


type HeroOptional = {
  [H in keyof Hero]?: string;
};
```

이 코드는 앞서 살펴본 Hero 타입에 맵드 타입과 매핑 수정자를 적용하여 Hero 속성을 모두 옵션 속성으로 변환합니다. HeroOptional 타입을 보면 속성 이름 선언 부분에 ?를 붙여서 속성을 모두 선택적으로 사용할 수 있는 옵션 속성으로 변환했습니다. HeroOptional 타입 정보를 확인해 보면 다음과 같이 name과 skill 속성이 모두 옵션 속성으로 변환된 것을 볼 수 있습니다.

▼ **그림 18-6** ? 매핑 수정자가 적용된 HeroOptional 타입 정보

```
type HeroOptional = {
  [H
};
        type HeroOptional = {
            name?: string;
            skill?: string;
        }
```

이처럼 맵드 타입을 사용할 때 속성에 ? 또는 readonly 등을 붙여 타입 성질을 바꿀 수 있습니다.

이번에는 반대로 HeroOptional 타입의 옵션 속성을 다시 일반 속성으로 되돌려 보겠습니다. - 매핑 수정자를 사용하면 옵션 속성 ?나 readonly 등 일반 속성 이외에 추가된 성질을 모두 제거할 수 있습니다. 다음과 같이 옵션 속성을 가진 타입이 있다고 해 보겠습니다.

```
type HeroOptional = {
  name?: string;
  skill?: string;
};
```

이 코드는 앞서 ? 매핑 수정자로 생성한 타입을 보기 편하게 정의합니다. name과 skill 속성 모두 옵션 속성으로 선언되어 있습니다. 이 옵션 속성이 모두 필수 속성 값이 되도록 변환하려면 다음과 같이 타입 코드를 추가해 주면 됩니다.

```
type HeroRequired<T> = {
  [Property in keyof T]-?: T[Property];
};

var capt: HeroRequired<HeroOptional> = {
  name: '캡틴',
  skill: '방패 던지기'
};
```

이 코드에서 HeroRequired 타입은 먼저 제네릭을 받습니다. 그리고 제네릭으로 받은 타입을 이용하여 맵드 타입으로 변환해 주면서 속성 선언 부분에 -?를 붙여 주었는데요. 이렇게 하면 제네릭 타입으로 받은 속성의 옵션 속성을 모두 제거하겠다는 의미입니다. 속성 선언 부분에 타입 변수 이름을 Property로 짓고 속성 값의 타입을 T[Property]로 정의하여 제네릭으로 넘겨받은 타입의 속성 이름과 속성 값 타입이 그대로 연결되도록 선언했습니다. HeroRequired<HeroOptional> 타입의 속성이 모두 필수 값인지 확인하기 위해 capt
변수의 내용을 전부 지우면 다음 에러가 발생합니다.

▼ **그림 18-7** 필수 속성 name과 skill을 정의하지 않아 발생하는 타입 에러

```
var capt: HeroRequired<HeroOptional> = {

      var capt: HeroRequired<HeroOptional>

      '{}' 형식에 'HeroRequired<HeroOptional>' 형식의 name, skill 속성이 없습니
      다. ts(2739)

      문제 보기 (⌥F8)    빠른 수정... (⌘.)
};
```

이처럼 - 매핑 수정자를 이용하여 옵션 속성을 필수 속성으로 변환하거나 readonly 속성
을 일반 속성으로 변환할 수 있습니다.

18.6 / 맵드 타입으로 직접 유틸리티 타입 만들기
SECTION

지금까지 배운 맵드 타입을 이용하여 타입스크립트의 내장 유틸리티 타입을 하나 구현해
보겠습니다. 앞서 살펴보기도 했고 구현하기도 가장 쉬운 Partial 타입부터 만들어 보겠
습니다.

구현에 앞서 Partial 타입을 복습해 보면 객체 타입 속성을 모두 옵션 속성으로 바꾸어 주
는 것이 바로 Partial 타입입니다.

```
interface Todo {
  id: string;
  title: string;
}

type OptionalTodo = Partial<Todo>;
```

이 코드의 OptionalTodo 타입 정보를 확인해 보면 다음과 같이 Todo 인터페이스의 속성이 모두 옵션 속성으로 바뀌어 있습니다.

▼ **그림 18-8** Todo 인터페이스에 Partial 타입을 적용한 결과

```
type OptionalTodo = Partial<Todo>;
    type OptionalTodo = {
        id?: string;
        title?: string;
    }
```

이 Partial 타입을 미리 정의해 놓은 타입스크립트 내장 타입을 쓰지 않고 직접 구현한다면 어떻게 해야 할까요? 바로 앞서 배운 맵드 타입과 매핑 수정자를 이용해서 다음과 같이 만들어 볼 수 있을 것입니다.

```
interface Todo {
  id: string;
  title: string;
}

type MyPartial = {
  [Property in keyof Todo]?: Todo[Property];
};
```

이 코드는 맵드 타입과 ? 매핑 수정자를 이용해서 Partial 타입과 동일한 역할을 하는 MyPartial 타입을 구현합니다. MyPartial 타입 코드를 보면 Todo 인터페이스의 키 속성을 모두 순회하면서 각 속성을 모두 ?를 이용해서 옵션 속성으로 변환했습니다. 순회한 각 속성의 데이터 타입은 변경하지 않고 Todo[Property]로 그대로 연결해 주었습니다. 최종적으로 MyPartial 타입을 확인하면 다음과 같이 표시됩니다.

▼ **그림 18-9** Todo 인터페이스에 Partial 타입을 적용한 것과 같은 MyPartial 타입

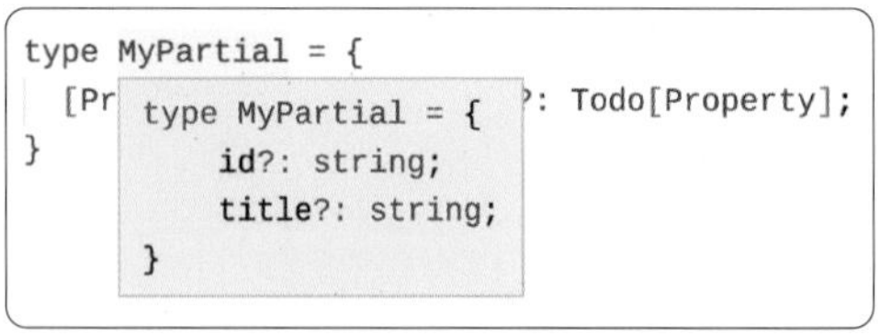

```
type MyPartial = {
  [Pr  type MyPartial = {    ?: Todo[Property];
}         id?: string;
          title?: string;
      }
```

이 그림에 표시된 MyPartial 타입은 앞서 살펴본 Partial〈Todo〉 코드와 동일한 타입입니다. Todo 인터페이스의 속성이 모두 옵션 속성으로 변환되었죠.

여기까지는 Todo 인터페이스에 한해서 사용할 수 있는 Partial 타입을 구현한 셈입니다. 다만 다음과 같이 다른 객체 타입에 Partial 타입 효과를 적용하려면 또 다시 구현해 주어야 합니다.

```typescript
// Person 타입
interface Person {
  name: string;
  age: number;
}

type PersonPartial = {
  [Property in keyof Person]?: Person[Property];
};

// Hero 타입
type Hero = {
  name: string;
  skill: string;
}

type HeroPartial = {
  [Property in keyof Hero]?: Hero[Property];
};
```

444

이처럼 특정 객체 타입에 대해 일일이 Partial 타입 역할을 하는 코드를 중복해서 작성하지 않고 어떤 타입이 오든 Partial 타입 효과를 동일하게 적용할 수 있도록 다음과 같이 MyPartial 타입 코드를 바꾸어 볼 수 있습니다.

```
type MyPartial<Type> = {
  [Property in keyof Type]?: Type[Property];
};
```

이 코드는 MyPartial 타입에 제네릭 타입을 받을 수 있도록 <Type>을 추가합니다. 제네릭으로 넘겨받은 타입의 속성을 모두 옵션 속성으로 변환해 줍니다. 따라서 Person 인터페이스, Todo 인터페이스 혹은 타입 별칭 Hero 등 어떤 타입이 오더라도 동일하게 Partial 타입 효과를 적용할 수 있습니다. 다음과 같이 말이죠.

```
type TodoPartial = MyPartial<Todo>;
type PersonPartial = MyPartial<Person>;
type HeroPartial = MyPartial<Hero>;
```

이렇게 되면 MyPartial 타입은 마치 타입스크립트 내장 유틸리티 타입인 Partial 타입과 동일한 역할을 하는 것처럼 보입니다. 과연 실제로 그런지 Partial 타입의 내부 구현 코드를 확인해 볼까요?

첫 번째로 살펴보았던 Partial<Todo> 코드로 돌아가서 Partial 타입에 마우스 커서를 올리고 command + 마우스 왼쪽 버튼(윈도우는 ctrl + 마우스 왼쪽 버튼)을 누릅니다. 그럼 다음과 같이 Partial 타입의 내부 구현 코드로 이동합니다.

```
Ts  lib.es5.d.ts  ×

Applications > Visual Studio Code.app > Contents > Resources > app >
1556          readonly [n: number]: T;
1557    }
1558
1559    /**
1560     * Make all properties in T optional
1561     */
1562    type Partial<T> = {
1563        [P in keyof T]?: T[P];
1564    };
1565
```

이 코드는 프로젝트에 타입스크립트 라이브러리가 설치되어 있으면 접근할 수 있는 lib.
es5.d.ts 파일의 내용입니다. 이 장 첫 부분에서 안내했듯이 타입스크립트 설정 파일에 lib
속성을 추가하고 ESNext, ES2015 등 자바스크립트 관련 라이브러리 내용을 추가해 주어
야 파일로 진입할 수 있습니다.

Partial 타입 내용을 보면 우리가 직접 구현한 MyPartial 타입과 매우 유사한 것을 확인
할 수 있습니다. 다음 코드에서 Property와 Type을 모두 축약어 P, T로 줄이면 코드가 아
예 똑같습니다.

```
// 앞에서 구현한 코드
type MyPartial<Type> = {
  [Property in keyof Type]?: Type[Property];
};

// 구현한 코드에서 제네릭 타입과 타입 변수의 앞 글자만 적은 코드
type MyPartial<T> = {
  [P in keyof T]?: T[P];
};
```

이렇게 해서 타입스크립트 내장 타입인 Partial 타입을 구현해 보았습니다. 앞서 배운 맵
드 타입과 매핑 수정자를 이용하면 타입스크립트의 내장 유틸리티 타입을 쉽게 구현할 수
있음을 느꼈을 것입니다.

Pick, Omit, Exclude 타입 등 다른 내장 타입도 직접 구현하다 보면 유틸리티 타입과 맵드 타입에 대한 이해도를 높일 수 있을 것입니다. 참고로 Required라는 타입스크립트 내장 유틸리티 타입도 있는데, 이미 18.5절에서 매핑 수정자를 배우면서 구현해 보았다는 사실도 잊지 마세요.

18.7 / 정리
SECTION

이 장에서는 기존에 정의된 타입을 이용하여 새로운 타입으로 생성해 주는 맵드 타입을 살펴보았습니다. 맵드 타입은 마치 자바스크립트의 map( ) API처럼 타입 구조를 변경하고 싶을 때 사용한다고 배웠는데요. 앞 장에서 배운 유틸리티 타입을 직접 맵드 타입으로 구현해 보면서 맵드 타입의 개념을 익히고 유틸리티 타입에 대한 이해도 깊어졌을 것입니다. 타입스크립트를 처음 배운다면 가급적 내장 유틸리티 타입 사용법을 빠르게 익히고, 그 후에 프로젝트에 필요한 커스텀 유틸리티 타입을 직접 만들어 보면 어떨까요? 유틸리티 타입과 맵드 타입을 잘 활용하면 타입스크립트 코드를 더 간결하고 보기 좋게 작성할 수 있을 것입니다.

실전 프로젝트
환경 구성

실무에서는 타입스크립트 프로젝트를 어떻게 구성할까요? 이 장에서는 타입스크립트 프로젝트를 구성하려면 꼭 알아 두어야 하는 타입스크립트 설정 파일과 선언 파일, 빌드 도구를 타입스크립트와 함께 사용하는 방법을 알아보겠습니다. 추가로 외부 라이브러리 타입을 어떻게 다루어야 하는지도 함께 알아보겠습니다.

19.1 / 타입스크립트 설정 파일
SECTION

타입스크립트 설정 파일은 해당 타입스크립트 프로젝트가 어떻게 컴파일될지 세부적인 옵션을 정의하는 파일입니다. 예를 들어 컴파일할 대상 파일이나 폴더, any 타입의 사용 여부, 모듈 형태, 컴파일 결과물의 위치 등 다양한 옵션을 정의할 수 있습니다. 타입스크립트 설정 파일은 타입스크립트 프로젝트의 루트 레벨에 위치해야 하며 다음과 같이 JSON 파일 형식으로 작성합니다.

```
// tsconfig.json
{
  "compilerOptions": {
    "target": "es5"
  }
}
```

이 설정 파일은 타입스크립트 컴파일 결과물의 문법을 es5(2009년의 자바스크립트 스펙)로 맞추어 달라는 의미입니다. 참고로 2장에서 타입스크립트로 컴파일하면 자바스크립트 파일이 생성된다는 것을 배웠습니다. 이외에도 files, exclude 등 다양한 옵션이 있지만 다음 절에서 자세하게 알아보겠습니다.

타입스크립트 설정 파일은 tsc라는 타입스크립트 컴파일 명령어를 실행할 때 자동으로 인식됩니다. 설정 파일을 생성하지 않고 명령어에 옵션을 주고 싶다면 다음과 같은 방식으로 입력합니다.

```
tsc index.ts --noEmitOnError
```

이 명령어는 index.ts 파일을 컴파일할 때 타입 에러가 발생하면 컴파일 결과물은 생성하지 말라는 의미입니다. 이렇게 명령어에 하나하나 설정을 명시해 주는 것보다 다음과 같이 파일로 관리하는 것이 훨씬 편합니다.

```
// tsconfig.json
{
  "compilerOptions": {
    "noEmitOnError": true
  },
  "files": ["index.ts"]
}
```

> **노트**
>
> 명령어를 직접 실행해 보고 싶다면 npx typescript index.ts --noEmitOnError로 실행해 보세요.

19.2 / 타입스크립트 설정 파일 생성
SECTION

타입스크립트 설정 파일은 공식 사이트에 안내된 문서를 보고 직접 작성하는 방법도 있지만 다음 명령어를 사용해서 생성하는 것이 간편합니다.

```
tsc --init
```

이 명령어를 터미널에서 실행하려면 다음과 같이 타입스크립트 라이브러리를 시스템 전역 레벨에 설치하거나 npx 명령어를 사용하면 됩니다.

```
# 타입스크립트 라이브러리를 전역 레벨에 설치
npm install typescript --global
tsc --init
```

```
# npx로 타입스크립트 명령어 실행
npx typescript tsc --init
```

npx는 Node Package eXecute의 약어로 NPM 패키지를 설치하지 않고도 실행할 수 있게 하는 도구입니다. 타입스크립트 라이브러리를 내려받지 않고도 tsc 명령어를 수행할 수 있게 합니다.

여기에서는 두 방법 중 npx 명령어로 타입스크립트 설정 파일을 생성해 보겠습니다. 빈 폴더를 하나 생성하고 해당 폴더에서 npx typescript tsc --init 명령어를 실행하면 다음 결과가 나옵니다.

▼ **그림 19-1** npx typescript tsc --init 명령어를 실행한 결과

이 그림은 빈 폴더를 생성하고 비주얼 스튜디오 코드로 실행한 후 비주얼 스튜디오 코드에 내장된 터미널에서 설정 파일 생성 명령어를 실행한 결과입니다. 터미널에 npx typescript tsc --init 명령어를 실행한 결과로 Created a new tsconfig.json with라는 메시지가 표시되었고 target, module, strict 등 속성이 적혀 있습니다. 이 메시지는 tsconfig.json 파일이 생성되었고 파일의 주요 옵션들이 이 터미널에 적힌 값과 같다는 의미입니다.

이 그림의 왼쪽을 보면 폴더 탐색기에 tsconfig.json 파일이 생성되어 있습니다. 이 파일을 열면 다음과 같이 JSON 파일 형식으로 여러 속성과 주석이 달려 있습니다.

▼ **그림 19-2** 명령어로 생성된 tsconfig.json 파일의 내용

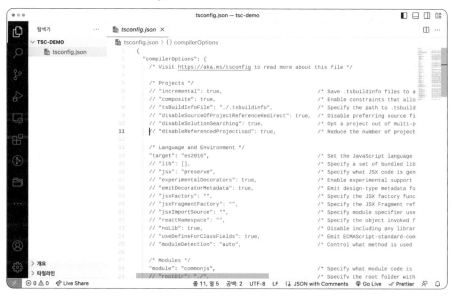

이 파일을 보면 속성별로 주석이 달려 있어 어떤 역할을 하는지 알 수 있습니다. 그리고 속성의 성격별로 묶여 있어 보기 편합니다. 자주 쓰는 옵션들이 무엇인지 바로 이어서 살펴보겠습니다.

타입스크립트 설정 파일의 옵션은 다음과 같이 크게 루트 옵션과 컴파일러 옵션으로 나뉩니다.

- 루트 옵션: files, extends, compilerOptions, include 등
- 컴파일러 옵션: target, lib, module, strict, noEmitOnError 등

다음 절에서는 각 옵션을 좀 더 자세히 알아보겠습니다.

19.3 SECTION 타입스크립트 설정 파일의 루트 옵션

루트 옵션은 컴파일할 대상 파일이나 폴더를 지정하는 등 프로젝트 전반적인 환경 구성과 관련된 옵션입니다. 루트 옵션에 해당하는 각 옵션 속성을 살펴보겠습니다.

19.3.1 files

타입스크립트 컴파일 대상 파일의 목록을 의미합니다. tsc 명령어를 입력했을 때 대상이 되는 파일 목록을 다음과 같이 지정할 수 있습니다.

```
// tsconfig.json
{
  "files": ["index.ts", "main.ts", "utils.ts"]
}
```

이 옵션 속성은 실무에서 자주 활용되는 속성은 아닙니다. 실무 프로젝트일 경우 파일 개수가 많기 때문에 이렇게 일일이 목록을 지정하는 것보다 include 속성을 이용하여 특정 위치나 파일 패턴으로 컴파일 대상을 지정하는 것이 효율적입니다. 게다가 이 파일 목록 중 하나라도 맞지 않으면 컴파일 자체가 되지 않습니다. 그래서 include 속성을 주로 사용합니다.

19.3.2 include

타입스크립트 컴파일 대상 파일의 패턴을 지정하는 속성입니다. files 옵션 속성과는 다르게 다음과 같이 특정 폴더 위치나 파일 확장자를 기준으로 정할 수 있습니다.

```
// tsconfig.json
{
  "include": ["src/*", "tests/*.spec.ts"]
}
```

이 코드는 src 폴더 아래에 있는 모든 파일과 tests 폴더 아래 spec.ts 확장자를 가진 모든 파일을 컴파일 대상으로 지정하겠다는 의미입니다. 여기에서 사용하는 와일드 카드(*)는 프로그래밍에서 흔히 쓰는 검색 패턴으로 타입스크립트에서 기준은 다음과 같습니다.

- *: 디렉터리 구분자를 제외한 모든 파일 이름
- **/: 해당 폴더의 모든 하위 폴더

이 기준으로 다시 다음 코드를 살펴보겠습니다.

```
// tsconfig.json
{
  "include": ["src/**/*", "utils/*"]
}
```

이 코드의 파일 검색 패턴은 src 폴더 아래에 있는 모든 파일(하위 폴더의 파일까지 모두 포함)과 utils 폴더 바로 아래에 있는 모든 파일을 의미합니다. 이 옵션의 결과는 다음과 같이 지정됩니다.

▼ **그림 19-3** include 옵션 값으로 지정될 컴파일 대상 파일

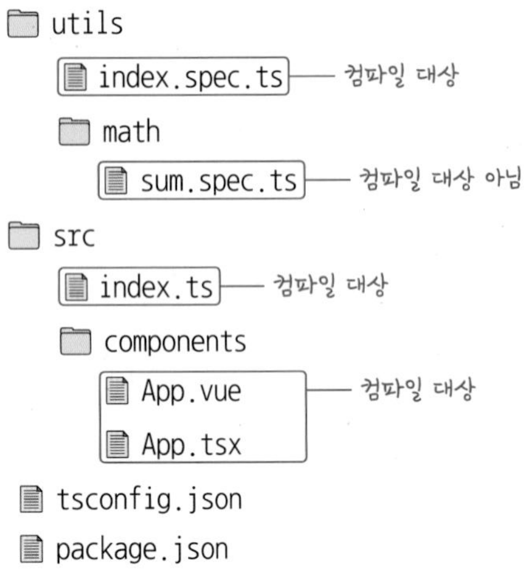

📁 utils
    📄 index.spec.ts —— 컴파일 대상
    📁 math
        📄 sum.spec.ts —— 컴파일 대상 아님
📁 src
    📄 index.ts —— 컴파일 대상
    📁 components
        📄 App.vue ——— 컴파일 대상
        📄 App.tsx
📄 tsconfig.json
📄 package.json

src/**/*는 src 폴더 아래 하위 폴더의 파일까지 모두 컴파일 대상으로 지정합니다. utils/*는 utils 폴더 바로 아래에 있는 모든 파일이기 때문에 index.spec.ts 파일만 대상이 되고 math 폴더 아래의 sum.spec.ts 파일은 컴파일 대상으로 지정되지 않습니다.

include 속성의 기본값은 다음과 같습니다.

```
// tsconfig.json
{
  "include": ["**/*"]
}
```

하지만 files 속성을 사용하면 다음과 같이 컴파일 대상 파일이 모두 사라지니 주의하세요.

```
// tsconfig.json
{
  "files": ["index.ts", "main.ts"],
  // files 속성을 지정하면 include 속성은 마치 다음과 같이 설정된 것처럼 동작함
  // "include": []
}
```

19.3.3 exclude

exclude 속성은 include 속성과 반대되는 옵션 속성입니다. 타입스크립트 컴파일을 위해 include 속성에 정의된 파일들을 검색할 때 컴파일에서 배제할 파일 목록을 정의할 수 있습니다. 주의할 점은 include 속성에 포함된 파일만 배제하기 때문에 include 속성에 해당 파일이 정의되어 있지 않으면 의미가 없습니다. 문법은 include 속성과 동일하게 배열 형태로 정의합니다.

```
// tsconfig.json
{
  "exclude": ["node_modules", "test/**/*"]
}
```

이 코드는 include 속성을 별도로 지정하지 않았기 때문에 마치 다음과 같이 정의한 것과 같습니다.

```
// tsconfig.json
{
  "include": ["**/*"],
  "exclude": ["node_modules", "test/**/*"]
}
```

include 속성을 별도로 정의하지 않는다면 이처럼 프로젝트 내 전체 파일을 모두 컴파일 대상으로 정의합니다. 따라서 프로젝트 내 특정 폴더나 파일들을 모두 배제할 수 있습니다. 이 코드는 exclude 속성으로 node_modules 폴더와 test 폴더 아래 모든 파일을 컴파일 대상에서 제외합니다.

반대로 다음과 같이 include 속성이 정의되어 있다면 exclude 속성이 의도한 대로 동작하지 않습니다.

```
// tsconfig.json
{
  "include": ["src/**/*"],
  "exclude": ["node_modules", "test/**/*"]
}
```

이 코드는 exclude 속성의 파일 목록이 include 속성의 대상 파일 중에 선택되어야 하는
데, 그렇지 않고 include 대상 파일이 아닌 폴더와 파일을 지정했습니다. 이때는 exclude
속성을 정의했더라도 정상적으로 node_modules 폴더와 test 폴더 아래에 있는 파일을 배
제하지 않습니다. 생각해 보면 어차피 src 폴더 아래 파일만 컴파일하는 것이니 exclude
속성 자체는 필요 없는 것이나 마찬가지입니다.

19.3.4 extends

extends 속성은 여러 타입스크립트 프로젝트에서 설정 파일을 공통으로 사용하거나 빌드
용 타입스크립트 설정을 분리하고 싶을 때 사용합니다. 다음과 같이 상대 경로로 지정하
여 설정 파일을 불러올 수 있습니다.

```
// base.json
{
  "compilerOptions": {
    "target": "es5",
    "lib": ["dom", "esnext"]
  }
}

// tsconfig.json
{
  "extends": "./base",
  "compilerOptions": {
    "strict": true
  }
}
```

이 코드는 base.json 파일에 기본적인 컴파일러 옵션들을 정의해 두고 tsconfig.json 파일에서 extends 속성으로 상속받습니다. tsconfig.json 파일은 마치 다음과 같이 정의한 결과를 갖습니다.

```
// tsconfig.json
{
  "compilerOptions": {
    "target": "es5",
    "lib": ["dom", "esnext"],
    "strict": true
  }
}
```

이처럼 extends 속성으로 공통 설정을 상속받아 사용할 수 있습니다.

> **노트**
>
> 프레임워크나 라이브러리에 따라 흔히 사용되는 타입스크립트 공통 설정 파일은 다음 링크에서 확인할 수 있습니다.
>
> URL https://github.com/tsconfig/bases/

19.4 SECTION / 타입스크립트 설정 파일의 컴파일러 옵션

루트 옵션을 살펴보았으니 다음으로 컴파일러 옵션을 살펴보겠습니다. 컴파일러 옵션은 타입스크립트 컴파일 작업을 진행할 때 타입 검사 레벨, 타입 라이브러리, 모듈 등 세부적인 내용을 정의할 수 있습니다. 타입스크립트 공식 문서(https://www.typescriptlang.org/tsconfig)에 다음과 같이 수많은 컴파일러 옵션이 나열되어 있습니다.

▼ **그림 19-4** 타입스크립트 공식 문서의 TSConfig 파일 옵션 목록

이 책에서는 실무 프로젝트에서 일반적으로 많이 쓰는 옵션 속성 위주로 소개하겠습니다. 나머지 속성들은 공식 문서를 참고하여 추가로 학습해 보세요.

19.4.1 target

target 속성은 타입스크립트 컴파일 결과물이 어떤 자바스크립트 문법으로 변환될지 정의하는 옵션입니다. 사용할 수 있는 옵션은 다음과 같이 1999년 자바스크립트 스펙인 ES3(ECMAScript 3)부터 최신 자바스크립트 문법을 의미하는 ESNext까지 있습니다.

▼ **그림 19-5** target 속성의 옵션 목록

```
{
  "compilerOptions": {
    "target": ""
  }
}
```
"ES2015"
"ES2016"
"ES2017"
"ES2018"
"ES2019"
"ES2020"
"ES2021"
"ES2022"
"ES2023"
"ES3"
"ES5"
"ES6"

이 그림과 같이 목록을 확인하려면 target 속성을 작성하고 속성 값을 입력할 때 ctrl +
space를 클릭하면 됩니다. 지금까지 타입스크립트 코드의 자동 완성을 지원받았던 것처
럼요.

target 속성은 해당 타입스크립트가 실행되는 환경에 따라서 설정하면 됩니다. 예를 들어
크롬(Chrome), 파이어폭스(Firefox), 웨일(Whale), 엣지(Microsoft Edge) 등 최신 브라우
저에서 프로젝트를 실행한다면 ESNext로 설정해도 문제없습니다. 하지만 지금은 지원이
종료된 인터넷 익스플로러(Internet Explorer)와 같은 구 버전 브라우저에서 동작해야 한
다면 ES5 이하로 설정해야 할 것입니다. 구 버전 브라우저는 보통 최신 자바스크립트 문
법을 지원하지 않기 때문이죠. 다행히 인터넷 익스플로러는 이제 브라우저 스펙으로 취급
되지 않기 때문에 ESNext로 설정해도 무방합니다.

> **노트**
>
> 주요 라이브러리나 프레임워크에서 권장하는 target 속성은 다음 링크에서 확인할 수 있습니다.
> URL https://github.com/tsconfig/bases

19.4.2 lib

lib 속성은 브라우저 DOM API나 자바스크립트 내장 API를 위해 선언해 놓은 타입 선
언 파일을 의미합니다. **브라우저 DOM API**는 화면을 조작하는 document.querySelector()
API나 비동기 처리를 위한 setTimeout() API를 의미합니다. 자바스크립트 내장 API는
Math, Promise, Set 등 자바스크립트 문법으로 지원되는 API를 의미합니다.

lib 속성은 다음과 같이 배열 형태로 값을 추가할 수 있습니다.

▼ **그림 19-6** lib 속성의 옵션 목록

▼ **그림 19-6** lib 속성의 옵션 목록

```
{
  "compilerOptions": {
    "lib": []
  }
}
        "DOM"
        "DOM.Iterable"
        "ES2015"
        "ES2015.Collection"
        "ES2015.Core"
        "ES2015.Generator"
        "ES2015.Iterable"
        "ES2015.Promise"
        "ES2015.Proxy"
        "ES2015.Reflect"
        "ES2015.Symbol"
        "ES2015.Symbol.WellKnown"
```

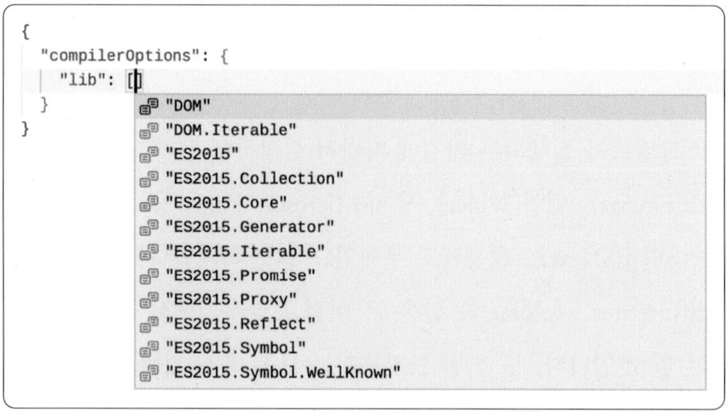

이 그림은 lib 속성으로 사용할 수 있는 옵션 목록을 표시합니다. 눈에 띄는 옵션 값은 DOM과 ES2015입니다. 타입스크립트 프로젝트가 웹 애플리케이션이라면 화면 조작이 필수로 들어가니 DOM 옵션을 추가해 주어야 합니다. 그렇지 않고 서버 사이드 환경에서 실행되는 Node.js 애플리케이션이라면 ESNext 값이면 충분합니다.

다음과 같이 tsconfig.json 파일을 선언하고 타입스크립트 선언 파일이 정상적으로 추가되는지 확인해 보겠습니다.

```
// tsconfig.json
{
  "compilerOptions": {
    "lib": ["DOM", "ESNext"]
  }
}

// main.ts
document.querySelector('#app');
```

이 타입스크립트 설정 파일은 lib 속성으로 DOM 타입 선언 파일과 ESNext 타입 선언 파일을 추가했습니다. 그리고 타입스크립트 파일을 생성한 후 DOM 조작 코드인 document.querySelector('#app');을 작성했습니다. 이제 querySelector()라는 API 코드 쪽에 마우스 커서를 올려 option (윈도우는 ctrl)을 누르고 마우스 왼쪽 버튼을 누르면 다음과 같이 타입 선언 파일로 이동하는 것을 볼 수 있습니다.

▼ **그림 19-7** DOM 타입 선언 파일에 정의된 document.querySelector( )의 타입 코드

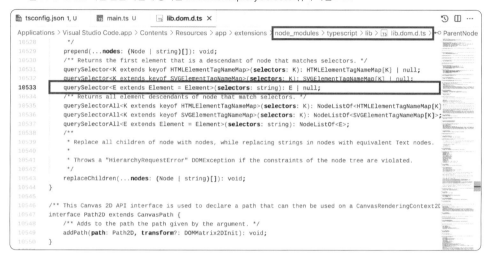

이 그림에서 타입 선언 파일의 이름이 lib.dom.d.ts고, node_modules 폴더의 타입스크립트 라이브러리 아래에 위치하는 것을 볼 수 있습니다. 이처럼 타입스크립트에서 미리 정의해 놓은 선언 파일을 사용하여 DOM API나 자바스크립트 내장 API의 타입을 지원받을 수 있습니다.

19.4.3 strict

strict 속성은 타입스크립트의 타입 체크 수준을 정의할 수 있는 옵션입니다. 다음과 같이 엄격하게 체크할지 말지를 true, false 값으로 정의할 수 있습니다.

▼ **그림 19-8** strict 속성의 옵션 목록

```
{
  "compilerOptions": {
    "strict":|
  }                 ⚏ false          Default value
}                   ⚏ true
```

이 속성은 단순하게 보이지만 실제로 true를 설정했을 때 다음과 같이 여러 개의 컴파일러 옵션 속성을 정의한 것과 효과가 같습니다.

```
{
  "compilerOptions": {
    // 다음 속성 하나를 켜면
    "strict": true,
    // 다음 속성 목록 전부를 켠 것과 같음
    "noImplicitAny": true,
    "noImplicitThis": true,
    "strictNullChecks": true,
    "strictBindCallApply": true,
    "strictFunctionTypes": true,
    "strictPropertyInitialization": true,
    "alwaysStrict": true,
    "useUnknownInCatchVariables": true
  }
}
```

이 noImplicitAny, noImplicitThis, strictNullChecks, strictBindCallApply, strictFunctionTypes, strictPropertyInitialization, alwaysStrict, useUnknownInCatchVariables 옵션 속성을 모두 묶어서 strict 속성 하나로 옵션을 제어할 수 있습니다. 공식 문서에서는 이 속성들을 strict mode family로 지칭합니다. 이 책에서는 **strict 관련 속성**이라고 하겠습니다.

strict 속성은 타입스크립트 컴파일 시점에 더 많은 에러를 미리 잡아낼 수 있게 도와주지만, 타입스크립트에 익숙하지 않은 입문자에게는 부담스러울 수 있습니다. 처음에는 false로 설정한 후 타입스크립트 숙련도가 올라가면 점진적으로 true로 설정하는 것을 추천합니다.

또 이 strict 관련 속성 목록은 추후에 타입스크립트 라이브러리 버전이 올라감에 따라 추가되거나 변경될 수 있습니다. 따라서 라이브러리 버전이 올라갈 때 변경 사항이 없는지 확인하는 습관을 가지면 좋습니다. 이 책에서는 strict 관련 속성 중 자주 쓰는 속성 두 가지만 자세히 알아보고 나머지는 다음과 같이 간단히 표로 정리하겠습니다.

▼ 표 18-1 strict 관련 속성

속성 이름	기본값	역할
noImplicitAny	false	타입 정의가 안 된 코드에서 경고를 표시하는 옵션으로 타입을 모른다면 any 타입으로라도 명시해야 한다.
noImplicitThis	false	this 타입이 암묵적으로 any 타입을 가리키면 에러를 표시하는 옵션이다.
strictNullChecks	false	null과 undefined 값이 모두 타입으로 취급되도록 타입 검사 수준을 높이는 옵션이다.
strictBindCallApply	false	자바스크립트의 call(), bind(), apply() API를 사용할 때 인자 타입이 적절한지 검사하는 옵션이다.
strictFunctionTypes	false	함수의 파라미터 타입을 엄격하게 검사하는 옵션이다.
strictPropertyInitialization	false	클래스 안에서 속성 타입이 정의되고 생성자에서 초기화까지 되어 있는지 검사하는 옵션이다.
alwaysStrict	false	use strict 모드로 파일을 컴파일하고, 컴파일한 파일 위에 'use strict' 코드를 추가하는 옵션이다.
useUnknownInCatchVariables	false	try catch 구문에서 catch의 err 파라미터 타입을 unknown 으로 변환해 주는 옵션이다.

19.4.4 noImplicitAny

noImplicitAny 속성은 실무 프로젝트에서 유용하게 쓰는 strict 관련 속성이기 때문에 좀 더 자세히 알아보겠습니다. noImplicitAny는 이전 실습 프로젝트에서도 살펴보았지만 특정 코드의 타입이 정해져 있지 않은 경우 any 타입으로라도 타입 표기를 하는 옵션 속성입니다. 타입스크립트는 특정 변수나 함수의 파라미터 등 타입이 정의되어 있지 않으면 암묵적으로 any 타입으로 추론합니다. 이해를 돕기 위해 예시 코드를 하나 보겠습니다.

```
function getId(id) {
  return id;
}
```

이 타입스크립트 코드에서 함수의 파라미터 id는 다음과 같이 any 타입으로 간주됩니다.

```
function getId(id) {
  return id;     (parameter) id: any
}
               'id' 매개 변수는 암시적으로 'any' 형식이지만, 사용량에서 더 나은 형식을 유추할 수 있습니
               다. ts(7044)

               빠른 수정... (⌘.)
```

이 결과는 타입스크립트 설정 파일에서 noImplicitAny 속성이 다음과 같이 false로 되어
있어야 볼 수 있습니다.

```
// tsconfig.json
{
  "compilerOptions": {
    "noImplicitAny": false
  }
}
```

여기에서 noImplicitAny 속성 값을 true로 바꾼다면 getId() 함수의 파라미터에서 다음
과 같은 에러가 표시될 것입니다.

▼ 그림 19-10 함수 파라미터 타입이 any로 표기되어 있지 않아 발생하는 타입 에러

```
function getId(id) {
  return id;     (parameter) id: any
}
               'id' 매개 변수에는 암시적으로 'any' 형식이 포함됩니다. ts(7006)

               문제 보기 (⌥F8)   빠른 수정... (⌘.)
```

앞서 살펴본 코드와 같지만 타입스크립트 설정 파일의 컴파일러 옵션이 다르기 때문에 발
생하는 현상입니다. noImplicitAny 옵션이 켜져 있기 때문에 타입이 암묵적으로 any로 추
론되게 하지 말고 명시적으로 any 타입이라고 표기해 주어야 합니다.

이처럼 noImplicitAny 타입은 이미 제작되어 운영 중인 자바스크립트 프로젝트에 점진적
으로 타입스크립트를 적용해 나갈 때 사용하면 좋습니다. 특정 코드의 타입을 잘 모를 때는
일단 any 타입으로 붙여 놓고 추후에 타입을 점진적으로 구체화시키는 것을 추천합니다.

19.4.5 strictNullChecks

strictNullChecks 속성도 개별적으로 자주 사용되는 strict 관련 속성입니다. 보통은 strict 속성을 false에서 바로 true로 올리지 않고, noImplicitAny 속성을 true로 올리고 그다음에 strictNullChecks와 같은 개별 속성을 하나씩 추가해서 설정합니다. 아무래도 이 방식이 타입스크립트에 익숙하지 않은 개발자 입장에서는 점진적으로 타입스크립트에 친숙해질 수 있는 방식입니다.

strictNullChecks 속성은 앞의 표에서도 잠깐 언급했듯이 null 값과 undefined 값을 각각의 타입으로 인식하게 하는 옵션입니다. null과 undefined는 자바스크립트를 처음 배울 때 헷갈리기 쉬운 주요 데이터 타입(원시 타입)입니다. 특히 null 값은 자바스크립트에서 typeof 연산자를 사용하면 object로 취급되어 더 혼란스러웠습니다. 다음과 같이 말이죠.

```
typeof null;      // 'object'
typeof undefined; // 'undefined'
```

이 코드처럼 null 값에 typeof 연산자를 사용하면 결과가 'null'이 아니라 'object'가 되기 때문에 자바스크립트에서 null 처리를 잘해야 실행 시점에 에러가 덜 발생합니다. 바로 이런 배경 때문에 strictNullChecks 옵션이 등장했습니다. strictNullChecks 옵션은 특정 연산이나 API 호출의 결과로 null 타입이나 undefined 값이 나올 수 있으니 해당 값을 주의해서 취급하라는 의미입니다. 이해를 돕기 위해 예시 코드를 보겠습니다.

```
var cancelButton = document.querySelector('#cancel');
cancelButton.remove();
```

이 코드는 DOM 조작 API인 document.querySelector() API를 사용합니다. document.querySelector('#cancel') 코드는 cancel이라는 아이디를 가진 HTML 엘리먼트를 검색하라는 의미입니다. 버튼을 찾고 cancelButton.remove()로 버튼을 화면에서 삭제합니다. 이 코드는 HTML 페이지에 다음과 같은 취소 버튼이 있다고 가정하고 작성한 것입니다.

```
<button id="cancel">취소</button>
```

이 코드에서 cancelButton 변수의 타입을 확인해 보면 다음과 같이 Element 타입으로 나옵니다.

▼ **그림 19-11** cancelButton 변수의 타입이 Element로 추론되는 모습

```
    var cancelButton: Element
var cancelButton = document.querySelector('#cancel');
cancelButton.remove();
```

Element 타입은 일반적인 경우의 HTML 엘리먼트를 의미합니다. HTMLElement라는 타입도 있지만 여기에서 꼭 알아야 하는 내용은 아니므로 엘리먼트 타입을 의미한다고 이해하고 넘어갑니다.

이제 타입스크립트 설정 파일의 strictNullChecks 옵션 값을 true로 변경하면 다음과 같은 타입 에러가 발생할 것입니다.

▼ **그림 19-12** cancelButton.remove( ) 코드에서 발생하는 타입 에러

```
var cancelButton = document.querySelector('#cancel');
cancelButton.remove();
```
```
 GitHub에서 실제 예제 보기

var cancelButton: Element | null

'cancelButton'은(는) 'null'일 수 있습니다. ts(18047)

문제 보기 (⌥F8)    빠른 수정을 사용할 수 없음
```

이 그림에 표시된 에러 메시지를 보면 cancelButton 변수의 타입이 Element이거나 null입니다. strictNullChecks 옵션을 켰기 때문에 null 값도 하나의 타입으로 간주하게 된 것이죠. 따라서 null 값이 들어올 수도 있는데 바로 remove( ) 메서드를 호출하면 위험하다고 안내해 주는 것입니다. 이 에러를 해결하려면 cancelButton이 있을 때만 remove( ) API를 호출하도록 코드를 변경하면 됩니다. 다음과 같이 말이죠.

```
var cancelButton = document.querySelector('#cancel');
if (cancelButton) {
  cancelButton.remove();
}
```

이 코드는 cancelButton 변수에 값이 있을 때만 remove() API를 호출하게끔 if 문을 추가합니다. 타입 관점에서는 if 문이 타입 가드로 작용하여 if 문 안에 있는 cancelButton 변수의 타입을 Element 타입으로만 추론되게 한 것입니다. 다음과 같이 말이죠.

▼ **그림 19-13** if 문 안에서 cancelButton 타입이 Element로 추론되는 모습

```
var cancelButton = document.querySelector('#cancel');
if (cancelButton) {

    var cancelButton: Element

  cancelButton.remove();


}
```

노트

타입 가드가 무엇인지 기억나지 않는다면 '14장 타입 가드'를 다시 살펴보세요.

그리고 '13장 타입 단언'에서 배운 null 아님 보장 연산자(!)를 사용할 수도 있습니다.

```
var cancelButton = document.querySelector('#cancel');
cancelButton!.remove();
```

cancelButton 변수가 null 타입이 아니라는 것을 null 아님 보장 연산자(!)로 단언했습니다.

이외에도 strictNullChecks 옵션을 켜면 API 배열을 다룰 때 undefined 타입이 추가되므로 undefined 타입에 대한 처리를 해 주어야 합니다.

```
var heroes = ['thor', 'capt', 'hulk'];
var result = heroes.find((value) => {
  if (value === 'capt') {
    return true;
  }
});
```

▼ 그림 19-14 strictNullChecks 옵션을 껐을 때 find( ) API 배열 호출 결과 타입

```
var heroes = ['thor', 'capt', 'hulk'];

    ┌───────────────────────┐
    │ var result: string    │
    └───────────────────────┘
var result = heroes.find((value) => {
  if (value === 'capt') {
    return true;
  }
});
```

▼ 그림 19-15 strictNullChecks 옵션을 켰을 때 find( ) API 배열 호출 결과 타입

```
var heroes = ['thor', 'capt', 'hulk'];

    ┌────────────────────────────────────┐
    │ var result: string | undefined     │
    └────────────────────────────────────┘
var result = heroes.find((value) => {
  if (value === 'capt') {
    return true;
  }
});
```

이처럼 strictNullChecks 옵션을 켜면 타입이 좀 더 복잡해지지만 그만큼 값을 더 안전하게 취급하여 실행 에러를 줄일 수 있습니다.

19.4.6 allowJs

allowJs 속성은 타입스크립트 프로젝트에서 자바스크립트 파일도 함께 사용하고 싶을 때 추가하는 옵션입니다. noImplicitAny 속성과 함께 자바스크립트 프로젝트에 점진적으로 타입스크립트를 적용해 나갈 때 흔히 사용되는 옵션입니다.

이 옵션은 기본적으로 꺼져 있지만 true 값으로 변경하여 옵션을 켜면 타입스크립트 컴파일 대상에 자바스크립드 파일도 포함됩니다. 쉽게 말해 타입스크립트 파일에서 자바스크립트 파일을 가져올(import) 수 있게 되는 것입니다. 이해를 돕기 위해 다음 예시 코드를 살펴보겠습니다.

```
// math.js
export function sum(a, b) {
  return a + b;
}

// index.ts
import { sum } from './math';
console.log(sum(10, 20));
```

이 코드는 index.ts 타입스크립트 파일에서 math.js 자바스크립트 파일의 sum() 함수를 임포트하여 사용합니다. 타입스크립트 설정 파일에 allowJs 속성 값을 별도로 추가하지 않았다면 기본값이 false이기 때문에 프로젝트 내에서 자바스크립트 파일을 인식할 수 없습니다.

▼ 그림 19-16 index.ts 파일에서 math.js 파일을 임포트할 때 발생하는 에러

```
                              모듈 './math'에 대한 선언 파일을 찾을 수 없습니다.
                              '/Users/captainpangyo/Programming/gilbut-ts/17_project-config/17-
                              4/math.js'에는 암시적으로 'any' 형식이 포함됩니다. ts(7016)
// index.ts                   빠른 수정을 사용할 수 없음
import { sum } from './math';
console.log(sum(10, 20));
```

이 그림의 에러 메시지는 './' 밑에 찍힌 점 3개에 마우스 커서를 올리면 보입니다. 이 에러는 math.js 파일을 임포트의 대상으로 인식하지 못해서 발생합니다. 모듈로 인식할 수 없다는 의미죠. 자바스크립트 파일에서 내보낸 함수나 변수도 타입스크립트 파일에서 사용할 수 있게 하려면 다음과 같이 타입스크립트 설정 파일에 "allowJs": true 옵션을 추가하면 됩니다.

```
// tsconfig.json
{
  "compilerOptions": {
    "allowJs": true
  }
}
```

allowJs 옵션을 켜고 다시 코드로 돌아가 보면 다음과 같이 정상적으로 자바스크립트 파일이 타입스크립트 파일 안에서 인식되는 것을 볼 수 있습니다.

▼ **그림 19-17** index.ts 파일에서 math.js 파일의 sum( ) 함수가 정상적으로 인식되는 모습

```
                (alias) function sum(a: any, b: any): any
// index.       import sum
import { sum } from './math';
console.log(sum(10, 20));
```

이처럼 allowJs 옵션을 이용하면 이미 로직이 작성되어 있는 자바스크립트 파일을 타입스크립트 파일에서도 사용할 수 있습니다.

19.4.7 sourceMap

sourceMap 속성은 말 그대로 소스맵이라는 기능을 켜고 끄는 옵션입니다. 소스맵이란 타입스크립트뿐만 아니라 프런트엔드 빌드 도구에서 흔하게 사용되는 기능으로써 디버깅을 편하게 하는 역할을 합니다.

타입스크립트로 빌드(컴파일)하면 자바스크립트 파일이 생성됩니다. 이때 자바스크립트 파일에서 실행 에러가 발생하면 자바스크립트 코드 위치를 가리키게 됩니다. 컴파일된 자바스크립트 파일은 이미 원본 파일인 타입스크립트 파일과 다른 파일입니다. 따라서 자바스크립트 파일에서 특정 에러가 타입스크립트의 어느 코드와 연관이 있는지 알기 어렵습니다.

이 문제를 해결해 주는 기능이 바로 소스맵입니다. 소스맵은 컴파일 결과물인 자바스크립트 파일에서 에러가 발생했을 때 해당 에러가 원본 파일의 몇 번째 줄인지 가리켜 줍니다. 소스맵이 어떤 식으로 동작하는지 확인하기 위해 간단한 예제 코드를 살펴보겠습니다.

```typescript
// index.ts
type Person = {
  name: string;
}

function printPerson(person: Person) {
  console.log(person);
}

printPerson({ name: 'capt' });

<!-- index.html -->
<script src="./index.js"></script>

// tsconfig.json
{
  "compilerOptions": {
    "sourceMap": false
  }
}
```

이와 같이 간단한 타입스크립트 코드와 HTML 파일을 생성하고 타입스크립트 설정 파일에 sourceMap 옵션을 끈 상태로 컴파일합니다.

```
npx typescript tsc index.ts
```

컴파일이 정상적으로 끝나면 다음과 같이 index.js 파일이 생성될 것입니다.

```
function printPerson(person) {
  console.log(person);
}
printPerson({ name: 'capt' });
```

이제 index.html 파일을 더블클릭하거나 간단한 로컬 서버를 띄워 브라우저에서 페이지를
실행하면 콘솔창에 다음과 같은 로그가 출력됩니다.

▼ **그림 19-18** index.html 파일을 브라우저에서 실행하고 콘솔에 출력한 결과

이 그림은 개발자 도구의 콘솔 패널을 확인한 결과입니다. Object가 출력되었고 오른쪽에
index.js:2라고 표시되었습니다. index.js 파일의 두 번째 라인을 의미합니다. index.js:2를
클릭하면 다음과 같이 index.js 파일 내용을 볼 수 있습니다.

▼ **그림 19-19** index.js:2를 클릭했을 때 Sources 패널에 보이는 index.js 파일 내용

이 그림에서는 볼 수 없지만 콘솔을 클릭해서 이동하면 console.log(person); 라인에 노란 배경색이 잠시 깜빡이는데, 해당 줄의 결과라고 알려 주는 것입니다.

이와 같이 코드가 간단하다면 소스맵을 쓰지 않고도 충분히 에러가 발생한 위치를 알 수 있을 것입니다. 하지만 실제 서비스 코드라면 적게는 몇백 줄에서 몇천 줄 이상입니다. 컴파일 결과물로는 원본 파일의 코드 위치를 찾기 어렵습니다. 이번에는 타입스크립트 설정 파일에서 소스맵 옵션을 켜고 컴파일해 보겠습니다.

```
// tsconfig.json
{
  "compilerOptions": {
    "sourceMap": true
  }
}
```

컴파일 명령어를 다시 입력하면 이번에는 컴파일 결과물이 index.js뿐만 아니라 다음과 같이 index.js.map이라는 파일도 생성됩니다.

▼ **그림 19-20** 컴파일 결과물로 생성된 index.js 파일과 index.js.map 파일

새로 생성된 컴파일 결과물을 확인하기 위해 index.html 파일을 다시 브라우저에서 실행해 보면 콘솔창의 결과가 살짝 달라진 것을 볼 수 있습니다.

▼ **그림 19-21** 다시 실행한 index.html 파일의 콘솔창 출력 결과

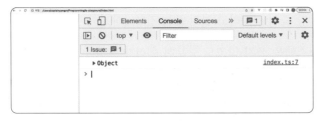

Object를 출력한 결과는 같지만 오른쪽에 표시되는 값이 index.js:2가 아니라 index.ts:7입니다. 컴파일되기 전의 원본 파일인 타입스크립트 파일의 코드 위치를 가리킵니다. index.ts:7을 클릭하면 다음과 같이 원본 파일을 확인할 수 있습니다.

▼ **그림 19-22** index.ts:7을 클릭했을 때 Sources 패널에 보이는 index.ts 파일 내용

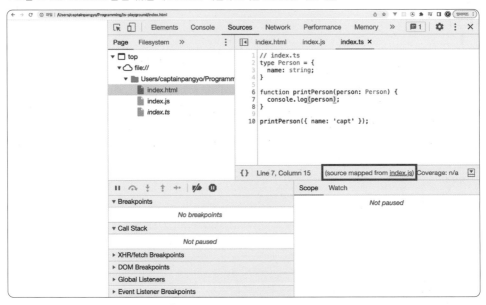

소스맵 옵션을 켜고 컴파일했기 때문에 앞과 다르게 컴파일된 결과물이 아니라 컴파일되기 전 원본 파일에서 코드 위치를 가리킵니다. 일곱 번째 줄에 콘솔 로그를 출력하는 코드가 있죠. 그리고 이 그림에서 강조된 'source mapped from index.js'가 바로 컴파일된 index.js 파일과 소스맵으로 연결되어 있다는 의미입니다.

이처럼 소스맵은 읽기 어려운 컴파일 결과물에서 코드를 확인하지 않고, 컴파일 전인 타입스크립트 원본 파일에서 코드를 확인할 수 있기 때문에 에러 확인과 수정이 간편합니다.

19.4.8 jsx

jsx 속성은 프런트엔드 화면 라이브러리인 **리액트**(react)와 관련 있습니다. 타입스크립트 파일에서 작성된 jsx 문법이 자바스크립트 파일에서 어떻게 변환될지 결정할 수 있습니다. 여기에서 jsx란 자바스크립트 확장 문법인 'Javascript Syntax eXtension'을 의미합니다. 다음과 같이 자바스크립트 파일 안에서도 HTML과 CSS를 입력할 수 있는 문법입니다.

```
function App() {
  return <div>Hello React</div>
}
```

jsx 속성에 들어갈 수 있는 옵션은 다음 다섯 가지입니다. 앞의 jsx 문법 예시 코드를 가지고 각각 어떻게 변환되는지 살펴보겠습니다.

- preserve
- react
- react-jsx
- react-jsxdev
- react-native

먼저 preserve 옵션은 jsx 코드를 별도의 API로 변환하지 않고 최신 자바스크립트 문법과 라이브러리만 추가해 줍니다. 다음과 같이 말이죠.

```
import React from 'react';
export const App = () => <div>Hello React</div>;
```

예시 코드에서는 function App() {} 형태의 함수 선언문을 사용했는데, 최신 자바스크립트 문법인 화살표 함수 문법이 적용되고 React 라이브러리가 같이 임포트되었습니다.

react 옵션은 jsx 코드를 React.createElement() 문법으로 변환해 줍니다. 다음과 같이 말이죠.

```
import React from 'react';
export const App = () => React.createElement("div", null, "Hello React");
```

react-jsx 옵션은 jsx 코드를 다음과 같이 변환해 줍니다.

```
import { jsx as _jsx } from "react/jsx-runtime";
import React from 'react';
export const App = () => _jsx("div", { children: "Hello React" });
```

react-jsxdev 옵션은 jsx 코드를 다음과 같이 변환해 줍니다.

```
import { jsxDEV as _jsxDEV } from "react/jsx-dev-runtime";
const _jsxFileName = "/home/runner/work/TypeScript-Website/TypeScript-Website/index.tsx";
import React from 'react';
export const App = () => _jsxDEV("div", { children: "Hello React" }, void 0,
false, { fileName: _jsxFileName, lineNumber: 9, columnNumber: 32 }, this);
```

마지막으로 react-native 옵션은 preserve 옵션과 동일하게 변환해 줍니다.

```
import React from 'react';
export const App = () => <div>Hello React</div>;
```

19.4.9 baseUrl

baseUrl 속성은 프로젝트의 모듈 해석 기준 경로를 정하는 옵션입니다. 이 속성은 비주얼 스튜디오 코드나 웹 스톰(Web Storm) 등 개발 툴에서 파일 자동 완성을 올바르게 지원받는 것과도 연관이 있습니다.

일반적으로 타입스크립트 모듈을 가져올 때는 다음과 같이 상대 경로로 작성합니다.

```
// math.js
import { sum } from './math';

console.log((sum(10, 20)));
```

이 코드는 가져오는 모듈 파일이 같은 폴더 레벨에 있기 때문에 상대 경로가 './'로 단순합니다. 하지만 다음과 같이 복잡한 폴더 구조라면 이야기가 달라집니다.

▼ 그림 19-23 복잡한 폴더 구조

```
📁 src
    📁 components
        📁 common
            📄 NavigationBar.tsx
        📁 pages
            📄 detail.tsx
                ...
    📁 utils
        📄 format.ts
            ...
```

이런 폴더 구조에서 특정 tsx 파일이 다른 tsx 파일이나 ts 파일을 모듈로 사용하려면 상대 경로가 다소 복잡해집니다. 예를 들어 NavigationBar.tsx 파일에서 format.ts 파일을 참조한다고 가정해 보겠습니다.

```
// NavigationBar.tsx
import { formatDate } from '../../utils/format';
```

이때 baseUrl을 src 폴더를 기준으로 잡는다면 경로가 다음과 같이 단축됩니다.

```
// tsconfig.json
{
  "compilerOptions": {
    "baseUrl": "./src"
  }
}

// NavigationBar.tsx
import { formatDate } from 'utils/format';
```

baseUrl로 모듈 해석의 기준점이 src 폴더가 되었기 때문에 ../../로 폴더를 두 번 올라가서 utils 폴더를 찾지 않아도 됩니다. 따라서 모듈을 임포트하는 코드들이 이처럼 간결해지기 때문에 폴더 구조가 변경되더라도 대응하기 쉽습니다.

19.4.10 paths

paths 속성은 특정 모듈을 임포트할 때 어디서 가져올지 경로를 지정할 수 있는 옵션입니다. 상대 경로가 길어질 때 이를 줄이는 데 사용하는 속성으로 앞서 살펴본 baseUrl 속성 값에 영향을 받습니다. 어떻게 동작하는지 알아보기 위해 예시를 하나 보겠습니다.

```
// tsconfig.json
{
  "compilerOptions": {
    "baseUrl": ".",
    "paths": {
      "jquery": ["node_modules/jquery/dist/jquery"]
```

```
      }
    }
  }
}
```

▼ **그림 19-24** paths 속성을 알 수 있는 예시 프로젝트 폴더 구조

📁 src
  📁 api
    📄 index.ts
    📄 users.ts
  📁 components
    📁 share
      📄 LoginInfo.vue
    📄 App.vue
  📄 index.ts
📁 node_modules
  📁 jquery
    📁 dist
      📄 jquery.js

이와 같은 타입스크립트 설정 파일과 프로젝트 폴더 구조가 있을 때 다음 임포트 구문은 node_modules 아래의 jquery 파일을 가리킵니다.

```
// main.js
import $ from 'jquery'; // "./node_modules/jquery/dist/jquery" 경로
```

이 코드는 paths 속성의 역할을 쉽게 파악하려고 작성된 예시입니다. 이와 같이 paths 속성을 정의하지 않더라도 NPM으로 설치한 jquery나 기타 라이브러리는 모두 node_modules 폴더 아래에 있는 경로를 참조합니다.

이번에는 좀 더 실용적인 예제를 보겠습니다. 그림 19-24 프로젝트 폴더 구조의 Login Info.vue 파일은 api 폴더 아래에 있는 users.ts 파일의 모듈을 가져오기 위해 다음과 같이 임포트 구문을 작성합니다.

```
// LoginInfo.vue
import { fetchUser } from '../../api/users';
```

LoginInfo.vue 파일 기준으로 폴더를 두 단계 올라가서 users.ts 파일을 가져와야 하죠. 이 경우에는 paths 속성을 이용하여 다음과 같이 파일 상대 경로를 줄일 수 있습니다.

```
// tsconfig.json
{
  "compilerOptions": {
    "baseUrl": "./src",
    "paths": {
      "api": ["api/*"]
    }
  }
}
```

이 설정 파일은 baseUrl 속성이 src 폴더 위치를 가리키고 있기 때문에 paths 속성의 경로는 모두 src/(그림 19-24의 src 폴더)로 시작하게 됩니다. 그리고 paths 속성에 api라는 파일 경로는 모두 api 폴더 아래의 파일을 가리키라고 되어 있기 때문에 LoginInfo.vue 파일의 임포트 구문이 다음과 같이 줄어듭니다.

```
// LoginInfo.vue
import { fetchUser } from 'api/users';
```

이처럼 paths 속성을 이용하면 임포트 구문의 파일 경로를 줄일 수 있습니다. baseUrl 속성에 따라 paths 속성 값도 영향을 받는다는 사실을 꼭 알아 두세요.

19.4.11 removeComments

removeComments 속성은 이름에서 추측할 수 있듯이 타입스크립트 컴파일을 할 때 주석을 제거해 주는 옵션입니다. 타입스크립트 설정 파일에 따로 명시하지 않으면 기본적으로 false 값을 갖습니다.

```
// tsconfig.json
{
  "compilerOptions": {
    "removeComments": false
  }
}
```

다음과 같은 타입스크립트 파일이 있고 removeComments 옵션을 true로 켜고 컴파일한다고 가정해 보겠습니다.

```
// 알아두면 좋은 코드
var a = 10;
```

이 파일을 컴파일하면 다음과 같은 결과가 나올 것입니다.

```
var a = 10;
```

이처럼 컴파일 결과물의 주석을 제거하기 때문에 파일 용량을 줄여 주는 장점이 있습니다.

19.5 SECTION / 타입스크립트 설정 파일과 빌드 도구

타입스크립트를 사용하는 대부분의 프로젝트는 리액트(React)나 뷰(Vue.js) 같은 프런트엔드 개발 프레임워크와 웹팩(webpack) 또는 롤업(rollup)이라는 빌드 도구를 사용합니다. 타입스크립트는 패키지 관리 도구인 NPM으로 설치하고 빌드(컴파일)하는 과정이 필요하기 때문입니다. 실무 프로젝트에서는 단순히 타입스크립트만 빌드하지 않고 다음 과정을 모두 하나의 빌드 과정에 포함시키고는 합니다.

- 파일 변환: ts 파일을 js 파일로 변환하거나, 최신 js 문법을 예전 js 문법으로 변환하거나, scss 파일을 css 파일로 변환하는 등 빌드 작업을 의미합니다.
- 파일 압축: 페이지 로딩 속도를 높이려고 파일을 압축하여 용량을 줄입니다.
- 파일 병합: 여러 개의 파일을 하나의 파일로 병합하여 네트워크 요청 시간을 줄입니다.

특히 사용자에게 제공되는 웹 서비스 프로젝트는 대부분 웹팩을 사용할 것입니다. 웹팩이 프런트엔드 개발 주류 프레임워크인 뷰나 리액트의 기본 권장 도구로 설정되어 있기 때문이죠. 따라서 웹팩과 타입스크립트를 함께 사용하는 방법을 알아 둘 필요가 있습니다.

19.5.1 웹팩이란?

웹팩은 **모듈 번들러**(module bundler)이자 프런트엔드 개발 빌드 도구입니다. 파일 여러 개와 모듈을 다루는 실무 프로젝트에서 거의 필수로 사용하는 도구죠. 모듈 번들러는 여러 개의 모듈을 하나의 모듈로 병합해 준다는 의미입니다. 다음 그림을 보겠습니다.

▼ **그림 19-25** 웹팩 공식 사이트(https://webpack.js.org/)에 안내된 웹팩 도식

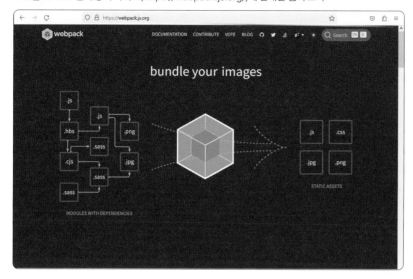

그림 왼쪽에는 js, png, sass 등 웹 애플리케이션을 구성하는 리소스(모듈)들이 서로 연결되어 있고, 오른쪽에는 js, css, jpg, png 등 정적 자원(static assets)이 있습니다. 그리고 가운데에는 웹팩을 의미하는 로고가 있습니다.

이 그림이 의미하는 바는 바로 웹 애플리케이션을 구성하는 리소스를 웹팩으로 빌드하면 정적 자원이 나온다는 것입니다. 좀 더 쉽게 풀어서 이야기하면, 여러 개의 파일을 하나로 병합하고 웹 서버에 바로 올려서 사용자들이 접근할 수 있는 형태의 파일로 변환해 준다는 것입니다.

웹팩은 애플리케이션을 구성하는 리소스, 즉 js, css, jpg 파일 등을 각각 하나의 모듈로 취급합니다. 앞서 말한 리소스 파일이 모두 개별 모듈이 되는 것이죠. 이 파일을 모두 자바스크립트 레벨에서 취급하려고 모듈이라는 개념을 적용한 것입니다.

> **노트**
>
> 웹팩을 더 자세히 알아보고 싶다면 다음 웹팩 핸드북 가이드 문서와 동영상 강의를 참고해 보세요.
> - 웹팩 핸드북 가이드: https://joshua1988.github.io/webpack-guide/
> - 동영상 강의: https://inf.run/EDeD

19.5.2 웹팩에 타입스크립트 설정하기

웹팩 기반의 웹 애플리케이션 프로젝트에서 타입스크립트 파일을 사용하려면 다음과 같이 웹팩 설정 파일을 작성해 주어야 합니다.

```js
// webpack.config.js
const path = require('path');

module.exports = {
  entry: './src/index.ts',
  module: {
    rules: [
      {
        test: /\.tsx?$/,
        use: 'ts-loader',
        exclude: /node_modules/,
      },
    ],
  },
  resolve: {
    extensions: ['.tsx', '.ts', '.js'],
  },
  output: {
    filename: 'bundle.js',
    path: path.resolve(__dirname, 'dist'),
  },
};
```

이 코드는 리액트나 뷰 같은 프런트엔드 개발 프레임워크를 사용하면 직접 작성할 필요가 없습니다. CRA(Create React App)나 CNA(Create Next App), Vue CLI처럼 프로젝트 생성 도구로 프로젝트를 생성했을 때 내부에 이미 다 정의되어 있기 때문입니다. 그럼에도 직접 설정 파일을 만들어야 하거나 수정해야 할 때 이해하고 있으면 좋기 때문에 간략하게 알아보겠습니다.

이 코드에서 entry 속성은 웹팩의 진입점을 의미합니다. 웹팩 빌드 명령어를 실행했을 때 대상이 되는 파일 경로를 지정합니다. module 속성은 웹팩의 로더(loader)를 의미합니다. 자바스크립트 파일을 제외한 css, jpg, ttf 파일들을 모듈로 취급하려면 로더를 설정해 주어야 합니다. 타입스크립트 파일 역시 자바스크립트 파일이 아니기 때문에 ts-loader를 설정해 줍니다. resolve 속성은 웹팩의 모듈 해석 방식을 정의해 줍니다. extensions에 적힌 파일 확장자는 import 구문을 사용할 때 파일 확장자를 적지 않아도 인식하겠다는 의미입니다.

```
// extensions 옵션 적용 전
import { sum } from './math.ts';

// extensions 옵션 적용 후
import { sum } from './math';
```

마지막으로 output 속성은 웹팩으로 빌드된 결과물에 대한 설정입니다. 빌드한 파일 이름은 bundle.js고, 빌드된 파일 경로는 dist 폴더 아래입니다.

> **노트**
>
> 웹팩의 주요 속성을 더 자세히 알아보고 싶다면 다음 링크를 참고하세요.
>
> URL https://joshua1988.github.io/webpack-guide/concepts/overview.html

19.6 SECTION / 타입 선언 파일

타입 선언 파일은 d.ts 확장자를 갖는 타입스크립트 파일을 의미합니다. 프로젝트에서 자주 사용되는 공통 타입이나 프로젝트 전반에 걸쳐 사용하는 라이브러리 타입을 정의하는 공간입니다.

19.6.1 타입 선언 파일 사용 방법

다음과 같이 프로젝트 루트 레벨에 정의해 놓으면 자동으로 프로젝트 내 타입스크립트 파일에서 해당 타입을 인식합니다.

```
// project.d.ts
interface Product {
  name: string;
  id: string;
}

// index.ts
const shirts: Product = {
  name: '와이셔츠',
  id: '1'
};
```

이 코드는 프로젝트의 루트 레벨에 project.d.ts라는 타입 선언 파일을 선언하고 index.ts 파일에서 타입 선언 파일의 타입을 사용합니다. 타입 선언 파일은 d.ts 확장자로 선언하기 때문에 선언되면 바로 타입스크립트 프로젝트에서 해당 타입 선언 파일의 타입들을 인식합니다. 따라서 index.ts 파일처럼 별도로 타입을 임포트하지 않아도 사용할 수 있습니다.

19.6.2 타입 선언 파일을 언제 사용해야 하는가?

앞의 예시 코드에서 볼 수 있듯이, 타입 선언 파일을 사용하면 타입스크립트 파일에 타입 코드를 작성하지 않고 다른 파일에 분리해 놓을 수 있는 이점이 있습니다. 예시 코드에서 타입 선언 파일을 생성하지 않았다면 다음과 같이 index.ts 파일에 타입 코드와 로직 코드가 들어 있을 것입니다.

```
// index.ts
interface Product {
  name: string;
  id: string;
}

const shirts: Product = {
  name: '와이셔츠',
  id: '1'
};
```

이 코드는 몇 줄 안 되기도 하고 타입을 밑에서 바로 사용하고 있기 때문에 다른 파일로 분리할 필요성을 크게 느끼지 못합니다. 하지만 다음과 같이 다른 파일에서도 Product 타입을 사용한다면 어떻게 될까요?

```
// index.ts
export interface Product {
  name: string;
  id: string;
}

const shirts: Product = {
  name: '와이셔츠',
  id: '1'
};

// list.ts
import { Product } from './index';

const pants: Product = {
  name: '팬츠',
  id: '2',
};
```

다른 파일에서도 Product 타입을 사용하려면 이처럼 타입 앞에 export 구문을 추가하고, 타입을 사용하려는 파일 위에 import 구문으로 타입을 가져와야 합니다. 이때 프로젝트 내 공통 타입들을 다음과 같이 별도의 타입스크립트 파일에 정의할 수도 있습니다.

```
// types.ts
export interface Product {
  name: string;
  id: string;
}
```

이렇게 types라는 타입스크립트 파일에는 프로젝트 내 공통 타입만 정의한다고 가정하고 타입 선언 코드만 작성할 수도 있습니다. 하지만 나중에 누군가가 다음과 같은 로직을 추가하고자 할 때 그렇게 작성하지 못하도록 시스템적으로 강제할 수는 없습니다.

```
// types.ts
export interface Product {
  name: string;
  id: string;
}

function printProduct() {
  // ...
}
```

이처럼 자주 사용되는 공통 타입을 별도로 익스포트하거나 임포트하지 않고 프로젝트 레벨에서 자동으로 인식하게 할 수 있는 방법이 바로 타입 선언 파일입니다.

> **노트**
>
> 프로젝트 공통 타입은 꼭 타입 선언 파일에 정의하거나 별도의 파일로 분리하지 않아도 됩니다. 타입 코드를 어디다 둘지는 작성자 마음입니다. 물론 팀 프로젝트라면 어떻게 관리할지 팀원과 미리 이야기해 보는 것이 좋습니다.

19.7

SECTION

외부 라이브러리의 타입 선언과 활용

이 절에서는 타입스크립트 프로젝트에서 차트, 테이블, 날짜 선택기 등 외부 라이브러리를 사용할 때 알고 있어야 할 지식들을 살펴보겠습니다. 여기에서 외부 라이브러리란 웹 서비스 개발에 필요한 NPM 패키지들을 의미합니다. jQuery, 리액트, 뷰, ESLint, Prettier, DataTable, Jest, Swiper.js 등 화면 로직 개발에 도움을 주거나 문법 검사 도구로 쓰이는 등 개발 전반에 걸쳐 사용되고 있습니다.

19.7.1 외부 라이브러리를 사용하는 방법

타입스크립트 프로젝트는 빌드 과정이 있어서 보통 NPM 기반으로 프로젝트를 구성하고 외부 라이브러리를 설치합니다. 예를 들어 프로젝트에서 jQuery 라이브러리를 사용하겠다면 다음과 같이 스크립트 태그를 주입해서 라이브러리를 로딩하는 방식이 아니라 NPM 명령어로 라이브러리를 설치해서 사용합니다.

```
<!-- script 태그로 라이브러리를 로딩하는 방식(CDN 방식) -->
<script src="https://code.jquery.com/jquery-3.6.3.js"></script>
```

```
npm install jquery
```

이렇게 NPM 명령어로 설치한 외부 라이브러리는 node_modules 폴더에 설치됩니다. 프로젝트 루트 레벨에 다음과 같이 node_modules 폴더가 위치합니다.

▼ **그림 19-26** 새 프로젝트에 NPM 설정 파일을 생성하고 jQuery 라이브러리를 설치한 결과

이 그림은 빈 폴더를 생성하고 `npm init -y`와 `npm install jquery` 명령어를 순차적으로
실행하여 jQuery 라이브러리를 설치한 결과입니다. `npm install` 명령어를 입력했기 때문
에 node_modules 폴더가 생성되고 그 아래에 jquery라는 폴더가 생겼죠. node_modules
폴더 구조는 다음과 같습니다.

▼ **그림 19-27** node_modules 폴더 구조

📁 node_modules
　　📁 jquery
　　　　📁 dist
　　　　📁 external
　　　　📁 src
　　　　　　...

jQuery 라이브러리는 화면 조작을 위해 오래 전부터 사용되어 온 자바스크립트 라이브러
리입니다. jQuery 라이브러리가 제작될 당시에는 타입스크립트가 나오기 전이었기에 라
이브러리 내 로직이 모두 자바스크립트로 작성되어 있었습니다. 이처럼 자바스크립트로
작성된 외부 라이브러리의 타입은 어떻게 정의할 수 있을까요?

19.7.2 외부 라이브러리의 타입 선언 파일: Definitely Typed

외부 라이브러리를 사용하는 이유는 대부분 미리 잘 구현된 기능늘을 가져다 빠르게 개발하기 위해서입니다. 그러다 보니 라이브러리 내부 로직이 최소 몇십 줄에서 많게는 몇천, 몇만 줄이 되기도 합니다. 이 로직이 모두 자바스크립트로 작성되어 있다면 타입을 직접 하나하나 정의해서 사용하는 것은 거의 불가능합니다. 그래서 라이브러리 사용자들이 특정 라이브러리에 대한 타입을 정의해서 Definitely Typed라는 깃헙 리포지터리(https://github.com/DefinitelyTyped/DefinitelyTyped)에 공유해 두었습니다.

▼ **그림 19-28** Definitely Typed 리포지터리

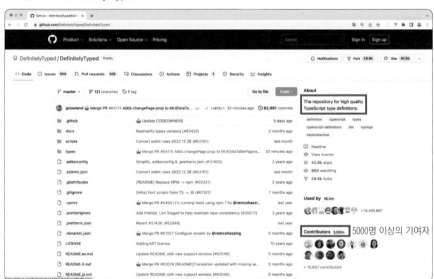

이 그림은 Definitely Typed 깃헙 리포지터리의 화면입니다. 오른쪽 소개란을 보면 '타입스크립트의 고품질 타입 정의를 위한 리포지터리(The repository for high quality TypeScript type definitions.)'라고 적혀 있습니다. 사람들이 많이 사용하는 라이브러리 타입을 누군가가 미리 정의해서 이 리포지터리에 모아 놓은 것입니다. 아마 개발자 수천수만 명이 자원해서 타입을 정의해 두었을 것입니다. 자신이 겪었던 불편함을 다른 사람은 느끼지 않게 하려고 말이죠.

이 리포지터리에 사용하고 싶은 외부 라이브러리의 타입 선언 파일이 있는지 확인하려면 다음과 같이 NPM 공식 사이트(https://www.npmjs.com/package/jquery)에서 라이브러리 이름을 검색합니다.

▼ **그림 19-29** NPM 공식 사이트의 jquery 패키지 소개 화면

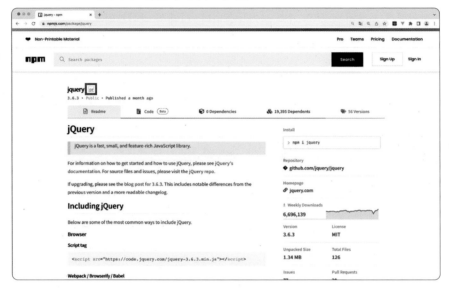

이 그림은 NPM 공식 사이트에서 jQuery 라이브러리를 검색한 후 라이브러리 소개 페이지로 들어간 화면입니다. 라이브러리 제목 오른쪽에 'DT'라고 써진 파란색 박스가 있는데, 이 DT가 바로 Definitely Typed의 약어입니다. 이 라이브러리는 Definitely Typed 리포지터리에 타입 선언이 되어 있다는 의미입니다.

실제로 타입 선언 파일이 있는지 알아보려면 (깃헙 리포지터리의 소스를 들어가서 보는 것이 아니라) 다음과 같이 NPM 패키지 검색창에 @types/jquery라고 입력합니다.

▼ **그림 19-30** NPM 공식 사이트에서 @types/jquery를 검색한 결과

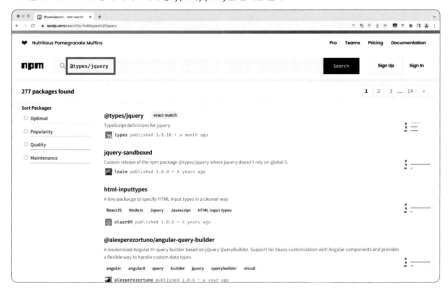

검색 결과의 첫 번째 목록이 @types/jquery라고 되어 있습니다. 이 목록을 클릭하면 다음 화면이 나타납니다.

▼ **그림 19-31** @types/jquery 패키지 소개 화면

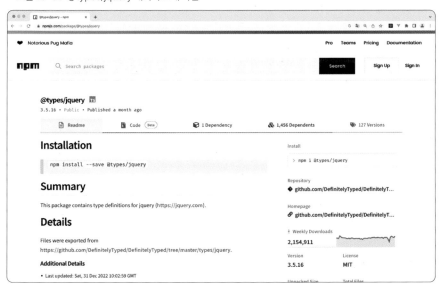

이 그림은 @types/jquery 패키지의 소개 페이지(https://www.npmjs.com/package/@types/jquery)입니다. 다른 패키지 소개 화면과 비슷하게 패키지를 설치하는 방법과 패키지 요약, 패키지 상세 내용 등이 나와 있습니다. 패키지 요약 부분을 보면 '이 패키지는 jquery를 위한 타입 선언 파일이 포함되어 있다(This package contains type definitions for jquery)'고 적혀 있습니다. 그리고 그림 오른쪽에 리포지터리(Repository) 주소가 'github.com/DefinitelyTyped/DefinitelyTyped'라고 적혀 있고, 그 아래 홈페이지(Homepage)는 'github.com/DefinitelyTyped/DefinitelyTyped/tree/master/types/jquery'라고 적혀 있습니다. 앞서 안내한 것처럼 DefinitelyTyped 리포지터리에 있는 타입 선언 파일을 가리키는 것입니다.

이 타입 선언 파일을 프로젝트에서 사용하려면 그림 19−31에 안내된 패키지 설치 명령어를 입력하면 됩니다.

```
npm install --save @types/jquery
```

설치 명령어를 실행하고 jquery 타입 선언 파일이 정상적으로 설치되면 다음과 같은 결과가 나옵니다.

▼ **그림 19-32** @types/jquery 패키지를 설치한 결과

이 그림은 @types/jquery 패키지를 정상적으로 설치한 후 package.json 파일 내용을 확인한 결과입니다. dependencies 속성에 @types/jquery 패키지가 설치되어 있습니다. 그리고 왼쪽 프로젝트 폴더 탐색기를 보면 node_modules 폴더 아래에 @types 폴더가 생겼고, 그 아래 jquery 폴더가 있는 것을 볼 수 있습니다. 이 jquery 폴더 아래에 조금 전에 배웠던 타입 선언 파일(확장자 d.ts)이 있는 것을 확인할 수 있습니다.

이처럼 외부 라이브러리의 타입 선언 파일은 NPM 공식 사이트에서 패키지를 검색하여 타입 선언 파일을 지원하는지 확인하고, '@types/라이브러리이름'으로 패키지가 있는지 확인한 후 프로젝트에 설치해서 사용하면 됩니다.

19.7.3 외부 라이브러리에 내장된 타입 선언 파일

앞서 살펴본 것처럼 외부 라이브러리의 타입을 지원하는 별도의 타입 선언 라이브러리를 설치해서 사용해야 하는 경우도 있지만, 반대로 외부 라이브러리 자체적으로 타입 정의가 되어 있기도 합니다. 대중적인 HTTP 라이브러리인 axios를 사례로 살펴보겠습니다.

axios는 클라이언트와 서버 환경에서 모두 사용할 수 있는 HTTP 라이브러리입니다. 화면에 정보를 표시하려고 데이터를 요청하는 클라이언트나 Node.js 환경에서 작성된 서버용 자바스크립트 코드에서 사용됩니다. 이 라이브러리 장점은 API 호출 결과가 프로미스(promise)로 되어 있고 개발할 때 참고하기 쉽게 문서화가 잘되어 있다는 것입니다.

▼ **그림 19-33** axios 라이브러리의 깃헙 리포지터리(https://github.com/axios/axios)

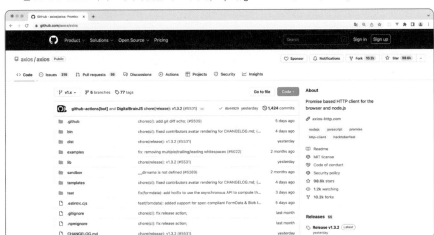

axios 라이브러리를 설치하려면 다음 명령어를 입력합니다.

```
npm install axios
```

19.7.1절에서 살펴본 타입스크립트 프로젝트에 이 명령어로 axios 라이브러리를 설치하면 다음과 같은 결과가 나옵니다.

▼ **그림 19-34** NPM 설치 명령어로 axios 라이브러리를 설치한 결과

이 그림은 NPM 설치 명령어로 axios 라이브러리를 설치하고 package.json 파일과 폴더 탐색기를 펼친 화면입니다. package.json 파일의 dependencies 속성에 axios 라이브러리가 추가되어 있고, 그림 왼쪽에 있는 node_modules 폴더 아래에는 axios 폴더가 펼쳐져 있습니다. axios 폴더 아래에 있는 파일을 보면 index.d.ts라는 파일이 보일 텐데요. 이것이 바로 타입 선언 파일입니다. 이 타입 선언 파일을 열어 보면 다음과 같이 axios와 관련된 타입이 정의되어 있습니다.

▼ **그림 19-35** axios 라이브러리 폴더의 index.d.ts 파일

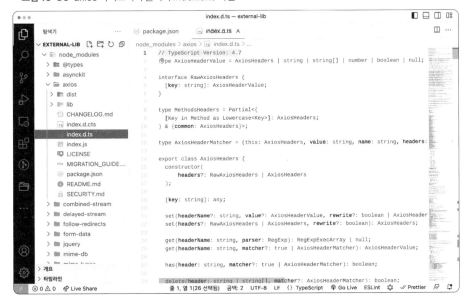

이 라이브러리는 @types/axios처럼 별도의 타입 선언 라이브러리를 추가하지 않고도 타입 스크립트 프로젝트에서 바로 사용할 수 있습니다.

그렇다면 어떤 라이브러리들이 이렇게 라이브러리 내부적으로 타입 선언 파일이 정의되어 있을까요? 정답은 NPM 공식 사이트에서 확인할 수 있습니다.

▼ **그림 19-36** NPM 공식 사이트의 axios 패키지 소개 화면

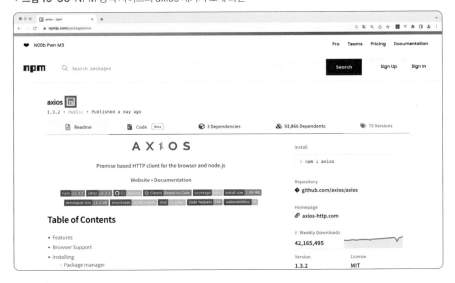

이 그림은 NPM 공식 사이트의 패키지 검색창에서 axios를 검색하고 첫 번째 목록을 클릭했을 때 표시되는 패키지 소개 화면입니다. axios 패키지 이름 오른쪽에 TS 로고가 표시되어 있는데, 이 표시가 바로 해당 라이브러리 내부에 타입스크립트 선언 파일이 함께 포함되어 있다는 의미입니다. 이 TS 로고에 마우스 커서를 올리면 다음과 같은 툴 팁이 표시됩니다.

▼ **그림 19-37** TS 로고 툴 팁에 표시된 메시지

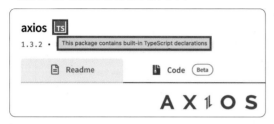

이 메시지는 '이 패키지는 타입스크립트의 타입 선언이 내장되어 있다'는 의미입니다. 앞서 살펴본 jquery 패키지 화면에서는 DT(Definitely Typed)가 있었던 반면, 여기에서는 타입스크립트를 의미하는 TS 로고가 붙어 있습니다.

앞으로 타입스크립트 프로젝트에서 외부 라이브러리를 사용할 때는 이 NPM 공식 사이트 검색으로 타입 선언 파일이 같이 제공되는지 혹은 타입 선언 라이브러리를 별도로 추가해야 하는지 확인할 수 있습니다.

19.7.4 외부 라이브러리에 타입 선언 파일이 지원되지 않는 경우

앞서 외부 라이브러리의 타입 선언을 지원받는 방법을 알아보았습니다. 이번에는 Definitely Typed나 내장 타입 선언 파일이 지원되지 않는 라이브러리를 살펴보겠습니다.

직접 타입을 정의하는 방법

최근에 제작된 라이브러리나 사용자가 많은 라이브러리는 대부분 타입스크립트를 잘 지원하는 편입니다. 따라서 적절한 예시를 위해 오래 전에 만들어진 라이브러리를 하나 살펴보겠습니다.

▼ 그림 19-38 NPM 공식 사이트의 datatables 패키지(https://www.npmjs.com/package/datatables)

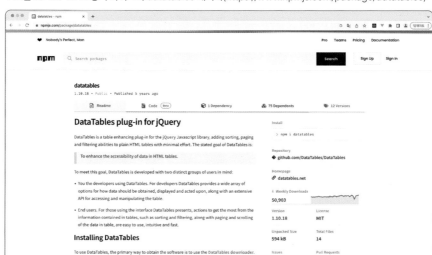

이 그림은 NPM 공식 사이트에서 검색한 데이터테이블(datatables) 라이브러리 소개 화면입니다. 이 라이브러리는 jQuery 기반으로 동작하며 리액트나 뷰와 같은 프런트엔드 프레임워크가 나오기 전에는 꽤 사용성이 높았습니다. 이 그림 오른쪽에 있는 그래프에서도 볼 수 있듯이 주간 내려받은 개수가 5만으로 아직도 적지 않은 사용자가 사용하고 있습니다.

이 패키지는 제목 오른쪽에 TS, DT와 같은 로고가 없습니다. 레거시로 취급되는 오래된 프로젝트이기도 하고 실제로 타입스크립트 지원을 받지 못하고 있기 때문이죠. 사용자가 많지 않기 때문에 누군가 나서서 타입 선언 파일을 제작하지 않고 있습니다. 이렇게 타입 선언 파일이 지원되지 않는 라이브러리는 어떻게 사용해야 할까요?

첫 번째로 타입스크립트 선언 파일을 직접 작성하는 방법이 있습니다. 라이브러리의 소스 코드를 모두 이해하고 하나하나 작성하는 것이 아니라 실제로 사용하는 라이브러리의 API나 코드들과 관계된 타입만 먼저 작성해 나가는 방식이죠. 데이터테이블 라이브러리 코드가 다음과 같다고 합시다.

```
// index.ts
let table = new DataTable('#example', {
    // options
});
```

이 코드는 타입스크립트 프로젝트에서 다음과 같은 타입 에러를 발생합니다.

▼ **그림 19-39** DataTable 타입이 정의되어 있지 않아 발생하는 에러

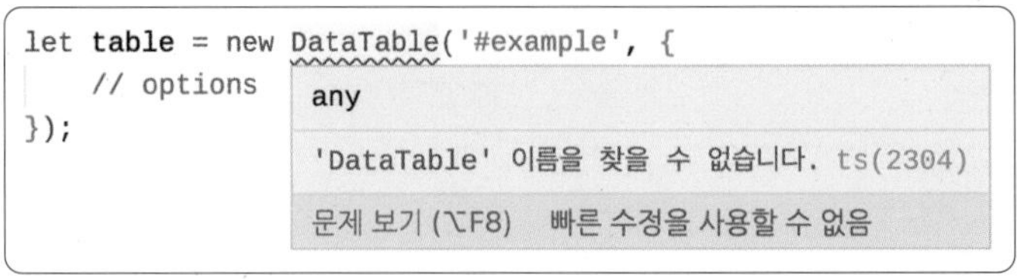

```
let table = new DataTable('#example', {
    // options
});
```
any
'DataTable' 이름을 찾을 수 없습니다. ts(2304)
문제 보기 (⌥F8)   빠른 수정을 사용할 수 없음

DataTable 타입이 정의되어 있지 않기 때문에 타입 에러가 발생합니다. 이때 프로젝트 루트 레벨에 다음과 같이 global.d.ts 파일을 하나 선언하고 DataTable 변수를 선언합니다.

```
// global.d.ts
declare const DataTable: any;
```

이 코드는 프로젝트 내 전역으로 사용될 DataTable이라는 변수를 선언하고 any 타입으로 선언합니다. 타입 선언 파일에 변수 타입을 정의했기 때문에 비주얼 스튜디오 코드에서 자동으로 해당 타입을 인식합니다. 따라서 데이터테이블 코드가 작성된 타입스크립트 파일로 다시 가 보면 다음과 같이 에러가 사라진 것을 확인할 수 있습니다.

▼ **그림 19-40** DataTable 타입이 any로 정의되어 있는 모습

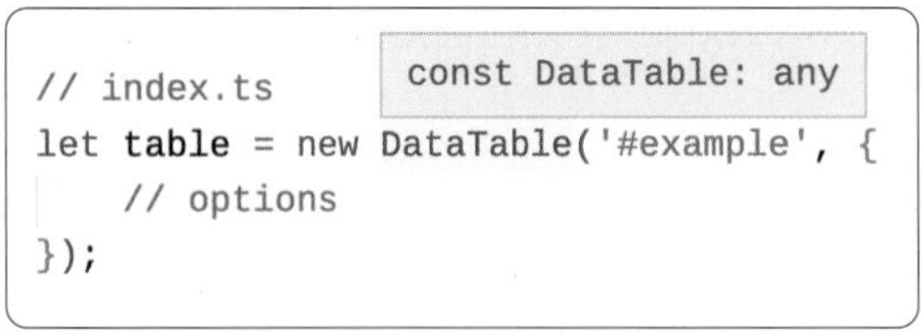

```
// index.ts                const DataTable: any
let table = new DataTable('#example', {
    // options
});
```

new DataTable() 코드는 생성자 함수를 호출하기 때문에 DataTable 타입을 함수 타입으로 정의할 수도 있지만, 타입 선언이 지원되지 않는 라이브러리는 이렇게 직접 정의할 수 있다는 것을 보여 주고자 약식으로 코드를 작성했습니다. 자바스크립트나 타입스크립트에서 함수는 결국 변수로 취급되기 때문에 이처럼 변수 타입을 any로 놓으면 생성자 함수의 타입이 any로 추론됩니다.

좀 더 정확하게 타입을 정의하고 싶다면 이 코드 형태에 따라 다음과 같이 타입을 정의해 볼 수 있습니다.

```
// global.d.ts
declare class DataTable {
  constructor(element: string, options: any) {}
}
```

DataTable 함수가 생성자 함수를 호출하는 형태이므로 클래스 타입으로 선언했습니다. 생성자 함수의 첫 번째 파라미터는 테이블이 부착될 화면 요소 선택자를 넣어야 하므로 string 타입으로 정의했고, 두 번째 파라미터는 테이블 관련 옵션을 모두 받을 수 있게 any 타입으로 정의했습니다. 이렇게만 해도 DataTable을 사용하는 코드에서 타입 에러가 발생하지 않습니다. 다음과 같이 말이죠.

▼ **그림 19-41** class 타입으로 정의된 DataTable의 타입 정보

```
// index.ts          constructor DataTable(element: string, options: any): DataTable
let table = new DataTable('#example', {
    // options
});
```

이처럼 외부 라이브러리 타입이 지원되지 않는다면 프로젝트에 global.d.ts와 같은 선언 파일을 생성해서 필요한 부분만 타입을 임의로 정의할 수 있습니다.

명령어로 타입 선언 파일 생성하기

두 번째 방법은 바로 타입 선언 파일을 생성해 주는 명령어를 활용하는 것입니다. 이 명령어는 대상 라이브러리의 규모가 작고 간단할 때 사용하면 좋습니다. 그렇지 않고 규모가 크고 복잡하면 타입 선언 파일 생성 명령어를 입력했을 때 해결해야 할 타입 에러가 많습니다. 타입 선언 파일을 생성해 주는 명령어를 살펴보기 위해 먼저 다음과 같이 간단한 자바스크립트 코드를 작성합니다.

```
// math.js
function sum(a, b) {
  return a + b;
}

function substract(a, b)  {
  return a - b;
}

const pi = 3.14;

export { sum, substract, pi }
```

이 코드는 간단한 함수 2개와 변수 하나를 작성한 자바스크립트 코드입니다. 이 자바스크립트 코드의 타입 선언 파일은 다음 명령어로 생성할 수 있습니다.

```
npx -p typescript tsc math.js --declaration --allowJs --emitDeclarationOnly
--outDir types
```

이 명령어의 실행 결과를 확인하기 전에 먼저 명령어를 잠시 살펴보겠습니다. tsc 명령어는 타입스크립트 컴파일을 의미합니다. 컴파일 대상 파일로 math.js 파일을 지정했습니다. 그리고 --declaration, --allowJs, --emitDeclarationOnly, --outDir은 모두 컴파일 옵션입니다. js 파일도 타입스크립트 컴파일 대상으로 포함시키고 타입 선언 파일만 컴파일 결과물로 생성되도록 설정했습니다. 마지막으로 컴파일 결과물의 경로는 --outDir types 에 따라 types 폴더가 됩니다.

이 명령어는 타입스크립트가 설치된 프로젝트에서 타입 설정 파일을 다음과 같이 정의하고 tsc 컴파일 명령어를 수행해도 동일한 결과가 나옵니다.

```json
// tsconfig.json
{
  "files": ["math.js"],
  "compilerOptions": {
    "allowJs": true,
    "declaration": true,
    "emitDeclarationOnly": true,
    "outDir": "types",
  }
}
```

명령어 의미를 알아보았으니 이제 명령어 실행 결과를 보겠습니다.

▼ **그림 19-42** 타입 선언 파일 생성 명령어를 실행한 결과

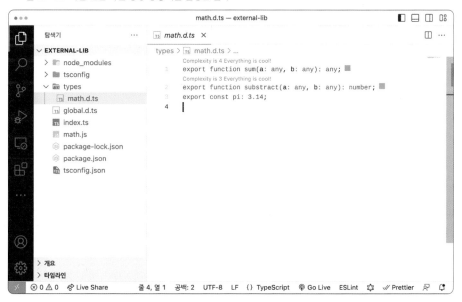

명령어를 실행하면 이 그림과 같이 types 폴더가 생성되고 math.d.ts라는 선언 파일이 생성됩니다. math.js에 작성한 자바스크립트 코드를 바탕으로 타입만 추출한 타입 선언입니다.

이처럼 외부 라이브러리에 타입 선언 파일이 지원되지 않는다면 타입 선언 파일을 명령어로 생성해서 사용할 수도 있습니다. 물론 타입 에러가 많이 발생하여 쉽지 않을 테지만요.

19.8 SECTION / 정리

이 장에서는 타입스크립트 프로젝트 환경을 구성할 때 알고 있으면 좋은 내용들을 살펴보았습니다. 먼저 타입스크립트 설정 파일이 무엇이고 설정 파일에 넣을 수 있는 루트 옵션과 컴파일러 옵션을 알아보았습니다. 루트 옵션은 타입스크립트 컴파일 대상 파일과 경로 등 전반적인 프로젝트 환경과 관련된 설정을 할 수 있는 옵션이고, 컴파일러 옵션은 컴파일을 할 때 컴파일 동작과 결과물을 세부적으로 설정할 수 있는 옵션이었습니다.

그리고 대중적인 빌드 도구인 웹팩을 어떻게 같이 사용할 수 있는지 알아보고, 타입 선언 파일도 살펴보았습니다. 외부 라이브러리를 설치해서 사용할 때는 NPM 공식 사이트와 Definitely Typed 리포지터리를 기억해 두면 좋습니다.